ALICE SMITH

포로들을 해방시키라

Delivering the Captives
by Alice Smith

Copyright ⓒ 2006 by Alice Smith
Published by Bethany House Publishers
11400 Hampshire Avenue South
Bloomington, Minnesota 55438

Korean translation Copyright ⓒ 2008 by Pure Nard
2F 16, Eonju-ro 69-gil Gangnam-gu, Seoul, Korea

The Korean edition is published by arrangement with Bethany House Publishers. All rights reserved.

본 저작물의 한국어판 저작권은 Bethany House Publishers와의 독점 계약으로 도서출판 '순전한나드' 가 소유합니다. 저작권자의 허락 없이 이 책의 일부 또는 전체를 무단 복제, 전재, 발췌하면 저작권법에 의해 처벌을 받습니다.

포로들을 해방시키라

지 은 이 | 앨리스 스미스
옮 긴 이 | 임정아

초판발행 | 2008년 10월 16일
2쇄발행 | 2024년 1월 15일

펴 낸 이 | 허 철
펴 낸 곳 | 도서출판 순전한나드
주   소 | 서울시 강남구 언주로 69길 16 (역삼동) 2층
등록번호 | 제2010-000128

총   괄 | 허현숙
편 집 인 | 고수연
디 자 인 | 이지현
제   작 | 김도훈
인   쇄 | 예원프린팅
도서문의 | 02) 574-6702 / Fax. 02) 574-9704
홈페이지 | www.purenard.co.kr

ISBN 978-89-6237-023-2   03230

포로들을 해방시키라
DELIVERING THE CAPTIVES

앨리스 스미스 지음 | 임정아 옮김

「포로들을 해방시키라」 발간을 축하하며

　　하나님의 자녀들인 우리는 이미 승리한 자들이다. 오늘날 우리가 이 사실을 이해하는 것은 매우 중요하다. 우리는 위대한 일을 감당하기 위해 기름부음 받은 사람들이다. 앨리스 스미스(Alice Smith)가 새롭게 펴낸 「포로들을 해방시키라(Delivering the Captives)」는 매우 탁월한 책이다. 주 예수 그리스도께서는 강한 자의 집에 들어가 세간을 털어오려면 우선 그 강한 자를 결박해야 한다고 말씀하셨다. 나는 이 분야에 관한 한 본서만큼 이해하기 쉽고 유익한 책은 아직 만나보지 못했다. 당신도 자유케 되기를 원하는가? 혹은 다른 이들을 자유케 해주는 과정 가운데에 있는가? 그렇다면 이 책은 당신에게 필독서이다.

척 피어스 박사
시온의 영광 국제사역 대표 / 글로벌 추수사역 공동대표

헌정사

사랑하는 나의 어머니 마르다 루이스 맥켄니 데이를 추억하며

나의 어머니는 2006년 4월 24일,
88세의 일기로 세상을 뜨셨습니다.
오랜 세월동안 열정적인 성경학교 교사로 섬겨 오신
나의 어머니는 말씀을 사랑하셨습니다.
성경은 어머니가 제일 아끼는 책이었습니다.
어머니의 영향으로 나 또한 성경에 대한 사랑을
남들에게 전해주며 살아가고 있습니다.
어머니는 병원의 자원봉사도 선뜻 맡아 하셨습니다.
상처가 있는 가정을 돌보거나 교회의 기도실 봉사도 좋아하셨습니다.
우리의 삶이 어떻게 이런 큰 축복을 받을 수 있었을까
이따금씩 궁금해지곤 합니다.
나는 해답을 알고 있습니다.
바로 내가 물려받은 영적 유산 덕분입니다.
나는 모계로부터 영적 유산을 물려받았습니다.
이 얼마나 거룩한 축복인지 모릅니다!

어머니! 감사합니다.
그리고 사랑합니다.
잠시 후면 뵐 수 있겠지요.

목차

제1장 | 실제로 일어난 사건

"그녀는 우리 꺼야!" 그가 외마디 비명을 질렀다. "우린 벌써 오랫동안 그녀를 차지해왔어. 당장 꺼지란 말이야! 우릴 좀 그냥 내버려둬." 발각된 사실에 성이 난 귀신들이 안에서 으르렁거렸다. 나는 차분하지만 권세 있게 축사사역을 이어갔다. 마침내 그녀는 귀신들에게서 놓임을 받았다. 이런 일이 21세기에 실제로 일어나고 있다. 외딴 밀림지대나 외국의 낯선 선교지에서만 일어나는 사건들이 결코 아니다. 신약성경에서 축사사역은 매우 중요한 위치를 차지했다. 예수님과 제자들도 관례적으로 귀신을 쫓아내셨다. 그러나 안타깝게도 오늘날의 교회는 이토록 중요한 축사사역을 거의 놓치고 있다. 수많은 크리스천들이 축사사역을 무시하거나 그 필요성조차 재고해보려 하지 않는다.

제2장 | 기초를 들여다보다

2005년 허리케인 카트리나(Katrina)가 상륙한 이래, 루이지애나의 제방이 붕괴되는 등, 연이어 발생하는 혼란은 멈출 줄을 몰랐다. 그 지역 주변에 살던 주민들은 자신들이 안전하다고 생각했다. 그러나 거센 폭풍우를 견디지 못하고 무너져 내린 제방은 결국 수많은 인명과 재산을 앗아갔다. 보호 장치로서 세워진 제방이 압력을 견뎌내지 못하고 무너져 내렸다. 우리는 인생의 폭풍이 불어 닥치기 전에 미리미리 지혜롭게 우리의 기초들을 점검해 보아야 한다. 평온한 날씨 속에서는 별 문제없이 서 있었을 수도 있다. 그러나 맹렬한 폭풍은 기초를 시험한다. 하나님의 말씀의 원리로 기초들을 튼튼히 하지 않으면 언젠가는 치명적인 위험에 처할 수 있다.

제3장 | 과거를 돌아다보다

어떤 이들은 '조상들의 죄'가 뭐 그리 중요하냐며 이의를 제기한다. 이들은 조상의 죄가 지닌 세대적인 영향력에 대해서도 회의적이다. 대물림되어 내려오는 '오점'을 전혀 갖고 있지 않은 가문은 지구상에 하나도 없다. 하나님의 은혜가 아니었다면 우리 역시 조상들의 전철을 밟아 가문 안에 어둠을 들여온 장본인이 되었을 수 있다. 존재하는 것은 오직 두 왕국뿐이다. 우리는 두 왕국 모두를 동시에 섬기며 살 수는 없다. 하나님이 심지 않으신 것은 무엇이든 뿌리째 뽑혀져야 한다. 그러기 위해 우리는 악과의 연계 고리를 끊어버려야 한다. 그렇지 않으면 그리스도 안에서 우리가 누려야 할 자유는 제한당하고 만다.

제4장 | 저주, 멍에, 거짓 계약들

오늘날 힌두사원이나 이슬람 모스크, 불당 등은 미국 도처에서 흔하게 찾아볼 수 있다. 헛된 우상들을 섬기는 이교도들이나 건물들 자체가 귀신들을 초청하는 '환영게시판'이다. 이들이 악과 맺은 계약들은 '자유자들의 땅과 용감한 이들의 가정'을 더럽힌다. '하나님 나라'에서 '우상의 나라'로 이동해 갈 때, 우리들은 더 쉽게 저주들이나 멍에들, 거짓 계약들의 희생자가 되고 만다. 수많은 크리스천 가정들이 원수와 맺은 계약으로 인해 부지불식간에 저주를 자초하며 살아간다.

제5장 | 견고한 진에 관한 정의

견고한 진이란 난공불락의 군사기지 혹은 전투계획 본부로서 만들어진 요새이다. 전시 중에 군인들은 보호, 물자와 군수품 공급, 군사작전계획 등을 목적으로 요새를 세운다. 우리의 삶에는 영적인 견고한 진들도 존재한다. 경건한 견고한 진은 진리를 기반으로 하지만, 불경건한 견고한 진은 거짓을 기초로 하여 세워진다. 원수는 우리의 생각, 의지, 정서 안에 자리 잡은 불경건한 견고한 진들 속에 숨어있다. 이러한 견고한 진들이야말로 우리가 원수와 더불어 전투를 벌이는 무대이다.

제6장 │ 견고한 진들이 마귀의 처소로 변해가는 방식

귀신은 어떻게 하여 견고한 진을 구축하는 걸까? 사실 견고한 진을 세우는 것은 귀신이 아니다. 바로 우리들 자신이다. 우리는 죄악 된 일들을 행하거나 믿음으로써 원수를 위해 견고한 진(하나님의 말씀과는 상반되는 생각의 집 혹은 사고체계)을 건축한다. 견고한 진을 짓는 데 사용되는 벽돌들은 세대적인 죄, 외상적인 경험들, 개인적인 죄악들이다. 우리가 믿는 거짓들은 이 벽돌들을 단단히 연합시키는 시멘트 역할을 한다. 귀신들은 건설현장의 주임이 되어 우리에게 지시하거나 우리를 선동할 수 있다. 그러나 실제로 원수를 위해 원수의 견고한 진들을 지어주는 자들은 바로 우리 자신이다. 일단 만족스러운 형태로 견고한 진이 완성되면, 악한 영들은 우리가 세운 견고한 진들을 서로 차지하기 위해 싸움을 벌인다. 이때 남들을 제치고 제일 먼저 그곳을 차지한 귀신이 '강한 자'가 된다. 강한 자가 된 귀신은 자신의 목적을 이루는 일에 봉사할만한 보다 약한 졸병 귀신들을 모집하기 시작한다.

제7장 │ 강한 자: 열쇠는 결박하기

'강한 자' 등급에 속한 악한 영은 자신을 도와줄 영적 측근들을 거느린다. 강한 자에 해당하는 악한 영은 자신의 측근으로 삼기 위해 모아들인 악한 영들에 대해 지배권을 행사한다. 우리가 반드시 기억해야 할 것이 있다. 귀신들은 결코 사랑이나 존경, 혹은 경외심을 가지고 주인을 섬기지 않는다. 이들의 섬김은 두려움에 기초하고 있으며, 협박에 의해 마지못해 섬긴다. 얼마나 많은 악한 영들이 모여들었느냐에 따라 강한 자의 역량이 판가름 난다.

제8장 | 강한 자의 힘을 해체시키기

"무슨 일로 저희를 찾아오셨습니까?" 내가 이반(Evan)에게 물었다. 이반은 자신이 그리스도를 구세주로 영접하고 난 뒤 얼마 지나지 않았을 때, 뭔가가 잘못되었다는 느낌이 들었다고 이야기했다. 그의 내면에 무언가가 잠복해있는 듯했다. 특히 그 존재는 그가 그리스도를 구세주로 영접하기로 결심한 것에 대해 분노하고 있었다. 그는 자신이 이성을 잃어가고 있다고 말했다. 하나님을 추구하면 할수록 상황은 점점 악화되었다. 하나님께 가까이 가면 갈수록 혼동은 가중되었다. 상황을 좋게 만들어보려고 아무리 노력해도, 그를 장악한 귀신들은 호락호락 포기하지 않았다. 이반은 외부의 도움을 필요로 하고 있었다. 그에게는 일곱 단계의 지원을 통한 돌파와 자유가 필요했다.

제9장 | 깨끗이 청소된 빈 집!

축사사역의 효과를 지속적으로 유지하려면, 당신의 내적 갈망과 생각이 오직 성자 하나님께 초점이 맞춰져 있어야 한다. 이를 위해 주님께 간구하라. 그 누구도 당신에게 옳은 행동을 하도록 강요할 수는 없다. 당신이 먼저 주도권을 쥐고 적극적으로 기도와 성경공부, 경건한 사람들과의 친교에 시간을 투자해야 한다. 경건한 사람들과의 사귐은 당신에게 상호지원을 위한 긍정적인 강화체계를 제공해줄 것이다. 자유 가운데 살아가려면 선택을 해야 한다. 과거에 당신을 속박에 빠뜨렸던 옛 습관들이 자동적으로 사라질 것이라고는 아예 생각도 하지 말라. 우리를 거룩케 하시는 분은 하나님이시다. 그러나 하나님도 우리에게 스스로 거룩케 하라고 말씀하신다. 우리가 초대받은 모험은 하나님과 공동으로 이루어나가야 하는 작업이다!

부록

1. 식별 가능한 귀신집단의 목록
2. 불경건한 혼의 묶임 파쇄하기
3. 프리메이슨 끊기
4. 노예의 뿌리 끊기
5. 힌두교 끊기
6. 몰몬교 끊기
7. 파수대 끊기
8. 사이언톨로지 끊기
9. 신비사술과 뉴에이지 관행들 끊기
10. 이슬람교 끊기
11. 무술 끊기
12. 로마 가톨릭의 비성경적 관행들 끊기
13. 불교 끊기
14. 기억치유를 위한 기도문

추천도서 목록

제 1 장

실제로 일어난 사건

　　비행기를 타고 미국에서 남아프리카로 향하는 여정은 길고 따분하기만 했다. 겨우 몇 시간만 쉬고 난 뒤 곧바로 집회의 첫 번째 강사로 나서야 했다. 집회는 다양한 인종들로 이루어진 케이프타운의 한 대형교회에서 열렸다.

　　참석자들로 만원을 이룬 방청석을 지날 때, 회중들은 온통 경배에 몰입해 있었다. 순서를 기다리면서 나는 여기 모인 크리스천들이 은혜를 받을 수 있도록 나를 사용해달라고 고개를 숙인 채 주님께 기도했다. 잠시 후 결단의 시간이 되었다. 많은 사람들이 개인사역을 받기 위해 강단 앞으로 나왔다. 그날 밤 나는 무척 지쳐 있었다. 그러나 주님은 나에게 힘이 되어주시고 계셨다.

　　한 예쁘장한 폴리네시아인 여성이 강단 앞에 나와 섰다. 그녀는 두려움으로 경직되어 있었다. 내가 가까이 다가가자 그녀는 나를 향해 쉿 소리를 내며 야유했다. 갑자기 조용하던 분위기가 확 바뀌었다. 귀신들린 그 여성이 바닥에 고꾸라지면서 큰 소리로 외치기 시작했다. "강한 자(strong man)가 당신보고 떠나가래요!"

　　"우린 벌써 오랫동안 그녀를 차지해왔어. 당장 꺼지란 말이야!

우릴 좀 그냥 내버려둬." 발각된 사실에 성이 난 귀신들이 안에서 으르렁거렸다.

나는 35년 동안이나 그녀를 지배해온 귀신들을 축사해냈다. 광기어린 눈빛의 이 여성을 장악하고 있던 것은 주술의 영(spirit of witchcraft)이었다. 즉시 나는 그 '강한 자'를 묶은 다음, 강한 자에게 들러붙어 있던 귀신들을 향해 떠나가라고 명령했다. 귀신들이 저항하는 동안, 그녀는 나를 쏘아보기도 했고, 기침을 하거나 식식거리며 조롱하기도 했다. 그러나 악한 영들은 자신들이 더 이상 그녀를 속일 수 없음을 알고 있었다. 차분하지만 권위 있게 축사사역을 계속한 결과, 마침내 그녀는 귀신들에게서 놓임을 받았다. 그녀는 평안한 모습으로 바닥에 누워있었다. 귀신의 능력과 하나님의 능력 사이에 맹렬한 전쟁이 끝난 후, 그녀는 조용히 훌쩍이기 시작했다. 그녀는 새로운 자유를 허락해주신 주님을 찬양했다.

이상은 실제로 21세기에 일어난 사건이다. 사단의 목적은 도적질하고 죽이고 멸망시키는 일이다. 당신의 마음에서 하나님의 말씀을 도적질하고, 하나님께 경배하고 순종하려는 갈망을 죽이고, 결국 당신을 멸망시키는 것이 사단의 목적이다(요 10:10). 당신은 사단이란 최고의 것을 약속하면서 최악의 것으로 되갚는 존재임을 알고 있는가? 사단은 명예를 약속하고 수치로 되갚는다. 기쁨 대신 고통을 안겨준다. 이익 대신 손실을 초래한다. 생명이 아닌 죽음을 준다. Thomas Brooks의 글을 참조하시기 바란다(www.bible.org.).

신약성경에서 예수님과 제자들도 귀신들을 쫓아내는 축사사역을 실제로 행하셨다. 그러나 안타깝게도 오늘날의 교회는 이토록 중요한 축사사역을 거의 놓치고 있다. 수많은 크리스천들은 축사사역을 무시하거나 그 필요성조차 재고해보려 하지 않는다. 예수님은 교회인 우리에게 분명히 이 사역을 하라고 명령하셨다. 귀신들의 정체가 드러날 때마다 우리는 그들을 쫓아내야 한다(마 10:8; 막 16:17). 축사사역에는 다음 사항들이 수반된다.

- 귀신의 책략과 저주들을 파쇄하는 일
- 귀신들을 쫓아내는 일
- 귀신의 압제와 영향력으로부터 개인을 자유케 하는 일

　Rebecca Greenwood, 『Breaking the Bonds of Evil』

　(Grand Rapids: Revell, 2006), 13.

　그렇다면 축사사역은 소수의 전문가를 위한 것인가, 아니면 우리 모두가 반드시 행해야 할 사역인가? 마가복음 16장 17절은 이렇게 말씀한다. "믿는 자들에게는 이런 표적이 따르리니 곧 저희가 내 이름으로 귀신을 쫓아내며 새 방언을 말하며." 지금은 축사사역의 정당성이나 필요성을 논할 때가 아니다. 어떻게 그리고 누구에게 이런 축사사역을 적용할 것이냐가 우리의 관심사가 되어야 한다. 진실한 크리스천이라면 누구든 능력사역을 행할 자격이 있다. 애석하게도 우리는 이 사역을 몇몇 '전문가들'의 몫으로만 치부해왔다. 이 책을 읽는 동안 당신은 예수님이 수행하신 사역을 감당할 수 있는 자로 구비될 것이다. 당신 스스로를 위해서건 다른 사람을 돕기 위해서건 말이다.

　우리가 귀신을 쫓아주어야 할 대상은 과연 잃어버린 자에게 국한되는 걸까? 결코 그렇지 않다. 예수님은 이를 설명하기 위해 한 사례를 드셨다. 빈 상태로 남아있는 집은 이전보다 훨씬 악화될 수가 있다(마 12:44-45).

혹자는 이렇게 말한다. "하나님이 우리를 구원하셨을 때 우리 주변에 보혈의 선을 쳐주시어 귀신들이 넘어오지 못하게 하셨습니다." 맞는 말이다. 보혈의 선은 존재한다. 그러나 보혈의 선은 우리의 영(spirit)을 둘러싸고 있다. 크리스천의 혼(생각, 의지, 정서들)과 몸(body)은 여전히 귀신의 세력들로부터 공격받을 수 있는 상태이다. 혼과 몸의 영역에서는 어둠으로 향하는 문들이 모두 닫혀 있지만은 않다. 우리 크리스천들이 "마귀로 틈을 타지 못하게"(엡 4:27) 해야 하는 이유가 여기에 있다. 비록 하나님께 속해 있다 할지라도, 우리가 자신의 생명에 대해 책임을 지거나 권세를 행사하지 못한다면, 사단은 이를 빌미로 우리를 공격하고 괴롭힌다. 구원은 받았으나 여전히 속박에 시달리며 살아가는 이들이 오늘날 교회 안에 너무도 많다. 이들은 이기는 자가 아닌 포로의 삶을 살아간다.

힐링 스트림 미니스트리(Healing stream ministries)의 크리스 헤이워드(Chris Hayward)는 크리스천들을 위한 축사사역에 관해 다음과 같이 분명한 어조로 말한다.

대부분의 크리스천들이 신자로 살아가면서도 과거로부터 가져온 '과도한 짐'을 그대로 지고 다닌다. 우리는 십자가상에서 성취된 그리스도의 사역으로 말미암아 이미 완전해졌고 의로워졌다. 그럼에도 불구하고 우리는 성화의 과정을 지속적으로 통과해야 한다(히 10:14). 이 과정에서 사단의 도전이 없으리라고는 보장할 수 없다.

여기서 피할 수 없는 몇 가지 질문들이 제기된다. 과연 크리스천도 귀신들릴 수 있는가? 나는 절대 그렇지 않다고 믿는다. 아니 질문 자체가 잘못되었다고 본다.

오히려 우리는 다음과 같은 질문을 던져야 한다. 크리스천들도 원수에 의해 유혹받거나 시달리거나 괴롭힘을 당할 수 있는가? 이로 인해 스스로를 중독과 제어할 수 없는 습관들에 노출되도록 내버려둘 수 있는가? 세상적인 사고방식을 갖거나 원수에게 이용당할 수 있는가? 교회 안에 걸핏하면 분리와 다툼이 일어나게 되거나, 교만에 빠질 수 있는가? 두려움, 거절감, 용서치 못함, 쓴 뿌리, 분노, 수치, 죄책감, 정죄감에 시달릴 수 있는가?

이상의 질문들에 대해 합리적 이성을 가진 사람은 누구든 "예스!"라고 대답할 것이다. 다만 정도의 차이만 있을 뿐이다. 원수가 한 개인의 삶 속에 차지할 수 있는 근거지의 크기는, 그가 마귀의 거짓과 속임수에 얼마만큼이나 넘어가고 미혹되었느냐에 따라 결정된다(엡 4:27). 교회를 다니는 우리들에게 축사사역이 얼마나 필요한가 하는 것은 현실이 증명해준다. Chris Hayward, "Deliver Us From Deliverance Ministry" in Ministries Today(2006. 1-2월호): 51-53.

반드시 수행해야 할 과업

예를 들어 당신이 성경적임을 확신하는 어떤 일인가를 올바른 동기를 가지고 행하고 있다고 하자. 이때 다른 사람들이 당신에 관해 철저히 오해하고 유언비어를 퍼뜨린다면, 이처럼 고통스런 일이 또 어디 있겠는가? 복음서들을 읽어가다 보면, 예수님이야말로 이러한 고통을 너무도 빈번히 당하셨다. 최고로 영광 받으실 일들만 행하신 예수님이 오히려 상스런 오해와 중상모략을 당하셨다. 우리가 이 시대의 사람들을 위해 효과적인 축사사역에 동참하려 할 때, 우리 역시 오해를 받을 수 있음을 인정해야 한다. 다음에 소개하는 이야기를 한번

포로들을 해방시키라

들어보시기 바란다.

　들판에서 돌아오신 예수님이 한 회당 안으로 들어가셨다(회당은 성전과는 다르다. 성전은 예루살렘에 있었다. 회당은 예배와 경배 등을 목적으로 하는 일종의 유대인 공동체 모임이었다. 오늘날 크리스천들의 교회와 유사하다).
　예수님이 미처 자리에 앉을 새라 바리새인들(이들은 종교적으로 '눈에는 안 보이는 뱀들'이었다)이 한 손 마른 남자를 데려왔다. 그들은 안식일에 병을 고치는 것이 옳으냐고 예수님께 물었다. 이는 예수님을 고발할 구실을 찾기 위한 질문이었다. 바리새인들은 무리들이 예수님을 따라다니는 것을 질투했다. 예수님은 병자를 치유하고 귀신을 쫓아내고 죽은 자를 살리는 능력을 가지고 계셨다. 바리새인들은 언제라도 예수님을 함정에 빠뜨려 굴욕을 줄 구실만을 찾으려 했다.
　그들의 꾀에 넘어가지 않고 예수님은 오히려 다음과 같은 질문으로 응대하셨다. "너희 중에 어느 사람이 양 한 마리가 있어 안식일에 구덩이에 빠졌으면 붙잡아 내지 않겠느냐? 사람이 양보다 얼마나 더 귀하냐! 그러므로 안식일에 선을 행하는 것이 옳으니라."
　이 말씀을 하신 후 예수님은 손 마른 남성을 향해 "손을 내밀라"고 명령하셨다. 손을 내밀자마자 그의 손은 즉각 회복되었다. 바리새인들은 당황스러웠고 화가 났다. 그들은 쿵쾅거리며 밖으로 나갔다. 그리고는 어떻게 해야 복수할 수 있을지를 모의하기 시작했다.
　바리새인들의 의도를 알아채신 예수님은 밖으로 나오셨다. 또 다시 수많은 사람들이 예수님의 뒤를 따라왔다. 예수님은 모든 병자들을 고쳐주셨고, 사람들에게는 예수님이 하신 일을 소문내지 말라고 당부하셨다. 이때 예수님은 이사야 42장 1-4절의 말씀을 인용하셨다.

내가 붙드는 나의 종
내 마음에 기뻐하는 나의 택한 사람을 보라
내가 나의 신을 그에게 주었은즉
그가 이방에 공의를 베풀리라

그는 외치지 아니하며 목소리를 높이지 아니하며
그 소리로 거리에 들리게 아니하며

상한 갈대를 꺾지 아니하며
꺼져가는 등불을 끄지 아니하고
진리로 공의를 베풀 것이며

그는 쇠하지 아니하며 낙담하지 아니하고
세상에 공의를 세우기에 이르리니
섬들이 그 교훈을 앙망하리라

바리새인들은 집요했다. 잠시 후 그들은 흉악히 귀신들려 눈멀고 벙어리 된 자를 예수님께 데려왔다. 예수님이 그에게서 질병을 일으킨 귀신을 쫓아내시니, 그는 즉시 말하고 볼 수 있게 되었다.

마을사람들은 예수님의 축사와 치유의 능력에 할 말을 잃을 정도였다. 그들은 다음과 같이 외쳤다. "이는 다윗의 자손, 곧 메시아가 아니냐!"(사 35:5). 의심 많고 냉소적인 종교 지도자들은 이렇게 말했다. "메시아라고? 어림도 없지. 마술을 부리는 것인지도 몰라. 아니면 마귀의 힘을 빌고 있는지도 모르지."

이때 예수님이 말씀하셨다. "스스로 분쟁하는 나라마다 황폐하여

질 것이요, 스스로 분쟁하는 동네나 집마다 서지 못하리라. 사단이 만일 사단을 쫓아내면 스스로 분쟁하는 것이니, 그리하고야 저의 나라가 어떻게 서겠느냐?"

"또 내가 바알세불을 힘입어 귀신을 쫓아내면, 너희 아들들은 누구를 힘입어 쫓아내느냐? 그러므로 저희가 너희 재판관이 되리라. 그러나 내가 하나님의 성령을 힘입어 귀신을 쫓아내는 것이면, 하나님의 나라가 이미 너희에게 임하였느니라."

"사람이 먼저 강한 자를 결박하지 않고서야, 어떻게 그 강한 자의 집에 들어가 그 세간을 늑탈하겠느냐? 결박한 후에야 그 집을 늑탈하리라."

예수님은 그들의 무례함을 꾸짖으시고, 그들의 모습에 대해 경고의 말씀을 하신 후 이렇게 덧붙이셨다. "더러운 귀신이 사람에게서 나갔을 때에 물 없는 곳으로 다니며 쉬기를 구하되 얻지 못하고, 이에 가로되 내가 나온 내 집으로 돌아가리라 하고 와 보니 그 집이 비고 소제되고 수리되었거늘, 이에 가서 저보다 더 악한 귀신 일곱을 데리고 들어가서 거하니, 그 사람의 나중 형편이 전보다 더욱 심하게 되느니라"(마 12:1-29, 43-45를 의역함).

원수를 이기다

마태복음 12장에서 예수님은 우리 삶에 존재하는 모든 견고한 진들을 무너뜨릴 수 있는 열쇠를 보여주신다. 주님은 귀신들린 사람의 내면 상태를 집에 비유하여 설명하셨다. 귀신들린 사람이란 강한 자와 강한 자를 섬기는 졸개 귀신들이 함께 살고 있는 집과도 같다.

'강한 자(strongman)'는 악한 영을 말한다. 일종의 두목 귀신이다. 우리는 강한 자가 거주하는 장소를 견고한 진이라 부른다. 이 점에 관해서는 나중에 보다 깊이 다루기로 하겠다. 강한 자라 불리는 두목 귀신이 귀신들린 사람 속에 거주할 수 있는 기간은, 하나님의 종이 하나님의 능력을 가지고 들어와서 그 견고한 진을 무너뜨릴 때까지만이다.

어떤 이들은 귀신을 성령의 능력으로 쫓아내는 방식으로 다뤄야 한다고 제안한다. 반면 어떤 이는 성령의 임재로 자연스럽게 귀신이 밀려나가도록 해야 한다고 말한다. 그러나 이는 결코 양자택일의 문제가 아니다. 귀신들을 쫓아낸 뒤, 귀신들렸던 사람이 거듭남을 체험하고, 그리스도와 사랑에 빠지고, 전심으로 주님을 따르는 사람으로 변화되는 경우는 빈번하다. 한편, 귀신들린 사람이 하나님의 말씀을 깨닫고 말씀대로 살아가면, 그 안의 귀신들은 못 견디게 괴로워하며 성령의 임재로 말미암아 어쩔 수 없이 밀려나간다.

어느 날 밤 한 귀신들린 여성을 사역하면서, 우리는 그녀 속에 있는 악한 영과 대결하게 되었다. 악령이 그녀의 목소리를 통해 이렇게 말했다. "난 여기(교회)가 싫어! 여기서는 어딜 가든 들리는 소리가 '사랑, 사랑, 사랑' 뿐이야." 그 귀신은 하나님의 사랑하는 백성들의 임재 속에서 미칠 지경이 되었다. 그 귀신은 떠날 차비를 했고, 결국 떠나갔다.

또 다른 사례가 있다. 나의 남편 에디(Eddie)가 한 남성 안에 있던 귀신에게 말했다. 그 남성은 2년 전 구원받기 전까지 줄곧 성적으로 문란한 삶을 살아오던 사람이었다. "성도착의 영아! 이젠 넌 끝장이다!" 그러자 그 귀신은 절망스러워하며 이렇게 울부짖었다. "내가 끝장난 지는 이미 2년이 되었지. 내가 어떻게 해야 여길 빠져나갈 수 있을지만 알려다오." 에디는 빙그레 웃으며 대답했다. "흠, 오늘이 네게는 행운의 날이군. 지금 당장 나가!" 그 즉시 귀신은 떠나갔다. 사람이 열정적으로 하나님을 추구하면 할수록, 귀신들은 그만큼 더욱더 괴로워진다. 하나님을 추구하는 크리스천 옆에 얼씬대는 일은 귀신들에게 있어 고역일 뿐이다.

하나님께 가까이 나아가는 자를 하나님도 가까이 해주신다(약 4:8). 이런 사람 속에 있는 악한 영들은 황급히 달아난다. 다윗이 수금을 탔을 때 사울에게 있던 악신이 떠나버린 것과도 마찬가지이다(삼상 16:23). 악한 영은 문자 그대로 어쩔 수 없이 밀려나가고 만다. 귀신들을 쫓아내는 일을 능력 대결(power encounter)이라고 한다면, 귀신들로 하여금 어쩔 수 없이 밀려나가도록 만드는 것은 진리 대결(truth encounter)이다.

귀신을 쫓아냈는가 아니면, 스스로 밀려나가도록 했는가? 능력 대결인가 혹은 진리 대결인가? 솔직히 말해 이 둘은 짝을 이루는 경우가 많다. 성령의 기름 부음이 있는 자인 신자는 귀신들에 대해 권위를 행사할 위치에 있다. 당신은 필요에 따라 이 권세(능력)를 사용하여 당신 몫의 승리를 얻을 수 있다. 동시에 거의 언제나 변함없는 진리가 있다. 귀신들린 사람이 온전한 해방을 누리려면, 반드시 열정적으로 그리스도를 따르는 가운데 진리와 만나는 체험을 가져야만 한다.

본서 「포로들을 해방시키라(Delivering the Captives)」에서, 나는 견고한 진이 어떤 식으로 형성되며 이를 어떻게 분별하는가에 관해 말씀드리려 한다. 당신은 강한 자가 견고한 진을 만들기 위해 사용하는 '발판'을 어떻게 식별하는지, 또한 이를 해체시키는 열쇠는 무엇인지를 배우게 될 것이다.

한편 성경에 나타난 강한 자들의 목록을 제시하고, 이들의 조직망을 파괴시키는 전략에 관해서도 살펴볼 것이다. 강한 자의 '세간을 늑탈하고' 그 졸개들을 쫓아내면, 강한 자는 그야말로 집 없는 무일푼 신세가 되고 만다. 기반이 와해되었으므로 이제는 손쉬운 먹잇감에 불과하다.

그리스도 안에서 개인의 자유를 성취하는 일에 관한 책들이 많이 출간되었다. 각각의 저서들은 주님이 십자가상에서 이루신 사역을 어떻게 적용할지에 관한 저자의 관점을 제시한다. 나는 30년 이상 축사 사역에 종사하면서 터득한 진리를 당신에게 알려드리려 한다. 부디 주님께서 이 책을 읽는 당신에게, 당신 자신과 다른 사람들을 자유케 할 수 있는 여러 가지 수단들에 관한 중요한 진리를 계시해 주시기를 간절히 기도한다.

제 2 장

기초를 들여다보다

몇 년 전의 일이다. 뉴욕시에서 몇 명의 사람들이 모임을 결성했다. 이들은 어느 미개발부지에 아름다운 아파트를 짓기로 했다. 한 유명한 변호사와의 상담을 통해 그들은 그 땅의 소유권에 아무런 결격사유가 없음을 확신했다. 그리고 계획대로 작업을 추진하기로 결정했다. 즉시 열두 채의 집이 신축되기 시작했다. 그곳을 지나가는 사람마다 집들을 보며 감탄했다. 인부들은 힘과 정열을 쏟으며 매일매일 열심히 일을 했다. 드디어 건물들은 시장에 내놓을 수 있을만한 집으로 모양새를 갖춰가고 있었다. 그런데 어느 날 아침, 한 소식이 전해졌다. "이번 주택매매에 신중을 기하시기 바랍니다. 당신들은 건물의 기초에 대한 소유권을 갖고 있지 않습니다."

건축업자들은 깜짝 놀랐다. 이 소식은 모든 건축 관계자들의 파산 가능성을 암시하고 있었다. 결국 신축된 주택들은 투입된 원자재비와 인건비에 비해 턱없이 낮은 가격에 경매로 넘어갔다. 이로 인해 여러 가정들이 재정적으로 몰락했다. R. H. McCready, 『Best Modern Illustrations』(New York: Harper and Brothers, 1935), 315.

포로들을 해방시키라

부동산 중개인으로서 나는 깨끗한 토지소유권이야말로 토지 매매계약이 성사되기 위한 근본요소임을 잘 알고 있다. 이는 매매하려는 토지에 대한 담보권이 계약하는 회사, 국세청 혹은 그 어떤 이전 소유자들에게도 있지 않음을 분명히 하는 일이다(담보권이란 새로운 소유주에게 법적으로 이양되기 전에 반드시 해결해야 할 부동산에 딸린 빚을 말한다). 빚이 모두 지불되기 전까지, 담보권은 땅 매매를 방해한다.

다음의 경우를 생각해보라.

1. 우리는 타락한 상태로 태어났다. 사단은 우리의 생명에 대해 소유권을 주장하고 있다. 이 경우의 담보권은 우리가 거듭나는 순간 취소된다(고후 5:17, 21).
2. 죄의 삯은 영원한 죽음이다(롬 3:23; 6:23). 이 경우의 담보권도 우리가 구원받는 순간 취소된다.
3. 죄는 우리에게 권능을 행사한다(여러 가지 중독이나 죄악된 습관들을 통해서). 이러한 담보권은 우리가 삶 속에 정결한 영적 기초를 확립하고 이를 지속해 나가면서 점차 취소된다. 우리는 그리스도의 형상으로 변화되기 위해 악에 저항하며 주님께 가까이 나아가야 한다(롬 8:29-30; 약 4:8).
4. 죄, 사단, 육신은 우리의 삶에 대해 잠재적 담보권을 갖는다. 이는 조상들이 지은 죄악들, 우리가 어두움과 맺은 계약들, 다른 사람과의 불경건한 혼의 묶임 등을 통해서이다. 이 경우 담보권을 취소하는 일은 우리 책임이다(롬 13:13-14; 엡 5:8; 갈 5:1).

제2장 | 기초를 들여다보다

기초가 반석인가 모래인가?

　우리의 영적인 기초는 어떠한가? 기초란 무언가를 세우기 위한 토대 혹은 받침이다. 당신의 삶, 결혼, 가족, 사역, 사업, 교회, 나라, 이 모든 것들은 기초가 어떠하냐에 따라 각각의 건강상태가 결정된다. 하나님의 말씀과 어우러져 세워졌을 때 비로소 경건한 기초가 확립되고 지속된다. 예수님은 다음과 같이 말씀하셨다.

> 그러므로 누구든지 나의 이 말을 듣고 행하는 자는 그 집을 반석 위에 지은 지혜로운 사람 같으리니 비가 내리고 창수가 나고 바람이 불어 그 집에 부딪히되 무너지지 아니하나니 이는 주초를 반석 위에 놓은 연고요(마 7:24-25)

　반석이신 예수님 위에 세워진 건물은 넘어지지 않는다. 무엇이든 모래 위에 세워진 것은 언젠가는 무너진다. 우리가 무엇을 믿느냐가 우리의 행동을 결정한다. 행동은 영적 건강을 가늠하는 척도이다. 이에 관해 바울은 이렇게 설명한다. "우리는 하나님의 동역자들이요 너희는 하나님의 밭이요 하나님의 집이니라"(고전 3:9).

　2005년 허리케인 카트리나(Katrina)가 상륙한 이래, 루이지애나의 제방이 붕괴되는 등 잇단 혼란은 멈출 줄을 몰랐다. 그 지역 주변에 살던 주민들은 자신들의 안전을 확신하고 있었다. 그러나 거센 폭풍우를 견디지 못하고 무너져 내린 제방은 결국 수많은 인명과 재산을 앗아갔다. 보호 장치로서 세워진 제방이 압력을 견뎌내지 못하고 무너져 내렸다. 우리도 인생의 폭풍이 불어 닥치기 전에 미리미리 지혜롭게 기초들을 점검해야 한다. 평온한 날씨 속에서는 아무런 문제 없이 서있었을 수 있다. 그러나 불가항력적으로 찾아오는 맹렬한 폭풍은 기초를 시험(test)한다.

점검하고 정밀하게 살피고 하나님의 말씀의 원리를 좇아 살아가지 않으면, 우리의 영적 기초들에는 금이 가기 시작한다. 예를 들어, 용서치 못함이라는 결함은 열린 문이 되어, 경솔한 생활, 신체폭행, 잘못된 선택으로 인도하는 잘못된 신념 등의 죄를 짓게 한다. 예수님의 말씀을 들어보자.

> 나의 이 말을 듣고 행치 아니하는 자는 그 집을 모래 위에 지은 어리석은 사람 같으리니(마 7:26)

영적 기초들을 소홀히 여긴 결과는 무너짐이다. 하나님의 말씀에 기초하여 세워지지 않았음에도 불구하고 여전히 건재한 사람들과 기구들도 있다. 과연 이들이 후일 진동을 당하는 순간에도 계속 서 있을 수 있을까?

> 비가 내리고 창수가 나고 바람이 불어 그 집에 부딪히매 무너져 그 무너짐이 심하니라(마 7:27)

제2장 | 기초를 들여다보다

　식물의 뿌리처럼 건물의 기초도 대개는 보이지 않는 땅 속에 감춰져 있다. 기초는 핵심이자 토대요 근본적인 원천이다. 적절한 분량의 물과 양분을 공급받은 뿌리는 땅 속 깊이 뻗어가서 지면 위로 나타나는 모든 것들을 지탱해준다. 건물의 '뿌리' 혹은 기초도 건물에서 가장 중요한 부분이다. 인상적인 디자인, 자극적인 색상, 고가의 장식물, 고상한 가구들이 건물을 받치고 있는 기초를 안정감 있게 해주는 것은 결코 아니다(고후 4:18).

　우리 막내아들이 한번은 초등학교에서 과제를 받아왔다. 콩을 싹 틔워 나무로 길러내는 일이었다. 로버트(Robert)는 처음 얼마동안은 인내심을 발휘했다. 시간이 지나면서 그는 땅 속에서 도대체 무슨 일이 일어나고 있는지 몹시 궁금해졌다. 어느 날 결국 그는 콩의 줄기를 땅에서 뽑아냈다. 나는 로버트에게 나무를 땅에서 뽑아내면 뿌리가 자랄 수 없다고 타일렀다. 그러나 호기심이 발동한 그는 막무가내였다. 여러 차례 뽑기와 심기를 반복하는 동안 뿌리가 손상되었고, 마침내 줄기 부위로까지 영향이 갔다. 오래지 않아 잎사귀들이 시들시들해지더니 죽고 말았다.
　분명 우리 안에는 뽑아내야 할 영적 뿌리들이 있다. 본 장에서는 우리의 삶의 뿌리들 중에서 불경건하고 불건전한 잡초들을 뽑아내는 법에 관해 살펴보기로 하겠다. 진리와 의를 양분삼아 성장하고 있는 식물들은 보호되어야 한다. 주님이 당신 안에 경건한 뿌리를 심으신다면, 당신은 이를 지속적으로 성장시키기 위해 거름을 주고 잘 가꾸어야 한다.
　한 개인이 수많은 은사와 직함과 장식물을 가지고 있을 수 있다. 예를 들어, 매력적인 외모, 설득력 있는 음성, 멋진 맞춤복, 훌륭한 사역단체 등. 그러나 사람이 이런 것들을 갖추고 있다고 해서 타락하지 않으리란 법은 없다. 교만, 성적 부도덕, 퇴폐, 질투, 조종, 청지기 의식 부족, 용서치 못함, 중상모략, 기만, 탐욕 등으로 기초에 금이 가 있다면, 그 금은 점점 커지다가 마침내 그를 타락에 빠뜨린다.

예를 들어, 당신이 밤늦게 주차를 하다가 옆에 세워져 있던 포르쉐를 약간 긁었다고 가정해보자. 당신은 이 일을 목격한 이가 아무도 없다고 확신한다. 손상은 매우 소소하고 보험으로도 충분히 무마될 수 있다. 자, 이래도 당신은 포르쉐 주인에게 메모를 남겨놓겠는가? 얼마 전 실제로 그렇게 했다는 사람의 이야기를 읽은 적이 있다. 물론 그의 경우는 남들이 지켜보고 있는 상황이었다는 점만 달랐다. 그는 메모지를 한 장 꺼내들고 그 위에 이렇게 썼다. "제 주변의 수많은 사람들이 지금 제가 이 메모지에 제 이름과 주소를 쓰고 있다고 생각합니다만, 저는 그렇게 하고 있지 않습니다." Sam Levenson, 『You Don't Have to Be in Who's Who to Know What's What』 (Charles R. Swindoll), 『The Tale of the Tardy Oxcart』(Nashville: W,1998, 145)에서 재인용.

며칠 전 몇 가지 식료품을 쇼핑한 후 주차장을 나와 도로로 진입하고 있을 때였다. 하루 종일 내린 비로 도로는 매우 미끄러운 상태였다. 교통의 흐름에 합류하기 위해 서서히 앞으로 나아가려는데, 대형 트럭을 몰고 오던 한 젊은이가 나의 시도를 그냥 봐주려 하지 않았다. 그 트럭은 마치 곡예라도 부리는 듯했다. 내가 도로로 들어가려는 것을 알고는 갑자기 확 속도를 올리며 나를 향해 혐오스런 표정과 외설스런 제스처를 해보였다(어떤 모습일지는 독자의 상상에 맡긴다). 마침 모든 차량이 신호등 불빛이 바뀌기를 기다리며 정지해 있었고, 그 젊은이의 트럭도 멈춰서야만 했다. 바로 그 순간이었다. 어디선가 흰색 스포츠카가 돌진해 와서는 그의 트럭을 뒤쪽에서 들이받았다. 스포츠카와 트럭은 그 젊은이가 보는 앞에서 요란한 굉음을 내며 충돌했다. 충돌사고는 놀랄 만큼 파괴적이었다. 만일 그가 교통의 흐름에 편입하려는 나를 봐주었더라면, 어쩌면 그의 트럭이 아니라 내 차가 짜부라드는 신세가 되었을지 모른다.

나는 그 젊은이가 누구인지 모른다. 그는 단순히 사고가 났던 그 날만 우연히 운이 나빴는지도 모른다. 그로서는 전혀 뜻밖의 일을 당한 것일 수도 있다. 혹은 그의 인생의 기초에 놓여있는 것들이 외설스러움, 오만방자함, 무감각함이었을 수도 있다. 하나님은 모든 것을 알고 계신다. 또한 그날의 사고를 초래한 원인이 그 젊은이의 기초에 나 있는 균열 때문이었는지 아닌지도 하나님은 아신다.

온전한 자유를 경험하다

자신의 영적 기초가 어떠한지를 깨닫게 됨에 따라, 우리는 미해결된 과거의 이슈들을 처리할 기회를 얻을 수 있다. 고린도후서 5장 17절에서 바울은 말한다. "그런즉 누구든지 그리스도 안에 있으면 새로운 피조물이라 이전 것은 지나갔으니 보라 새것이 되었도다." 우리는 거듭나는 순간 의인이 되었다. 우리의 영원한 운명은 확정되었다. 영적인 면에서 옛 것들은 모두 '지나갔다(passed away).' 예수님이 십자가상에서 이미 죄 값을 치러주셨다. 그렇다면 우리 삶의 모든 요소들이 더 이상의 변화가 불가능하도록 확고하게 고정되었다는 말인가? 나는 이 사실을 경험적인 차원에서 이해하면 좋으리라 생각한다. 옛 것들은 우리가 매일매일 성화되어감에 따라 지나간다.

    인간은 세 부분으로 이루어져 있다. 영(spirit), 혼(soul-생각, 의지, 정서들), 몸(body). 거듭나지 않은 사람의 영은 죽어 있다. 성령께서 우리의 영을 일깨우시어 믿고 회개함으로 복음을 받아들이게 해주시면 우리는 영적으로 변화된다. 이 변화에는 그리스도의 구원의 은혜가 아니고서야 우리가 절망적인 존재일 수밖에 없음을 깨닫게 해주는 계시, 우리의 죄책에 대한 깨달음을 주는 계시도 수반된다. 이러한 계시의 순간, 우리는 어둠의 나라에서 빛의 나라로 옮겨온다. 그러나 여전히 우리의 키, 피부색, 옷, 집 주소, 은행계좌, 결혼생활은 예전 그대로이다. 영적으로는 변화되었지만, 물리적인 상태는 변함이 없다. 일단 구원을 받은 후에는 우리의 몸과 혼을 성경에 계시된 하나님의 진리에 조화되도록 훈련시킬 책임은 바로 우리 자신에게 있다.

> 그러므로 형제들아 내가 하나님의 모든 자비하심으로 너희를 권하노니 너희 몸을 하나님이 기뻐하시는 거룩한 산제사로 드리라 이는 너희의 드릴 영적 예배니라(롬 12:1)

> 그러므로 너희는 죄로 너희 죽을 몸에 왕 노릇하지 못하게 하여 몸의 사욕을 순종치 말고(롬 6:12)

> 내가 내 몸을 쳐 복종하게 함은 내가 남에게 전파한 후에 자기가 도리어 버림이 될까 두려워함이로라(고전 9:27)

제2장 | 기초를 들여다보다

당신의 혼은 타락한 본성의 영향을 받아 쉽게 죄를 짓고 세상의 유혹에 굴복한다. 그러므로 "사랑하는 자들아 이 약속을 가진 우리가 하나님을 두려워하는 가운데서 거룩함을 온전히 이루어 육과 영의 온갖 더러운 것에서 자신을 깨끗케 하자"(고후 7:1). 새로운 피조물인 크리스천에게 있어, 이는 하나님과 더불어 영생을 누리는 것이 얼마나 확실한지에 관한 문제가 아니다. 우리의 '옛 사람' 혹은 죄악된 본성을 다루는 일은 우리 자신의 의무이다. 유감스럽게도 이 일은 하루아침에 이루어지지 않는다. 매일매일 자기의 죽음을 통해 조금씩 이루어진다. 점점 우리는 우리의 기초가 그리스도를 닮아가는 모습을 지켜보기 시작할 것이다.

구원을 받기는 오히려 쉬운 편이다. 우리에게 도전이 되는 것은 "두렵고 떨림으로 너희 구원을 이루라[work out your own salvation with fear and trembling.]"는 현재형 부르심이다(빌 2:12). 여기서 '이루라(work out)'로 번역된 헬라어는 '마칠 때까지 계속해서 일하다'라는 의미를 지닌다. 또한 '구원(salvation)'에 해당하는 헬라어는 '해방, 축사(deliverance)'로도 번역될 수 있다. 우리는 기초를 더럽히고 온전한 승리를 맛보지 못하게 만드는 온갖 결함들로부터 철저히 자유케 되기 위해 힘써야 한다.

당신이 구원받기 전에 누군가에게 빚을 졌다고 가정해보자. 구원을 받았어도 그 빚은 그대로 남아있다. 당신이 구원받기 전에 당신의 부동산에 대한 담보권을 갖고 있었다고 해보자. 구원받은 후에도 여전히 당신은 담보권을 유지하기 위해 노력해야 한다. 사람이 거듭나면 영생을 얻는다. 그러나 거듭난 사람이 하나님의 영광에 이르는 자유의 삶을 살아가려면, 반드시 자신의 구원을 '이루어가야' 한다. 다시 말해 자신의 몸과 혼을 계속해서 성화시켜 나가야 한다.

거듭남을 체험했다고 해서 외부적인 사안들이 자동적으로 변화되는 것은 결코 아니다. 경제형편, 가계의 저주, 세대적인 죄악, 여러 가지 불경건한 혼의 묶임들, 계약들, 협력관계 등은 이전의 상태대로 여전히 존재한다. 죄가 언제 어디서 어떻게 뿌리내렸는지를 정직하게 살펴봄으로써 우리의 기초에 금이 간 부분을 찾아낸다면, 문제의 원인이 무엇인지도 분명히 진단할 수 있다. 우리는 하나님이 주신 계시와 적절한 지식을 통해 영적 기초를 정결케 함으로써 승리의 삶을 위한 길을 마련하게 될 것이다. "의인은 그 지식으로 말미암아 구원을 얻느니라"(잠 11:9).

우리가 기초에 이토록 많은 관심을 쏟는 이유는 무엇인가? 온전한 구조를 구비하는 일이야말로 승리의 삶을 위한 첩경이기 때문이다. 사단은 죄를 통해 문을 열어둔 신자들과(전 10:8), 기도로써 마귀를 물리치지 않는 신자들을 언젠가는 올무에 빠뜨린다(엡 6:12). 그렇다면 과연 성경에 나타난 약속들이 모두 거짓이란 말인가? 절대로 그렇지 않다! 이는 자유를 위한 열쇠가 되는 성경적 논점들을 오해하거나 제대로 적용하지 못하고 있기에 제기되는 의문이다. 우리는 약속들뿐 아니라 전제들에 관해서도 알고 있어야 한다. 본문과 문맥을 함께 고려할 줄 알아야 한다.

"그리스도께서 우리를 위하여 저주를 받은바 되사 율법의 저주에서 우리를 속량하셨으니 기록된바 나무에 달린 자마다 저주 아래 있는 자라 하였음이라"(갈 3:13). 본문에서 바울은 하나의 구체적인 저주를 언급한다. 바로 "율법의 저주"이다. 구원받는 순간 우리는 율법의 저주로부터 자유케 되었다. 그러나 여전히 다른 저주들은 남아있다. 이 점에 관해서는 제4장에서 논하기로 하겠다. 우리는 이러한 저주들을 성령께서 계시해 주시는 대로 반드시 파쇄해야 한다. 우리 안에 살아계시는 그리스도로 말미암아 우리는 저주를 파쇄할 권세를 가지고 있다. 저주를 파쇄하는 일은 우리 자신의 구원을 '이루어가는' 과정의 일부이다. 우리는 그리스도의 형상을 닮아가는 가운데 점진적으로 성화되어 간다. 회심의 순간에 우리에게 상속된 성경적 약속들은 영적전쟁을 통해 집행된다.

구원과 동시에 죄의 청구서는 청산되었고 죄책도 제거되었다. 이제 우리는 삶을 위협하는 기초 위의 금이 무엇인지를 분별할 수 있는 자격을 갖춘 셈이다. 우리는 주님께 우리의 기초 중 어디에 금이 가서 황폐해졌는지를 알려주시고 치유해달라고 간구해야 한다. 또한 그동안 잃어버린 상태로 지내왔던 것들을 다시 회복시켜 달라고 요구해야 한다. 결코 악에게 문을 열어두지 말아야 한다. 한 아이티인 목사님이 다음과 같은 우화를 들려주었다. 이 이야기는 우리가 그리스도께 전적으로 헌신해야 하는 이유를 잘 보여준다.

어떤 사람이 자신의 집을 2천 달러에 팔기를 원했다. 그 집을 몹시 사고 싶어 하는 사람이 나타났다. 그러나 가난했던 그는 아무리 해도 2천 달러를 지불할 능력은 없었다. 수차례의 담합을 거듭한 끝에 결국 소유주는 그 집을 원래 가격의 절반에 팔기로 합의했다. 단 한 가지 전제조건이 있었다. 현관문 위에 돌출된 작은 못 하나와 그 못에 걸린 것은 무엇이든 자신의 소유로 남겨두고 싶다는 내용이었다.

그로부터 몇 년이 흘렀다. 원래의 소유주는 그 집을 다시 되찾기를 원했다. 그러나 새로운 소유주는 집을 팔지 않으려 했다. 이에 첫 번째 소유주는 죽은 개의 시체를 가져다가 자신의 소유권으로 되어 있는 못 위에 걸어두었다. 얼마 지나지 않아 그 집은 도저히 사람이 살 수 없는 곳으로 되었다. 결국 새 소유주의 가족들은 어쩔 수 없이 집을 못의 주인에게 팔아넘겨야만 했다.

아이티인 목사님은 다음과 같이 결론을 내렸다. "만일 우리가 인생에서 작은 못 하나를 마귀에게 준다면, 마귀는 되돌아와 그 못에 썩어 문드러진 쓰레기를 걸어놓을 것이다. 이렇게 되면 마침내 그 집은 그리스도께서 머무실 수 없는 곳으로 변해버릴 것이다." Craig Brian Larson, "Illustration for Preaching and Teaching: From LEADERSHIP Journal"(Grand Rapids: Baker,1999), 37.

자신의 삶 가운데 부패한 쓰레기를 놓아두고 싶은 사람이 어디 있겠는가. 혹시 당신 속에는 아주 작은 못 하나라도 마귀의 소유로 되어 있는 것은 없는가? 다음 질문을 통해 당신의 기초가 처해있는 상태를 평가해 보시라.

1. 당신의 조상 세대들 가운데 일상적으로 반복되어 발생한 사악한 가계적인 이슈들은 무엇인가?(예-노예, 중독, 가난, 예수님을 대적하는[적그리스도] 신앙들, 부정, 교만, 부패, 폭력 등) 목록을 나열해 보시기 바란다.
2. 당신이 여태껏 해결하지 않은 청구서, 계약, 임대차계약, 담보권 등에는 무엇이 있는가? 어찌됐든 당신의 빚을 갚아야 할 법적 책임은 당신에게 있다(마 22:21). 목록을 나열해 보시기 바란다.
3. 당신이 반복적으로 고군분투해 온 죄악, 도저히 통제불가능해 보이는 죄악들로는 무엇이 있는가? 목록을 나열해 보시기 바란다.

4. 당신이 저주받았다고 느껴지는 영역, 당신을 붙잡아두는 저주의 영역이 있는가? '저주로 인한 희생'에서 벗어나는 방법에 관하여 보다 자세히 알기 원하시는 분은, 나의 책 『Beyond the Lie』를 참조하시기 바란다(www.prayerbookstore.com). 목록을 나열해 보시기 바란다.

5. 당신은 거래, 계약, 직업, 동호회, 약속 등을 통해 나쁜 부류의 사람들에게 끌려가고 있는가? 그렇다면 그들의 이름은 무엇이며 어떤 상황인지를 말해보라.

6. 다음에 열거하는 것들 중 당신이나 당신의 가족이 계약에 동의하거나, 언약을 맺거나, 혹은 일원으로서 참여한 적이 있는 항목은 무엇인가?-몰몬교, 무술, 이슬람교, 부두교, 이교도의 부족신앙, 힌두교, 요가, 불교, 프리메이슨의 다양한 분파, 반유대주의, 검은 형제단(Black Brotherhood), KKK단, 사단숭배(뉴에이지, 마술숭배, 악마교), 사이언톨로지, 유니테리언주의, 죽은 자와 이야기하기, 마인드컨트롤, 이집트학 등. 목록을 나열해 보시기 바란다.

7. 당신은 집안을 영적으로 청소해본 일이 있는가? "너는 가증한 것을 네 집에 들이지 말라 너도 그와 같이 진멸 당할 것이 될까 하노라 너는 그것을 극히 꺼리며 심히 미워하라 그것은 진멸 당할 것임이니라"(신 7:26). 영적 청소 방법에 관해 알기를 원하신다면, 나의 책 『Spiritual Housecleaning: Protect Your Home and Family From Spiritual Pollution』을 참조하시기 바란다 (www.prayerbookstore.com).

포로들을 해방시키라

　당신이 작성한 목록에 주의를 기울이고 지속적으로 읽으시기 바란다. 옛 뿌리들을 효과적으로 절단하고 당신의 기초를 안정시켜줄 방법을 잠시 후 알려드리겠다.

제 3 장

과거를 돌아다보다

뉴욕 주에 살고 있던 두 가문을 대상으로 면밀한 연구가 이루어졌다. 다름 아닌 맥스 주크(Max Jukes)의 가문과 조나단 에드워드(Jonathan Edwards)의 가문이었다. 연구결과가 얼마나 놀라웠는지 아는가? 닮은 꼴은 닮은 꼴을 낳는다!

무신론자인 맥스 주크는 자신과 같은 불신자 여성과 결혼을 했다. 잘 알려진 그의 후손 약 1,200명을 조사해본 결과, 그들 중 310명은 거지가 되었고, 440명은 방탕한 생활을 하다가 몸이 망가져버렸다. 130명은 감옥에서 평균 13년간을 복역했고(이들 중 7명은 살인자였다), 100명 이상이 술주정뱅이였으며, 6명은 상습적인 절도범, 190명은 매춘부였다. 무역을 익힌 20명 중 10명은 이를 교도소에서 배웠다. 이들을 돌보고 훈련시키기 위해 뉴욕 주가 지출한 비용은 1백 50만 달러였다. 이들은 사회에 이렇다 할 만한 공헌을 조금도 남기지 않았다.

반면, 거의 비슷한 시기에 조나단 에드워드 가문이 살고 있었다. 하나님의 사람 에드워드는 신앙을 가진 여성과 결혼을 했다. 그의 가문에서는 300명의 성직자, 선교사, 신학교 교수가 배출되었고, 100명 이상이 대학교수가 되었다. 100명 이상이 변호사, 30명은 판사가 되었다. 60명은 외과의사가 되었고, 60명 이상이 고전작가, 14명이 대학교 총장이 되었다. 미국의 수많은 거물급 사업가들이 에드워드 가문 출신이다. 3명은 미 하원의원, 1명은 미국의 부통령이 되었다. J. Oswald Sanders, 『A Spiritual Clinic』(Charles Swindoll, 『The Tale of the Tardy Oxcart』(Nashville: W, 1998), 198에서 재인용.

어떤 이들은 '조상들의 죄'가 뭐 그리 중요하냐며 이의를 제기한다. 이들은 조상들의 죄가 지닌 세대적인 영향력에 대해서도 회의적이다. 조상의 죄가 자녀들과 후손들에게 영향을 준다는 사실을 언급한 최초의 성경구절은 십계명이다. 십계명에서 주님은 우상숭배와 관련하여 다음과 같이 말씀하셨다.

> 그것들에게 절하지 말며 그것들을 섬기지 말라 나 여호와 너의 하나님은 질투하는 하나님인즉 나를 미워하는 자의 죄를 갚되 아비로부터 아들에게로 삼사 대까지 이르게 하거니와(출 20:5)

세대적인 죄를 구체적으로 언급하고 있는 위의 본문이 과연 오늘날 우리와 아무런 상관없는 내용이라고 간단히 치부해버릴 수 있을까? "우리는 우상숭배자들이 아닙니다."라고 말하기 전에, 우선 21세기의 우상들로는 무엇이 있는지를 한번 생각해 보시라. 술, 돈, 재산, 마약, 과소비, 쾌락주의, 성취지향 등, 현대판 우상숭배는 얼마든지

제3장 | 과거를 돌아다보다

많다.

본문의 말씀은 오늘날 우리들의 상황과 관련이 있다. 혹자는 당장 다음과 같이 반문할 수도 있다. "하지만 이건 구약성경의 말씀이잖아요." 이들은 우리가 더 이상 구약성경의 타당성을 인정할 필요가 없다고 말하고 싶어 한다. 이들의 말 그대로 본문은 분명 구약성경의 말씀이다. 그런데 어거스틴(Augustine)이 이런 말을 했다. "옛 언약은 새 언약 안에서 계시되며, 새 언약은 옛 언약 안에 감추어져 있다." 초기의 신약교회는 구약성경 전체를 이미 가지고 있었다. 당시만 해도 신약성경은 아직 완성되지 않은 상태였다. 사도들 안에 하나님에 대한 열정이 타오르도록 동기부여해 준 원천이 구약성경이었다는 사실을 생각해본 적이 있는가! 예수님이 읽으신 성경은 오직 구약뿐이었다. 주님은 가르치실 때에도 구약성경을 자유롭게 인용하셨다.

하나님의 말씀을 마치 뷔페음식을 대하듯 다루어서는 결코 안 된다. "예언은 조금만 해볼래요. 축사는 사양하겠어요. 치유는 한 국자만 떠주시겠어요?" 우리가 얼마나 자신이 '소중하게 여기는' 신념들만을 선택적으로 받아들이며 살아가는지를 생각할 때, 정말 놀라지 않을 수 없다!

사라 오른 쥬엣(Sara Orne Jewett)은 메인(Maine)에 관한 아름다운 소설, 『The Country of the Pointed Fits』를 썼다. 그녀는 이 소설에서 일라이자 틸레이(Elijah Tilley)라는 한 퇴역 선장의 집을 찾아 길을 떠난 한 여류작가의 이야기를 다루고 있다. 길을 가던 중, 그녀는 무수히 많은 나무 말뚝들이 지면 이곳저곳에 무질서하게 흩어져 있는 모습을 보았다. 말뚝들은 모두 흰색 페인트로 칠해져 있었고, 가장자리는 노란색으로 장식되어 있었다. 과연 선장의 집 같았다.

호기심이 발동한 그녀는 그 말뚝들의 의미가 무엇이냐고 틸레이 선장에게 물었다. 틸레이 선장이 들려준 이야기는 대략 다음과 같다. 그가 처음 땅을 일구었을 때, 쟁기가 지표면 밑에 있는 큰 암반들에 자꾸 부딪쳤다. 그는 암반들이 있는 곳마다 말뚝을 세워 표시해두기로 했다. 앞으로는 암반이 있는 장소를 피해가며 작업하기 위해서였다.

어떤 의미에서 하나님은 십계명을 통해 이 일을 행하셨다. 주님은 이렇게 말씀하셨다. "여기는 인생의 사고다발 지점이다. 네 쟁기가 걸리지 않도록 이곳들을 잘 피해가거라." John Killinger, 『To My People With Love』(Craig Brian Larson, 『Illustrations for Preaching and Teaching』(Grand Rapids: Baker, 1993), 35)에서 재인용.

십계명은 우리의 '쟁기'가 암초에 걸리지 않고 인생의 사고다발 지역들을 잘 통과해가도록 돕는 원칙들이다. 신약성경에 나타난 몇몇 부분들이 구약성경의 몇몇 부분들을 무효화시키는 것은 사실이다. 그러나 출애굽기 20장에 주어진 십계명을 무효화시키는 신약성경의 말씀은 없다. 주님은 오늘날도 여전히 조상들의 죄 값을 후손들에게서 찾으신다.

악의 영향력은 오래 지속된다

질투에 사로잡힌 가인이 동생 아벨을 죽였다. 하나님이 아벨의 제사만 받으시고 가인의 것은 받지 않으셨기 때문이다. 하나님은 가인과 그의 후손들에게 저주를 내리셨다(창 4:11-14를 참조하시라). 창세기 4장 후반부에는 라멕의 이야기가 등장한다. 아벨의 후손인 라멕이

가인의 전철을 밟고 있다. "나의 창상을 인하여 내가 사람을 죽였고 나의 상함을 인하여 소년을 죽였도다 가인을 위하여는 벌이 칠 배일진대 라멕을 위하여는 벌이 칠십칠 배이리로다"(창 4:23-24). 복수의 흐름이 세대를 타고 내려가고 있었다.

　모세는 이스라엘 백성들을 속박에서 해방시키라는 부르심을 받았다. 그럼에도 불구하고 그는 왕국의 실현을 목도하지 못한 채 죽음을 맞이해야 했다. 모세는 젊은 시절, 한 애굽인이 자신의 동족 히브리인을 때리는 모습을 목격한다. 분노가 치밀어 오른 그는 결국 그 애굽 사람을 쳐 죽인다(출 2:11-14). 후일 하나님은 모세가 약속의 땅에 들어가지 못하도록 하셨다. 하나님께 대한 노골적인 불순종 때문이었다. 이번에도 원인은 모세의 분노였다(민 20:8-12; 27:12-14). 하나님은 모세를 가리켜 지면에서 가장 온유한 자라고까지 말씀하셨다. 이런 모세가 다름 아닌 화를 냈다는 이유로 축복을 빼앗기다니 정말 놀랍지 않은가!

　그렇다면 모세를 약속의 땅에 들어가지 못하게 만든 분노의 뿌리는 과연 무엇이었을까? 정답은 조상 대대로 대물림되어 내려온 죄악이다. 모세의 선조는 레위였다(출 2:1). 주님은 레위에 관해 다음과 같이 말씀하셨다.

> 시므온과 레위는 형제요 그들의 칼은 잔해하는 기계로다 내 혼아 그들의 모의에 상관하지 말지어다 내 영광아 그들의 집회에 참예하지 말찌어다 그들이 그 분노대로 사람을 죽이고 그 혈기대로 소의 발목 힘줄을 끊었음이로다 (창 49: 5-7)

포로들을 해방시키라

예수님은 당시의 종교 지도자들과 관련하여 세대적인 죄악의 영향에 대해 다음과 같이 언급하셨다.

> 화 있을찐저 외식하는 서기관들과 바리새인들이여 너희는 선지자들의 무덤을 쌓고 의인들의 비석을 꾸미며 가로되 만일 우리가 조상 때에 있었다면 우리는 저희가 선지자의 피를 흘리는데 참예하지 아니하였으리라 하니 그러면 너희가 선지자를 죽인 자의 자손 됨을 스스로 증거함이로다 너희가 너희 조상의 양을 채우라 뱀들아 독사의 새끼들아 너희가 어떻게 지옥의 판결을 피하겠느냐 그러므로 내가 너희에게 선지자들과 지혜 있는 자들과 서기관들을 보내매 너희가 그 중에서 더러는 죽이고 십자가에 못 박고 그 중에 더러는 너희 회당에서 채찍질하고 이 동네에서 저 동네로 구박하리라 그러므로 의인 아벨의 피로부터 성전과 제단 사이에서 너희가 죽인 바라갸의 아들 사가랴의 피까지 땅 위에서 흘린 의로운 피가 다 너희에게 돌아가리라 내가 진실로 너희에게 이르노니 이것이 다 이 세대에게 돌아가리라(마 23:29-36)

예수님은 종교지도자들이 조상들의 죄악을 반복해서 저지르고 있다고 책망하셨다. 그들은 조상들과 마찬가지로 살인적인 죄악을 범하고 있었다.

성경역본 중 『The New Living Translation』은 마태복음 23장 35-36절을 다음과 같이 강력한 표현으로 번역하고 있다.

그러므로 의인 아벨로부터 성전과 제단 사이에서 너희가 죽인 바라갸의 아들 사가랴에 이르기까지 모든 경건한 사람들을 살해한 죄책이 다 너희에게 돌아갈 것이다. 내가 확신하노니 수세대에 걸쳐 축적되어온 모든 심판이 바로 이 세대의 머리 위로 갑자기 임할 것이다.

가계력 조사하기

이제 당신은 당신의 가계가 어떠한 이력을 갖고 있는지를 살펴보아야 한다. 아마 다음 항목들과의 연관성을 발견할 수도 있다. 무신론, 노예(노예속박, 노예무역, 노예소유주), 반초자연주의(자연주의, 인본주의), 샤머니즘, 비밀결사, 기타 거짓된 종교 신념들 등(이 부분에 관하여 보다 폭넓은 이해를 원하시는 분은 본서 후반부의 부록들을 참조하시기 바란다). 사악한 존재인 사단은 한 개인의 죄가 앞으로도 한없이 지속될 수가 있음을 잘 알고 있다. 우리 조상들이(고의적으로건 부지불식간에건) 가계에 대한 마귀의 책략에 문을 열어놓았다면, 우리는 이 사실에 관해 잘 알고 있어야 한다. 만약 지금도 영향력을 행사하고 있는 무언가가 있다면, 그 저주를 제거할 때 비로소 당신과 당신의 후손들은 자유케 될 수 있다.

헤비급 권투 선수인 어니 세이버스(Ernie Shavers)는 캐시어스 클레이(Cassius Clay-무하마드 알리)와의 시합 후 이렇게 말했다. "그의 펀치가 얼마나 셌던지 아프리카에 있는 나의 조상들까지 깨어나게 했다." 출처 불명. 실제로 우리가 직계조상들과 연결되어 있는 상태가 반드시 이런 식은 아닐지 모른다. 그러나 어찌됐든 우리는 조상들과 연결되어 있다. 계약은 계약을 낳는다. 맹세는 맹세를 낳는다. 섬김은 섬김을 낳는다.

포로들을 해방시키라

가족들에게 물을 때는 겸손하고 온화한 자세를 취하라. 특히 가정의 연장자들에게 조상들이 행했던 관습들로는 무엇이 있었는지를 물어보라. 결코 다른 사람을 비난하거나 꾸짖지 말라. 어떤 모양으로든 오점이 전혀 없는 가문은 지구상에 한 곳도 없다. 우리들 역시 다른 이들과 마찬가지로 죄인일 수 있다.

존재하는 것은 오직 두 개의 왕국뿐이다. 우리는 이 두 왕국 중 어느 한쪽에만 속할 수 있다. "심은 것마다 내 천부께서 심으시지 않은 것은" 뽑혀져야 한다. 예수님 안에서 자유를 누리지 못하도록 방해하는 악과의 모든 연관성을 끊어내는 일도 이 작업의 일부이다. 하나님은 예레미야에게 다음의 사항들을 지시하셨다(렘 1:10). 이는 우리가 수행해야 할 일이기도 하다.

뽑으라(root out)
파괴하라(pull down)
파멸하라(destroy)
넘어뜨리라(throw down)
건설하라(build)
심으라(plant)

잠시 모든 일을 중단하고 성령님께 물으라. 새로운 차원의 돌파를 경험하기 위해 당신의 삶 속에 뽑고 파괴하고 파멸하고 넘어뜨려야 할 영역이 무엇인지를 계시해 달라고 주님께 요청하라. 주님이 당신에게 무엇을 계시해 주시든, 그것을 가지고 주님의 빛 가운데로 들어가라. 그리고 더 이상 그 영역과의 연관성은 끊어버린다고 큰소리로 외치라.

우리 가문에 흘러오고 있는 경건한 특성들도 결코 간과하지 말라. 나를 포함하여 우리 중 많은 이들이 부모나 조부모, 이모, 삼촌, 그 밖의 친척들에게서 하나님의 말씀을 배웠다. 우리의 신앙이 이만큼 성장해올 수 있었던 것도 경건한 가문 덕분이었다. 우리는 가계를 타고 내려오는 모든 속박에서 자유로워져야 한다. 동시에 조상들을 통해 물려받은 기독교적 영향력에 대해서는 감사해야 한다. 지금 당장 당신에게 경건한 유산을 물려주신 하나님께 감사기도를 드리라.

당신이 가문을 통해 물려받은 것이 무엇이든 관계없이, 신자인 당신은 하나님과 맺은 언약을 소유한 자이다. 구속과 회복, 구원(축사)의 하나님이 당신과 언약을 맺으셨다. 구속에는 '되사다' 혹은 '해방시켜주다'라는 뜻이 있다. 성경적으로 볼 때, 구속이란 하나님이 희생양이신 예수 그리스도를 통해 우리를 속죄하셨음을 의미한다. 구속적 행위를 통해 하나님은 하나님의 백성들을 속박에서 구원해 내셨다. 하나님의 영광을 위해 우리가 속박에서 해방되는 것이 바로 축사(deliverance)이다.

이스라엘 백성들은 홍해 앞에서 애굽 군대의 손에 전멸될 수도 있는 위기를 모면했다. 후일 유대인들은 하나님께 쓰임 받은 에스더를 통해 전멸의 위기에서 구원받았다. 오늘날에도 여전히 하나님은 사단의 손아귀에서 가정들과 문화들을 구속하고 계신다. 모르드개가 실제로 에스더에게 했던 말을(에 4:14) 이제 나도 당신에게 해드리려 한다. "당신이 태어난 것은 이때를 위함입니다." 당신이 깨달은 계시가 당신 자신과 앞으로 태어날 당신의 모든 후손들을 자유케 하는 열쇠가 될 수 있다.

포로들을 해방시키라

　몇 년 전 싱가포르에서 사역을 하고 있을 때였다. 한 목사님이 나에게 한 사회복귀시설에서 설교와 개인축사사역을 해달라고 부탁했다. 그곳에는 갓 교도소 수감생활을 마친 남성들이 체류하고 있었다. 그들은 감옥에 있는 동안 그리스도를 영접한 자들이었다. 이들을 잘 인도할 목적으로 한 교회가 그 복지시설을 설립했다. 그날 나는 개인이 누려야 할 자유에 관해 설교했다. 설교 후, 나는 혹시 뭔가에 의해 시달림을 받고 있는 사람은 없느냐고 질문했다. 많은 사람들이 손을 들었다. 이때 키가 크고 호리호리하게 생긴 한 남성이 유독 내 관심을 끌었다. 창백한 얼굴의 그는 나를 똑바로 쳐다보지도 못했다. 내가 그에게 다가가자 갑자기 그는 머리를 격렬하게 흔들기 시작했다. 성령님은 나에게 그 사람 속에는 가계의 영(familiar spirit)이 있다고 말씀해 주셨다.

　가계의 영(레 20:27; 삼상 28:7-8; 대상 10:13)은 영매처럼 헛된 소리로 지절거린다는 뜻을 지닌 히브리어에서 유래되었다. 우리는 이를 가리켜 '채널링(channeling)'이라고도 한다. 가계의 영이란 귀신적인 주술의 영이다. 이 영은 의지를 자신에게 굴복시킨 사람들을 차지하려고 애를 쓴다. 다른 사람의 목소리를 흉내 내기도 하고, 예언을 하거나 교리를 만들어내기도 한다. 이 영은 한 가계 안에서 지속적으로 활동할 수 있다.

　가계의 영에 시달리고 있는 사람의 얼굴표정이나 목소리에서는 종종 귀신의 특성이 나타난다. 나는 가계의 영을 향해 그 싱가포르인 남성을 풀어놓으라고 명령했다. 그 순간 그는 앉아있던 의자에서 튕겨져 나가 바닥으로 내동댕이쳐졌다. 그리고는 마치 원숭이처럼 마구 지절대기 시작했다. 묘하게도 그의 얼굴표정은 원숭이의 모습을 하고 있었다. 두 팔로 몸을 둥글게 감싸 안고 여기저기를 데굴데굴 굴러다녔다.

    나는 그에게 혹시 원숭이해에 태어났느냐고 물어보았다(아시아에서는 아기가 태어나면 출생년도에 해당하는 상징물에게 아기를 바치는 풍습이 있다. 예를 들어, 용띠, 소띠, 뱀띠 등). 그가 대답했다. "네. 제 부모님이 저를 원숭이 신에게 바쳤습니다." 우선 나는 강한 자들, 곧 적그리스도의 영, 주술의 영, 거짓말의 영, 가계의 영들을 결박했다. 그 다음에는 졸개귀신들에게 떠나가라고 명령했다. 졸개귀신들의 세력이 사라졌음을 확인한 뒤, 나는 강한 자들에게 떠나가라고 명령했다. 그 후에는 온갖 거짓된 계약들을 끊고, 세대적으로 맺어온 계약들을 파쇄하고, 원숭이 신(귀신)과의 불경건한 혼의 묶임을 끊도록 안내해 주었다. 그 즉시 그는 자유로워졌다.

동일시 회개

    예수님은 유대인들에게 도덕적인 책임을 질 것을 요구하셨다. 크리스천인 우리도 우리가 감당해야 할 의무에서 결코 자유로울 수 없다. 주님은 성경을 통해 모델을 제시해 주셨다. 이른바 '동일시 회개'를 통해 조상들의 죄악을 무효화하라는 명령이다. 이는 조상들(대상은 상황에 따라 국가, 도시, 단체 등이 될 수도 있다)을 대신하여 그들의 죄와 허물을 우리 자신이 회개하는 일이다. 세대적으로 누적되어 내려오는 악의 영향력이야말로, 온전히 자유로운 삶을 만끽하기 위해 반드시 처리해야 할 더럽혀진 기초의 일부이다.

포로들을 해방시키라

다윗 왕도 동일시 회개가 무엇인지를 잘 이해했다.
우리가 열조와 함께 범죄하여 사특을 행하며 악을 지었나이다 우리 열조가 애굽에서 주의 기사를 깨닫지 못하며 주의 많은 인자를 기억지 아니하고 바다 곧 홍해에서 거역하였나이다(시 106:6-7)

예레미야도 동일시 회개를 드렸다.

여호와여 우리가 우리의 악과 우리 조상의 죄악을 인정하나이다 우리가 주께 범죄하였나이다 주의 이름을 위하여 우리를 미워하지 마옵소서 주의 영광의 위를 욕되게 마옵소서 우리와 세우신 주의 언약을 기억하시고 폐하지 마옵소서(렘 14:20-21)

느헤미야도 동일시 회개의 필요성을 알고 있었다.

제 종이 주의 종 이스라엘 자손을 위하여 주야로 기도하오며 이스라엘 자손의 주 앞에 범죄함을 자복하오니 주는 귀를 기울이시며 눈을 여시사 종의 기도를 들으시옵소서 나와 나의 아비 집이 범죄하여(느 1:6)

죄에 대한 개인적인 책임

어떤 크리스천들은 조상의 죄악이 우리들에게까지 적용된다는 사실을 잘 믿으려 하지 않는다. 이들은 한 개인이 지은 죄는 죄지은 당사자에게만 의미를 갖는다고 주장한다. 이들이 논박의 근거로 즐겨 사용하는 성경구절은 에스겔 18장이다.

> 너희가 이스라엘 땅에 대한 속담에 이르기를 아비가 신 포도를 먹었으므로 아들의 이가 시다고 함은 어찜이뇨 나 주 여호와가 말하노라 내가 나의 삶을 두고 맹세하노니 너희가 이스라엘 가운데서 다시는 이 속담을 쓰지 못하게 되리라(겔 18:2-3)

에스겔은 하나님이 주신 메시지를 전달하면서 죄의 결과로 초래된 영적 죽음에 관해 언급했다. 요지는 다음과 같다. 아버지가 죄를 지었다고 해서 자녀들이 하나님과 영원히 분리되는 일(이가 시게 되는 일)은 없을 것이다. 자신이 보내게 될 영원을 선택하는 것은 각자의 몫이다. 이러한 사실은 하나님의 선언을 다룬 바로 다음 구절들 속에서 계속 강조된다.

> 모든 영혼이 다 내게 속한지라 아비의 영혼이 내게 속함 같이 아들의 영혼도 내게 속하였나니 범죄하는 그 영혼이 죽으리라 … 범죄하는 그 영혼은 죽을

포로들을 해방시키라

찌라 아들은 아비의 죄악을 담당치 아니할 것이요 아비는 아들의 죄악을 담당치 아니하리니 의인의 의도 자기에게로 돌아가고 악인의 악도 자기에게로 돌아가리라(겔 18: 4, 20)

본문은 단순히 성향에 관해 말하고 있는 것이 아니다. 이는 영원에 관한 문제이다. 죄 짓기를 즐기고 그 죄 가운데 계속 머물러 있는 것은 당사자의 결정이지, 결코 세대적인 사항이 아니다. 이는 개인의 선택에 관한 문제이다.

히브리인들의 사회에서는 자녀에게 하나님의 법을 가르칠 책임이 아버지에게 있었다(신 11:19). 이 책임을 소홀히 한 사람은 값비싼 대가를 치러야 했다(신 11:26-28). 이 말씀의 진리는 오늘날 우리에게도 그대로 해당된다. 적용되는 방식만 상이할 뿐이다. 예레미야 31장 31-34절의 말씀을 들어보자.

나 여호와가 말하노라 보라 날이 이르리니 내가 이스라엘 집과 유다 집에 새 언약을 세우리라 나 여호와가 말하노라 이 언약은 내가 그들의 열조의 손을 잡고 애굽 땅에서 인도하여 내던 날에 세운 것과 같지 아니할 것은 내가 그들의 남편이 되었어도 그들이 내 언약을 파하였음이니라 나 여호와가 말하노라 그러나 그 날 후에 내가 이스라엘 집에 세울 언약은 이러하니 곧 내가 나의 법을 그들의 속에 두며 그 마음에 기록하여 나는 그들의 하나님이 되고 그들은 내 백성이 될 것이라 그들이 다시는 각기 이웃과 형제를 가리켜 이르기를 너는 여호와를 알라 하지 아니하리니 이는 작은 자로부터 큰 자까지 다 나를 앎이니라 내가 그들의 죄악을 사하고 다시는 그 죄를 기억지 아니하리라 여호와의 말이니라 성경을 연구할 때 우리는 일부분이 아닌 전체를 조망할 수 있는 진리를 분별해내야 한다. 예레미야의 말에는 결코 모순됨이 없다. 그는 사람이 열조의 죄악으로 인해 고통을 당할 수 없다고 말하는 것이 아니다. 오히려 사람이 영원한 죽음을 맞이하는 이유는 다른 사람의 죄가 아닌 자신의 죄 때문임을 밝히고 있다(30절). 바로 이어지는 32장에서, 예레미야는 하나님에 관해 이렇게 고백한다. "주는 은혜를 천만인에게 베푸시며 아비의 죄악을 그 후 자손의 품에 갚으시오니" (렘 32: 18).

어느 날 한 작은 꼬마 여자아이가 뉴욕시 센트럴파크의 풀밭에서 놀고 있었다. 바로 그때 세인트 버나드(St. Bernard) 한 마리가 아이 앞에 나타나더니 사납게 짖어대기 시작했다. 아이는 와락 울음을 터뜨렸다. 도무지 울음을 그칠 기미가 보이지 않았다. 아이의 어머니가 말했다. "자, 아가! 저 개는 더 이상 짖지 않는단다. 울음을 뚝 그쳐라." 그러자 아이는 개를 유심히 바라보더니 여전히 훌쩍이는 소리로 이렇게 대답했다. "알았어요, 엄마. 하지만 아직도 저 개는 속으로 짖고 있어요." G. B. F. Hallock, 『Best Modern Illustrations』(New York: Harper and Brothers, 1935), 326.

십자가의 능력은 우리 조상들의 '짖어대는 소리'를 잠재울 수 있다. 조상들의 죄악이 지닌 지속적인 영향력을 해결할 수 있는 치유법이 그리스도 안에 존재한다. 그러나 십자가의 능력을 경험하기 위해서는 주님의 사역을 우리의 삶에 실제로 적용해야 한다. 예수님을 개인적으로 아는 것과, 과거의 영향력으로부터 자유로운 삶을 살아가는 것은 전혀 별개의 문제이다.

제 4 장

저주, 멍에, 거짓 계약들

　서구사회에서 살아가는 우리들에게 저주나 멍에, 거짓 계약들의 개념은 낯설기조차 하다. 오히려 이 개념들은 아시아와 아프리카, 라틴 아메리카의 사람들에게 보다 더 친숙하다. 그 이유 중 하나는 서구사회에 만연되어 있는 반초자연주의적인 편견 때문이다. 미국의 역사가 성경적 원리에 기초를 두고 있다는 점도 또 하나의 이유이다. 신비 사술과 귀신숭배에 뿌리를 두고 있는 나라들이 지구상에 너무나 많다. 우리 조상들의 신앙은 어떤 면에서 우리를 보호해주는 역할을 해왔다. 사단은 여러 가지 책략들을 써서 전 세계의 불행한 지역들을 엄청난 세력으로 맹공격해 왔다.

　그렇다면 그동안 형세가 어떻게 변화해왔는가? 수십 년 동안 미국은 어둠으로 향하는 출입구를 약간 열어둔 상태로 지내왔다. 이는 마귀와 그의 졸개들에 대한 미화와 찬미를 통해서였다. 할리우드는 엑소시스트(The Exorcist), 로즈메리 베이비(Rosemary's Baby), 오멘(The Omen) 등의 영화를 필두로 하여 사단의 일들을 칭송해온 것이다.

　그 후 용감하고 젊은 베트남 전쟁 참전용사들은 상처와 우울, 중독과 거절을 그대로 끌어안은 채 귀향했다. 그들 중 대다수가 심한 압박감에 시달렸다.

　보다 최근에 미국은 정치적 망명자들을 위한 이민의 문을 활짝 개방했다. 인도, 베트남, 캄보디아, 파키스탄, 멕시코, 중동 등지에서 대규모 파견단들이 미국 공동체 안으로 이주해왔다. 이들은 현지에서 우상으로 숭배하던 귀신들도 그대로 지니고 들어왔다. 오늘날 힌두교 사원이나 이슬람 모스크, 불당 등은 미국 도처에서 흔하게 찾아볼 수 있다.

　이러한 건물들과 우상숭배 자체가 귀신들을 초청하는 '환영게시판'이다. 이 '환영게시판'들이 우리가 살고 있는 바로 이곳으로 어두움을 불러들여 계약을 맺는다. 과거 어느 때보다 우리가 현재 처해있는 상황은 저주와 멍에, 거짓된 계약들에 대해 훨씬 더 취약하다. 수많은 가정들이 원수와의 계약으로 말미암아 부지불식간에 삶에 저주를 초래하며 살아왔다.

　저주는 사람을 차별대우하는 법이 없다. 인종이나 문화도 상관없다. 저주는 부자도 괴롭히고 가난한 자도 괴롭힌다. 배운 자도 괴롭히고 못 배운 자도 괴롭힌다. 당신은 당신의 삶의 영역들은 대체로 아무런 문제가 없다고 여기는가? 하지만 어두움의 그림자가 당신에게 드리워져 있지 않을 것이라고는 결단코 장담할 수 없다.

저주란 무엇인가?

　성경에서 저주가 언급된 횟수는 81번이다. 어떤 사람 혹은 사물을 저주한다 함은, 그 사람이나 사물이 해를 입도록 선언하거나 기원하는 것을 말한다. 마귀(devil)의 졸개들은 이런 식의 선포를 들을 때

제4장 | 저주, 멍에, 거짓 계약들

마다 무척 즐거워한다. 이러한 선포는 마귀의 졸개들이 초자연적인 힘으로 반응하도록 만들어주는 기회이다. 수많은 사람들이 저주가 무엇이며 저주가 어떻게 작동하는지를 몰랐기에 올무에 빠졌다.

저주는 한 개인, 단체, 장소, 사물에 대한 사악한 선언이다. 하나님은 이스라엘 백성들에게 여리고 성에서 아무 것도 취해오지 말라고 명령하셨다. "너희는 바칠 물건을 스스로 삼가라 너희가 그것을 바친 후에 그 바친 어느 것이든지 취하면 이스라엘 진으로 바침이 되어 화를 당케 할까 두려워하노라"(수 6:18). 바로 다음 장인 여호수아 7장에는 이스라엘 백성들이 아이 성 싸움에서 패배하는 장면이 소개된다. 아간이 더럽혀진 물건을 여리고 성에서 취하여 온 까닭이었다. 아간의 행위는 하나님께 대한 직접적인 불순종이었다. 그의 행동은 나라 전체에 악영향을 미쳤다(수 7:12-13).

저주는 축복과는 정반대이다. 아브라함은 하나님의 말씀에 순종하여 이방 본토를 떠나 하나님이 지시하시는 땅으로 갔다. 아브라함의 순종으로 인해 오늘날 그의 후손들은 하나님의 은총을 누리는 자들이 되었다. "너를 축복하는 자에게는 내가 복을 내리고 너를 저주하는 자에게는 내가 저주하리니 땅의 모든 족속이 너를 인하여 복을 얻을 것이니라 하신지라"(창 12:3).

하나님은 우리들 각자 앞에 축복과 저주를 두셨다. 이는 조건적인(만일/그 후에: if/then) 약속들이다. "만일 네가 …하면, 그 후에 내가 …하겠다(If you will… then I will)."

포로들을 해방시키라

내가 오늘날 복과 저주를 너희 앞에 두나니 너희가 만일 내가 오늘날 너희에게 명하는 너희 하나님 여호와의 명령을 들으면 복이 될 것이요 너희가 만일 내가 오늘날 너희에게 명하는 도에서 돌이켜 떠나 너희 하나님 여호와의 명령을 듣지 아니하고 본래 알지 못하던 다른 신들을 좇으면 저주를 받으리라 (신 11:26-28)

날마다 우리는 알게 모르게 저주를 끌어들이거나 축복을 초청한다. 예를 들어보자. 불법적인 마약들은 여러 가지 문제들을 내포한다. 당신이 마약을 사거나 팔거나 사용할 때, 이로써 당신은 마약 산업에 관련된 귀신의 저주를 불러들이게 된다(합법적인 약물도 남용하면 저주를 불러들일 수 있다). 나아가 다음과 같은 부가적인 저주들도 당신에게 임할 수 있다. 체포, 고발, 가난, 수감, 죽음에 대한 잠재 가능성 등.

반면에 만일 당신이 그리스도의 주권 하에 살아가기로 선택한다면, 하나님은 당신의 마음을 통해 당신이 어디로 행해야 할지를 알려주실 것이다. 이로써 당신 앞에는 하나님의 은총을 받을 수 있는 문이 열려진다(사 30:21). 축복이냐 저주냐? 선택은 당신에게 있다.

저주는 한 개인, 단체, 장소, 사물에 대한 판단이다. 예수님이 열매 없는 무화과나무를 저주하시니, 그 나무가 곧 말라버렸다(마 21:20). 사람의 마음을 아시는 예수님께서 바리새인들에게 다음과 같이 말씀하셨다.

독사의 자식들아 너희는 악하니 어떻게 선한 말을 할 수 있느냐 이는 마음에

제4장 | 저주, 멍에, 거짓 계약들

> 가득한 것을 입으로 말함이라 선한 사람은 그 쌓은 선에서 선한 것을 내고 악한 사람은 그 쌓은 악에서 악한 것을 내느니라(마 12:34-35)

판단하는 행위들이 어떻게 저주가 될 수 있는지를 예를 들어보기로 하겠다. 1990년대 초반에 나는 최초의 책 『Beyond the Veil』을 저술했다. 나는 주님이 기도를 통해 주님과 개인적인 친밀함을 누리는 방법에 관해 책을 쓰라고 위임하셨음을 확신했다. 저술에 착수할 자신감을 불러일으키는 것 자체가 나에게는 큰일이었다. 악전고투하며 몸부림을 쳤지만, 그렇다고 해서 작업을 중단하지는 않았다. 약 1주일이 지나자, 써야 할 단어들이 흘러나오기 시작했고, 내 마음은 열정으로 가득 찼다. 전반부의 넉 장은 상당히 빠른 속도로 써내려갔다.

그런데 나의 흥분된 마음이 물거품처럼 사그라지는 순간이 찾아왔다. 나의 작업에 관한 소식을 들은 한 친구가 무심코 이렇게 말했다. "하나님이 무슨 이유로 너에게 책을 쓰라고 하시겠어? 네 친구 피터 와그너(Peter Wagner)가 여러 권의 책을 집필한 사람이라고 해서, 너 또한 책을 쓸 수 있다는 건 결코 아니야!" 그 외에도 그 친구는 몇 가지 경멸조의 코멘트를 덧붙였다.

그의 판단하는 투의 선언은 내 영혼에 마치 화살처럼 박혔다. 계속해서 전진해 나가기는커녕 나는 그의 말에 동의했다. 그리하여 결국 거의 12개월 동안이나 한 단어도 쓰지 못했다. 나는 하나님의 말씀에 귀를 기울이고 그 친구의 말을 의심했어야 했으나, 나는 오히려 하나님과 나 자신에 대해 이의를 제기했다. 그럼에도 불구하고 저술에 대해 끝없이 환기를 불러일으키시는 주님의 음성을 도저히 피해 달아날 수가 없었다.

포로들을 해방시키라

일 년이 지나고서야 나는 마지못해 다시 저술에 착수했다. 책을 탈고한 후에는 14개의 대형출판업자들로부터 원고를 거절당했다. 이에 우리는 자비량으로 책을 출판하여 수천 부를 판매했다. 그제야 열다섯 번째 출판업자가 나의 원고를 인쇄하고 싶다는 의향을 표현해왔다. 오늘날 『Beyond the Veil』은 베스트셀러가 되어, 이제까지 6개국의 언어로 번역되었다.

에디(Eddie)는 종종 다음과 같은 말을 한다. "말이 곧 재산이다." 축복의 말은 우리로 하여금 부르심을 향해 나아가도록 격려한다. 반면에 비판적인 말은 우리 몫의 축복마저 잃어버리게 만들 수 있다.

저주는 물질적인 대상에도 전가될 수 있다. 사물들, 심지어 선물들에조차 귀신의 능력이 붙어있을 수 있다. 이런 이유 때문에 하나님은 이스라엘 백성들에게 이방나라에서 가져온 물건들을 어떻게 다뤄야 하는지를 지시해주셨다. 하나님은 이스라엘 백성들에게 다음과 같이 당부하셨다. "너는 가증한 것을 네 집에 들이지 말라 너도 그와 같이 진멸 당할 것이 될까 하노라 너는 그것을 극히 꺼리며 심히 미워하라 그것은 진멸 당할 것임이니라"(신 7:26). 이 내용에 관한 성경적 개념에 관하여는 우리가 쓴 책 『Spiritual Housecleaning』에서 다루었다.

1991년, 나의 어머니가 다니는 교회에서 소수의 사람들이 그룹을 이루어 이스라엘에 다녀온 적이 있다. 나도 어머니와 함께 그 여행에 동반했다. 이 여행은 나에게 있어서 특별한 즐거움이었다. 그 교회는 내가 어려서부터 양육을 받아온 곳인데다가, 여행을 떠나는 이들 중 몇몇은 평생 동안 알고 지내오던 사람들이었다. 작은 규모인 우리 그룹은 큰 단체 여행객들에게는 제한된 특정 고고학적 지역들도 방문

제4장 | 저주, 멍에, 거짓 계약들

할 수 있었다. 이곳들 중 하나가 최근에 발굴된 고대 가나안 도시로서, 예루살렘 서부에 위치하고 있었다. 몇몇 다른 사람들을 제외하고, 그 장소는 우리 그룹이 거의 독차지하고 있었다.

버스에서 내렸을 때 나는 눈을 의심할 뻔 했다. 한때 많은 사람들이 거주하였던 지역이 이제는 작열하는 태양 아래서 완전히 폐허가 되어 있었다. 크고 우아한 석조 기둥들은 넘어진 채 먼지 더미에 파묻혀 있었다. 정교하게 조각된 수많은 태양 신, 달 신, 기타 인기를 누리던 신들 등, 수천 년의 세월이 지난 후에야 새롭게 발굴된 신상들이 자갈길을 따라 나란히 늘어서 있었다. 과거에 우상숭배가 만연한 도시였음은 쉽게 알 수 있었다.

귀신의 세계에 대해 전혀 식견이 없던 한 젊은 커플이 있었다. 그들은 악한 영이 구체적인 사물에도 달라붙을 수 있다는 사실을 알지 못했다. 여행 안내자는 우리에게 역사 유적지에서 어떤 물건도 가져가지 말라고 이미 경고해준 바 있었다. 지미(실명이 아님)는 유적들을 둘러보며 남아돌아갈 만큼 많다고 느꼈다. 그리하여 그 중 아주 자그마한 신상을 자신의 바지주머니 안에 슬쩍 넣어두었다. 거의 바로 그 순간부터 지미는 심하게 아프기 시작했다. 의사이기도 했던 여행 안내자가 그에게 의료적 도움을 베풀어주었다. 그러나 이틀 후에도 상태가 호전되지 않자, 그는 지미를 병원에 보내야겠다고 생각했다.

베들레헴의 예수탄생교회 안에 있는 동안, 나는 문득 지미를 위해 기도해 주어야겠다는 느낌이 들었다. 샤론(이스라엘의 대제사장 아론(Aaron)을 본 딴 이름)이 나와 함께 해주었다. 지미 쪽으로 다가가니, 그는 의자에 푹 파묻힌 채 앉아있었다. 보기에도 정말 딱한 모습이었다. 기도해주어도 괜찮겠느냐고 물으니 그는 한숨을 깊이 내쉬며 고개를 끄덕였다. 나는 공개적으로 노출된 장소에서 이런 행동을 하는 것이

포로들을 해방시키라

왠지 어색했다. 그러나 주변 상황이야 어떠하든 하나님께 불순종하지 않으려는 마음 하나만으로 이를 악물었다.

나는 그의 이마에 손을 얹고 조용하지만 단호한 음성으로 이렇게 말했다. "내가 너를 꾸짖는다. 이 허약의 영아! 그리고 허약의 영에 달라붙어있는 모든 귀신들아! 내가 명하노니 지금 이 사람에게서 떠나가라! 메시아이신 예수 그리스도의 이름으로 치유될지어다." 나의 음성은 1500년 전 완벽한 음향 설비로 고안된 한 오랜 건물의 벽을 타고 무의미하게 메아리치고 있는 듯했다. 지미에게서 드러난 유일한 신체적 현상은 다만 눈에 띌 정도로 부르르 떠는 모습이었다.

더 이상 사람들의 이목을 끌고 싶지 않았기에, 나와 샤론은 팀에 합류하려고 서둘러 밖으로 걸어 나왔다. 팀원들은 이미 모두 버스에 탑승해 있었다. 몇 분이 채 지나지 않아, 지미와 그의 아내가 눈물을 흘리며 황급히 뛰어나오고 있었다. 지미는 두 팔로 나를 얼싸안고 울면서 말했다. "치유되었어요. 치유되었다고요!" 그 순간 우리의 유대인 여행 가이드를 포함한 모든 이들이 놀라움을 금치 못했다.

일단 버스에 오른 지미는 우선 자신이 폭발적으로 울음을 터뜨린 것에 대해 팀원들에게 사과했다. 그러고 나서 그는 일평생 처음으로 경험한 일에 관해 간증을 시작했다. 그는 샤론과 내가 귀신의 존재를 꾸짖는 순간 그의 배 부위에 어떤 뜨거운 것이 느껴졌다고 설명했다. 그 뜨거움은 재빨리 가슴 부위로 올라왔다가 머리로 들어갔고, 다시 정수리부분까지 갔다고 했다. 그는 자신의 몸에서 빠져나간 그 '움직이는 불'이 혹시 우리들에게 나쁜 영향을 주지는 않았을까 걱정된다며 우리를 바라보고 있었다. 여행 중에 있던 보수적인 우리의 친구들은 무슨 행동을 취해야 할지 어떻게 말해야 할지도 모른 채, 그저 잠자코 앉아있을 수밖에 없었다. 긴장상태를 깬 것은 바로 나였다. 나는

제4장 | 저주, 멍에, 거짓 계약들

하나님은 기적을 행하시는 분이라는 사실을 그들에게 일깨워주었다. 팀원 모두가 나의 말에 흔쾌히 동의하며 곧 하나가 되었다.

그날 오후 나는 지미와 그의 아내가 머물고 있는 호텔로 찾아갔다. 혹시 주님께서 질병의 원인에 관해 알려주셨느냐고 지미에게 물어보았다. 지미는 그렇다고 했다. 원인은 그가 바지 주머니에 넣어둔 작은 신상이었다. 베들레헴에서 축사사역을 받은 후, 그는 점토로 만든 그 신상을 발로 짓밟아버렸다. 나는 그들 부부를 위해 기도해준 뒤 지미에게 두 가지 조언을 해주었다. 하나는 그가 저지른 행위를 회개하라는 것이었고, 또 하나는 그 신상으로 인해 지미의 삶에 아직도 영향을 끼치며 남아있을 세력들을 파쇄 해야 한다는 것이었다. 취해서는 안 될 물건을 취함으로써 지미의 삶에 저주가 초래되었다. 당사자도 이 사실을 잘 알고 있었다. 이후로 이따금씩 그를 볼 때면, 그는 그동안 아무런 문제가 없었다는 보고를 들려준다.

멍에란 무엇인가?

'멍에' 의 사전적 의미를 살펴보면 다음과 같다. '속박하고 노예로 잡아두기 위해 패자의 목에 걸어두는 둥그스름한 기구.' 『Webster's Seven New Collegiate Dictionary』(Springfield, MA: G. & C. Merriam Co., 1970), 1037. 본질적으로 멍에는 저주의 결과들을 말한다. 일단 어떤 사람 혹은 사물에 대해 저주의 말이 선포되거나 저주가 풀어지면, 이 선언으로 말미암아 멍에가 그 대상들을 계속해서 묶어둔다. 성경에서는 이삭과 에서의 갈등장면에서 처음으로 '멍에' 가 언급된다.

포로들을 해방시키라

그 아비 이삭이 그에게 대답하여 가로되 너의 주소는 땅의 기름짐에서 뜨고 내리는 하늘 이슬에서 뜰 것이며 너는 칼을 믿고 생활하겠고 네 아우를 섬길 것이며 네가 매임을 벗을 때에는 그 멍에를 네 목에서 떨쳐버리리라 하였더라(창 27: 39-40)

40절은 확대번역본의 의역에 따르면 다음과 같이 표현된다.

너의 불안함이 점차 가중되다가 결국 그가 네 목에 메어둔 멍에를 네가 찢어 버리고 빠져나오는 때가 오게 되리라(40절)

에서에게 얹힌 멍에가 부서지는 시점은 언제인가? 에서가 진절머리를 내면서 자신의 삶을 스스로 주관하기 시작하는 순간이다.

멍에란 두 마리의 소를 함께 일하도록 하려고 소의 목과 목을 연결하는 나무틀이기도 하다. 상징적으로 볼 때, 짐승들을 하나로 묶어두는 나무틀의 한쪽 면이 멍에라면, 또 다른 한쪽 면은 저주이다. 고린도후서 6장 14절에서 주님은 믿지 않는 자들과 멍에를 같이 하지 말라고 경고하신다. 하중(비전, 갈망, 하나님에 대한 사랑)이 동일하지 않은 결혼은 마치 균형을 잃은 멍에처럼 부담스런 것이 될 수 있다.

멍에는 고통을 줄 수도 있고, 학대를 가할 수도 있으며, 수치를 야기할 수도 있다. 멍에를 멘 사람은 자신이 마치 덫에 걸린 듯하고 패배한 듯하고 쓸모없는 자라는 느낌을 받을 수 있다. 멍에를 멘 사람은 자유를 상실하고, 슬픔, 두려움, 절망, 망설임을 느낀다. 하나님은

제4장 | 저주, 멍에, 거짓 계약들

우리가 자신의 삶을 스스로 통제하는 법을 배우기 원하신다. 주님은 우리가 노예의 멍에를 벗어버리고, 자발적으로 그리스도의 멍에를 메는 일에 순복하기를 바라신다. 그리스도의 멍에는 우리에게 안식과 성취를 가져다준다. 사단의 세력에 속박된 사람에게 기다리고 있는 것은 오로지 고통과 참상뿐이다.

한 아프리카 선교사가 있었다. 그는 성경을 특정 부족의 언어로 번역하는 일을 하고 있었다. 성경을 번역하다가 '구속(redemption)'이라는 단어에 이르렀다. 아무리 찾아봐도 그 부족의 언어 중에는 '구속'의 의미를 제대로 전달할만한 단어가 없었다. 어느 날 그는 마을의 한 노인의 집에 잠시 들렀다. 그가 노인에게 '구속'을 어떻게 표현해야 좋을지 물어보았다. 노인은 빙그레 웃으며 대답했다. "그가 내 목을 끌어내어 주었어요."

선교사는 노인에게 그 말의 의미를 좀 더 구체적으로 말해달라고 요청했다. 노인은 다음과 같이 설명해 주었다. 서양의 노예 무역상들이 노예를 사기 위해 왔다. 노예들은 긴 쇠사슬이 달린 차꼬 안에 목을 걸고 있어야 했다. 노예들은 일렬종대로 노예무역선이 있는 곳까지 질질 끌려갔다. 이때 누군가가 자신의 친구나 친척 중에 차꼬에 묶여 노예로 팔려가는 사람이 있음을 발견했을 수 있다. 그는 여력만 되면 사로잡혀있는 노예를 되사기 위해 노예무역상에게 합당한 값을 지불할 수 있다. 그러면 무역상은 값이 치러진 노예의 목을 멍에의 속박에서 끌어내어 풀어주었다. 출처 불명.

그리스도께서 우리를 구속하셨을 때, 주님은 우리를 어두움의 멍에로부터 자유케 해주셨다. 주님이 우리의 목을 끌어내어 주셨다! 이뿐 아니라 주님은 우리에게 자발적으로 주님과 함께 멍에를 메자고

포로들을 해방시키라

격려하신다(마 11:29).

> 나의 멍에를 메고 내게 배우라 그러면 너희 마음이 쉼을 얻으리니

주님이 말씀하신 '쉼'이란, 악의 속박으로 인한 고역으로부터의 쉼이요, 죄에 대한 충동성으로부터의 쉼이고, 성취에 대한 욕구로부터의 쉼이다. 그리스도는 우리의 머리에 관을 씌워주신다. 주님은 우리 목에 메일 멍에도 가지고 계신다. 그러나 주님은 우리가 주님의 멍에를 스스로 흔쾌히 받아들이기만을 간절히 바라시며 인내로써 기다리신다.

고단하고 근심 많은 사람들에게 있어, 멍에를 메는 일은 어쩌면 이미 고통당하는 자에게 더 큰 고통을 얹어주는 것처럼 보일 수도 있다. 그러나 사실은 이와는 정반대이다. 죄의 멍에는 사람을 지치게 하지만, 그리스도의 멍에는 쉽다. 우리가 그리스도와 함께 멍에를 멜 때, 우리는 주님이 지니신 거룩한 능력을 함께 누리는 자가 된다. 짐을 끄는 힘은 우리보다 주님이 훨씬 더 강하다. 이것이 바로 주님과 함께 일한다는 것이다(요 5:19). 우리가 주님의 멍에를 함께 멜 때, 우리는 주님의 초자연적인 능력의 수혜자가 된다.

앞으로 언급할 사항은 가장 중요한 교훈에 해당한다. 예수님은 이렇게 말씀하셨다. "이는 내 멍에는 쉽고 내 짐은 가벼움이라. 그러니 너는 멍에 메는 것을 조금도 두려워하지 않아도 된다"(마 11:30 의역).

멍에를 멘 소란 짐을 끌 준비를 갖춘 소이다. 주님은 우리가 주님과 함께 멍에를 메기 원하신다. 세상의 멍에는 저주와 노예와 중독과

기만으로 인해 무겁다. 주님의 멍에는 '사랑의 줄로 메어있다.' 그리스도의 모든 계명들은 합리적이고 유익을 주며 하나의 단어로 요약된다. 다름 아닌 사랑이다.

'…하지 말라'는, 잘못된 선택으로 인한 파멸로부터 우리를 보호해주는 울타리이다. 결코 우리의 즐거움과 평강을 빼앗기 위한 것이 아니다. 죄 짓는 즐거움은 잠시 동안일 뿐 그 결말은 죽음이다(히 11:25; 롬 6:23). 그리스도의 멍에를 메는 법을 배우는 일은 처음에는 힘이 들지 모른다. 하나님의 사랑과 천국의 소망이 그 짐을 가볍게 해준다.

저주 이해하기

그리스도께서 우리를 위하여 저주를 받은바 되사 율법의 저주에서 우리를 속량하셨으니 기록된바 나무에 달린 자마다 저주 아래 있는 자라 하였음이라(갈 3:13)

본문은 그리스도께서 우리를 모든 저주에서 구속해주셨다고 말하고 있지 않다. 주님이 우리를 구속해주신 것은 율법의 저주로부터였다. 하나님을 기쁘시게 하고 주님과의 올바른 관계를 갖기 위해 율법을 완벽하게 준수해야 할 의무로부터 주님은 우리를 구속해주셨다.

신분상으로 볼 때, 모든 진정한 신자들은 그리스도의 구속으로 말미암아 온갖 저주로부터 자유로워야 한다. 자유야말로 우리가 누려야 할 합법적인 상태이다. 그러나 모든 신자들이 삶 속에서 갖가지 저

포로들을 해방시키라

주들로부터 경험적으로 자유로운 수준에 이른 것은 아니다. 이는 현재뿐 아니라 과거, 미래를 모두 포괄하는 개념이다. 예를 들어보자.

우리가 다른 사람을 용서해주기를 거절하는 것은, 하늘 아버지로 하여금 우리를 옥졸들에게 넘겨주시도록 위험을 감수하는 태도이다 (옥졸의 저주; 마 18:33-35를 참조하시라).

루바(Ruba)라는 한 아프리카인 크리스천 여성이 있었다. 그녀는 남편에게 매우 잔인한 대우를 받으며 살아왔다. 남편은 아내와 자식들마저 버렸다. 그들은 집 없는 떠돌이 신세가 되어야 했다. 어느 사랑 많은 가정이 그녀가 삶을 재기할 때까지 그들을 받아주겠다고 했다. 그러나 루바의 마음속에 있던 미움은 얼굴표정으로까지 역력하게 드러났다. 그녀는 잠을 자거나 먹지도 못했고 제대로 활동하지도 못했다. 쓴 뿌리와 용서치 못한 마음이 그녀를 온통 사로잡고 있었다. 그녀는 온 몸에 벌레들이 기어 다니고 있다며 투덜거렸다.

나는 그녀에게 예수님이 해주신 이야기를 읽어주었다. 그 이야기의 결말은 다음과 같다.

> 주인이 노하여 그 빚을 다 갚도록 제[용서치 못한 마음을 가진 사람]를 옥졸들에게 붙이니라 너희가 각각 중심으로 형제를 용서하지 아니하면 내 천부께서도 너희에게 이와 같이 하시리라(마 18:34-35)

루바는 남편을 용서하고 나서야 비로소 고통에서 놓임 받았다.

제4장 | 저주, 멍에, 거짓 계약들

우리가 하나님의 십일조와 헌물을 드리기를 거절할 때, 이는 사단으로 하여금 우리의 재산을 삼켜버리도록 위험을 감수하는 일이다.

한 목사님이 교회의 몇몇 성도들에게 전화를 걸어 소식을 알렸다. 존슨 부인이 병원에 입원하여 수술을 받게 되었다는 내용이었다. 그는 성도들에게 주말 며칠 동안 존슨 부인을 위한 저녁을 준비해달라고 부탁했다. 한 여자 성도가 목사님께 존슨 부인이 입원한 이유를 물었다. 그 목사님은 농담조로 다음과 같이 대답했다. "제 생각으로는 아마도 존슨 부인의 십일조가 병원비로 빠져나가게 된 것 같아요."

이 일화가 재미있게 들리는가? 크리스천이 마땅히 하나님의 것을 자기 소유로 간직하고 있다면, 이는 결코 웃어넘길 일이 아니다.

> 사람이 어찌 하나님의 것을 도적질하겠느냐 그러나 너희는 나의 것을 도적질하고도 말하기를 우리가 어떻게 주의 것을 도적질하였나이까 하도다 이는 곧 십일조와 헌물이라 너희 곧 온 나라가 나의 것을 도적질하였으므로 너희가 저주를 받았느니라(말 3:8-9)

만일 그리스도의 구속적 희생을 통해서보다 율법준수를 통해 하나님 앞에 의롭게 여겨지기를 꾀하는 이가 있다면, 그는 여전히 저주 아래 있는 자이다(갈 3).

우리가 잃어버린 자, 곧 그리스도 안에서 하나님과 화해되지 못한 자라면, 우리는 이생에서뿐 아니라 영원히 저주 아래 사는 자들이다(엡 2:1-3 참조하시라). 너무도 많은 사람들이 두려움과 혼동 가운데 살아간다. 그야말로 비극이 아닐 수 없다. 이들은 일련의 법칙들과 규범들에 부합하여 살아가려고 필사적으로 노력한다. 그러나 이들의 애씀은 헛될 뿐이다.

바리새인들은 사도 바울이 죽임을 당할 때까지 먹지도 마시지도 않겠노라고 맹세했다. 이로써 이들은 스스로를 저주 가운데 묶어두었다(행 23:12-22 참조하시라). 여기서 '저주(curse)'란 문자적으로 '맹세로 묶다'를 의미한다. 당신은 맹세한 적이 없었는가? 여기에는 내적 맹세도 포함된다. 당신의 조상들이 해놓은 맹세나 서원 가운데 취소해야 할 것은 무엇인지 생각해보라. 지금이야말로 당신이 적극적으로 나서서 이를 취소할 절호의 기회로 여겨지지 않는가?

나와 에디가 아칸소 주 동부에 있을 때였다. 우리는 그곳에서 귀신에게 시달리고 있는 한 십대 소녀를 만난 적이 있다. 그녀와 대화를 나누던 중, 주님은 나에게 그녀가 사단(Satan)과 맹세하였음을 알려주셨다. 그 소녀는 체중이 줄어들게 해준다면 사단에게 그녀의 혼(soul)을 내어주겠다고 약속했다. 그녀와 사단과 맺은 맹세에 관해 주님이 나에게 계시해주신 내용은 정말 충격적이었다. 그녀는 내 말을 솔직하게 인정했다. 그녀가 자유해지려면 반드시 거쳐야 할 과정이 있었다. 우선 그런 맹세를 한 것을 회개하고, 맹세를 끊고, 어두움의 세력들과 맺은 '계약들'을 파쇄 해야 했다. 그녀는 그날로 자유를 얻었다.

혹시 당신도 맹세를 통해 어두움의 영향력에 노출되어본 경험이 있는가? 프리메이슨, 뉴에이지, 힌두교, 이슬람교, 사이언톨로지, 불교, 인본주의, 여호와의 증인, 사단숭배, 마녀숭배 등과 더불어 맹세한 적은 없었는지 생각해보라. 당신의 친척들 가운데 이상에 언급한 조직이나 운동에 가담한 이들은 없었는가? 여기에 미처 언급하지 않은 사항들에 관해서도 생각해보라. 만일 있다면 회개하라. 당신이나 당신의 조상들이 맺은 어두움의 일들과의 연합을 큰 소리를 내어 끊어버리라. 더 깊은 내용을 원하시는 분은 본서 후반부의 부록들을 참조하시기 바란다. 우리의 임무는 저주를 향해 열려진 문을 찾아내어 이를 닫는 일이다. 저주의 문은 닫히기 전까지는 지구 종말의 순간까지라도 기능할 수 있다. 성경의 맨 마지막 책인 요한계시록은 이렇게 말씀한다.

[그런 다음] 다시 저주가 없으며 하나님과 그 어린 양의 보좌가 그 [천국의 도성] 가운데 있으리니 그의 종들이 그를 섬기며(계 22:3)

저주에는 원인이 있다

모든 결과에는 반드시 원인이 있다. 이유 없이 발생하는 일이란 없다. 지구상에서 일어나는 모든 일에는 기원이 있다.

성경은 이렇게 말씀한다. "까닭 없는 저주는 참새의 떠도는 것과 제비의 날아가는 것 같이 이르지 아니하느니라"(잠 26:2).

본문은 새가 떠돌며 날아가는 모습을 강조하고 있다. 이는 까닭 없는 저주란, 단지 허공에 떠다니면서 목적을 이루지 못하고 효력을 상실한 막연한 것임을 확증해주는 말씀이다. Carl F. Keil and Franz J. Delitzsch, 『Biblical Commentary on the Old Testament』(www.e-sword.net을 참조하시기 바란다.)

저주가 사람 안에 둥지를 튼 경우에는 반드시 침입 동기가 존재한다. 말, 계약, 행동 등은 저주가 착륙하여 머물도록 해주는 침입 동기가 될 수 있다.

스스로에게 부가한 저주도 악한 영향력을 끼칠 수 있다. 이러한 저주는 자기를 판단하는 생각 혹은/그리고 자기를 판단하는 말을 믿은 결과이다. 야곱의 어머니 리브가가 이런 식으로 저주를 자초했다. 리브가는 야곱으로 하여금 아버지 이삭의 축복을 받게 하려고 다음과 같이 말했다. "내 아들아 너의 저주는 내게로 돌리리니 내 말만 좇고 가서 가져오라"(창 27:13).

자신을 판단하는 말도 이를 회개하기 전까지는 불행을 초청하는 원인이 될 수 있다. 리브가는 두 자식 간의 증오로 인해 몹시 마음이 아팠다. 리브가와 이삭을 향한 에서의 쓴 뿌리로 인해서도 슬펐다. 말썽이라도 부리듯 에서는 이방 여인들과 결혼했다(46절).

공동체의 저주는 땅에 영향을 미친다. 다윗 왕이 이스라엘에 찾아온 극심한 기근의 이유에 관해 주님께 여쭈었다. 이때 주님은 다음과 같이 말씀하셨다. "이는 사울과 피를 흘린 그 집을 인함이니 저가 기브온 사람을 죽였음이니라"(삼하 21:1). 기브온 사람은 아모리 사람 중에서 살아남은 자들이었다. 하나님의 백성들이 과거에 그들을 살려 주기로 맹세한 적이 있었다. 그러나 이들을 전멸시키려 한 사울의 열심 때문에 이스라엘에는 저주가 임했다. 다윗이 기브온 사람들과의 관계를 바로잡으니, "그 후에야 하나님이 그 땅을 위하여 기도를 들으"(14절)셨다.

당신이 현재 살고 있는 도시를 생각해보자. 당신은 당신이 살고 있는 도시에 대해 어떻게 말하고 있는가? 높은 습도, 교통문제, 영적인 공허함 등등의 이유로 끊임없이 불평하고 있는가? 아니면 도시의 아름다움을 인정하며 복지혜택을 받아들이고 그곳을 향한 하나님의 목적을 선포하는 등, 당신의 도시를 축복하고 있는가? 우리가 방문한 수많은 도시들에서 발견한 사실이 있다. 크리스천들이 자신들이 낸 세금으로 운영되는 지역을 저주하고 있었다! 당신의 기도를 무효화시키는 일은 이제 중단하기 바란다!

불순종은 저주를 초래한다. 하나님은 우리에게 주님의 뜻에 따라 살아가라고 명령하셨다. 우리가 주님의 명령을 소홀할 때 저주스런 결과를 불러들이게 된다. 예를 들어보자. 주님은 우리에게 성령으로 충만하라고 말씀하신다.

> 오직 성령의 열매는 사랑과 희락과 화평과 오래 참음과 자비와 양선과 충성과 온유와 절제니 이 같은 것을 금지할 법이 없느니라(갈 5:22-23)

바울은 그리스도 예수께 속한 우리들은 이미 "육체와 함께 그 정과 욕심을 십자가에 못 박았느니라"(24절)고 상기시켜 준다. 과도한 식욕을 통제하지 못하여 초래되는 결과로는, 고혈압, 고질적인 장 관련 질병들, 심장병/ 심근경색 혹은 심장 발작 등이 있다. 성령을 좇아 살지 못하고 육체를 따라 살아간 결과 우리는 고통을 겪는다. 반면에 자기 절제는 성령의 열매이다. 이러한 삶은 우리가 성령 충만한 상태임을 입증해준다.

열아홉 살 대학교 1학년 시절, 나는 온 세상이 나를 중심축으로 하여 회전하고 있다고 생각했다. 매달 나의 부모님은 책이나 간식, 기타 잡비용으로 용돈을 주셨다. 당시 나는 기숙사에서 생활하고 있었다. 매끼 식사는 기숙사에서 해결할 수 있었다. 솔직히 말해 내게는 용돈이 그리 많이 필요하지 않았다. 그런데 어느 달엔가 나는 모아놓은 자금을 전혀 엉뚱한 곳에 모조리 써버리고 말았다. 현금을 들고 가게로 가서는, 스타일과 천과 단추가 가장 비싼 새 옷을 샀다(오늘날로 계산하면 300달러에 해당하는 옷이었다).

새 옷을 구매한 후 주말이 되어 집으로 갔다. 나는 뻔뻔스럽게도 부모님께 돈이 더 필요하다고 요구했다. 어리둥절해진 부모님은 용돈을 준지 얼마 되지도 않았는데 벌써 다 쓴 것이냐고 물으셨다. 나는 빈정대는 투로 대답했다. "옷이 갖고 싶어 옷을 샀어요."

이야기의 요지만 말씀드리겠다. 열아홉 살에 저지른 건방진 불순종으로 인해, 나는 내 인생 최후의 볼기를 맞아야 했다. 깜짝 놀라셨는가? 놀라기는 나도 마찬가지였다. 그 사건은 이후로 나의 관점을 완전히 뒤바꾸어놓았다. 코치이셨던 나의 아빠는 아이들의 허튼소리를 그냥 참아내지 않으셨다. 특히 친자식인 경우에는 더욱 그러하셨다. 그 후 3주 동안 나는 용돈 없이 지내야 했다. 훈육 차원에서 창피를 당한 그 '저주'와 더불어, 과제에 필요한 용품을 사지 못해 결국 생물학 보고서에서 0점을 받아야 했던 경험이 어우러져, 나는 불순종

제4장 | 저주, 멍에, 거짓 계약들

의 결과가 얼마나 무서운지를 톡톡히 맛보았다.

계약이란 무엇인가?

계약은 두 사람 혹은 둘 이상의 사람들끼리 법적인 묶임의 관계에 있기로 동의하는 것(공식적이건 비공식적이건)이다. 계약은 주로 먼저 종이에 기록한 후 서명하거나, 둘 이상의 증인 앞에서 동의하는 절차를 밟는다. 계약은 하나님과 사람 간에도 이루어질 수 있고, 사람과 사람 간, 혹은 사람과 마귀 간에도 이루어질 수 있다. 계약은 명백히 건설적인 것이 될 수도 있고 파괴적인 것이 될 수도 있다. 우리가 간과하지 말아야 할 것이 있다. 계약은 각각의 당사자들이 계약 관련 조항의 내용을 낱낱이 모르고 있더라도 성사된다!

건설적인 계약이 이루어졌을 때, 우리의 삶은 하나님의 말씀의 원리와 조화를 이룬다. 이러한 계약 관계 안에 있는 자가 누릴 특혜들로는, 의로운 삶, 기쁨, 평강, 공급, 축복 등이 있다.

파괴적인 계약은 마귀나 마귀에게 속한 강한 자와 맺은 것이다. 이러한 계약은 죄와 불법, 거역을 행함으로써 성립된다.

너희 말이 우리는 사망과 언약하였고 음부와 맹약하였은즉 넘치는 재앙이 유행할찌라도 우리에게 미치지 못하리니 우리는 거짓으로 우리 피난처를 삼았고 허위 아래 우리를 숨겼음이라 하는도다(사 28:15)

포로들을 해방시키라

죽음의 계약의 예를 살펴보기로 하겠다. 우리 교회에 다니는 한 청년이 한때 마귀와 더불어 죽음의 계약을 맺고 살아오고 있었다. 그가 계약을 맺은 시점은 겨우 여섯 살 때였다. 충격적이지 않은가? 그러나 우리는 잊지 말아야 한다. 마귀는 결코 공정하게 경기하는 존재가 아니다. 마귀는 당신이 주는 것은 무엇이든 취해간다. 설사 그것이 나이라 할지라도 말이다.

루크(실명이 아님)는 자신이 어렸을 때 얼마나 맥도날드에 가고 싶었는지 모른다며 이야기를 시작했다. 그런데 루크의 어머니는 그의 소원을 들어주지 않으셨다. 어느 날 뒷좌석에 앉아서 루크는 조용한 소리로 말했다. "마귀야, 네가 우리 엄마를 맥도날드에 데려다주면 내 생명을 네게 줄게."

잠시 후 그의 어머니는 생전 처음 루크를 맥도날드에 데려가 주었다. 그러나 이미 루크는 그날 이후 자신의 내면에 생긴 정체모를 변화의 느낌을 기억하고 있었다. 시간이 갈수록 그는 점점 폭력적이고 제멋대로에다 걷잡을 수 없는 사람으로 되어갔다.

에디와 나는 그가 자신의 삶을 괴롭혀온 거짓된 계약을 처리하는 일을 도와주었다. 마침내 그는 오랫동안 자신을 속박해온 귀신들로부터 해방되었다.

분별과 이해 모색하기

이제는 당신이 몇 가지 질문에 답변할 차례가 되었다.

• 그동안 당신이 맺어온 계약들로는 무엇이 있는가? 주님이 깨달

제4장 | 저주, 멍에, 거짓 계약들

게 해주시는 것들의 목록을 나열해보라.

- 나 그리고/혹은 나의 가족들이 고통스러워하는 부정적인 영향력들로는 무엇이 있는가?(영적, 신체적, 정신적, 정서적)

- 원수가 나에게 이런 일을 하도록 허용해둔 열린 문(부정적인 영향력의 원인)은 무엇인가?

- 마녀 집회나 사교, 혹은 이와 유사한 모임에 참석해본 적이 있는가? (본서 뒷부분에 사교들, 거짓 조직들과 종교들에 관한 부록을 첨부하였다).

명확한 확신이 들지 않거나 잘 모르는 영역이 있다면, 원수가 당신을 파멸시키기 위해 사용하는 열린 문이 무엇인지 알려달라고 주님께 기도하며 여쭤보라. 하나님은 우리에게 화목케 하는 직책을 주셨다. 그리스도가 오신 것은 만물을 주님으로 말미암아 화목하게 하시기 위함이셨다(고후 5:18; 골 1:20).

일단 열린 문을 발견했다면, 그 상황에 대하여 영적인 권세를 행사하라. 당신이 거듭난 신자라면, 당신은 문이 열리도록 만든 죄를 회개할 권세를 이미 가지고 있다. 당신은 큰 소리로 원수를 끊어낼 권세, 죄로 인해 맺어진 계약을 파쇄할 권세도 가지고 있다(본서 뒤편의 부록과 『Beyond the lie』를 참조하시라). 그런 다음 어둠과 맺은 계약을 소리 내어 읽으며 끊으라.

제 5 장

견고한 진에 관한 정의

우리가 육체에 있어 행하나 육체대로 싸우지 아니하노니 우리의 싸우는 병기는 육체에 속한 것이 아니요 오직 하나님 앞에서 견고한 진을 파하는 강력이라 모든 이론을 파하며 하나님 아는 것을 대적하여 높아진 것을 다 파하고 모든 생각을 사로잡아 그리스도에게 복종케 하니(고후 10:3-5)

견고한 진이란 난공불락의 군사기지 혹은 전투계획 본부로서 만들어진 요새이다. 요새들(견고한 진들) 혹은 그 잔재들은 북미 도처에서 찾아볼 수 있다. 포트 나이아가라(Fort Niagara), 포트 맥헨리(Fort McHenry), 포트워스(Fort Worth), 포트 콜린스(Fort Collins) 등, 그밖에도 무수히 많다. 전시 중의 군인들은 보호, 물자와 군수품 공급, 군사 작전계획 등을 목적으로 견고한 진을 세운다.

우리의 삶에는 영적인 견고한 진들도 존재한다. 경건한 견고한 진은 진리를 기초로 하여 세워진다. 불경건한 견고한 진은 거짓을 기초로 하여 세워진다. 원수는 우리의 생각, 의지, 정서 안에 자리 잡은 불경건한 견고한 진들 속에 숨어있다. 견고한 진은 앞으로 그리스도께 헌신하려는 우리들과 대항하여 전투를 벌이려고 원수가 집결하는 본부이다. 견고한 진이야말로 악마화의 선두주자이다. 원수는 들어와서 거주하려는 확고한 목적으로 견고한 진을 세운다.

견고한 진은 악의 발판들로부터 성장해 나온다. 악의 발판들로는 교만, 탐욕, 용서치 못함, 정욕, 질투, 쓴 뿌리, 도덕적인 타협, 기만, 사악한 행위를 정당화하려는 내면의 욕구 등이 있다. 야고보서 3장 5절은 이렇게 말씀한다. "보라 어떻게 작은 불이 어떻게 많은 나무를 태우는가." 이 말씀은 특히 의도하지도 않고 방심하는 중에 진행되는 상황을 묘사해준다. 우리가 제대로 다루지 않을 때 하나의 작은 불티는 불꽃이 되고, 이는 마침내 타오르는 횃불이 된다. 마크 트웨인(Mark Twain)이 언젠가 이렇게 말했다. "진실을 말하는 사람과 거짓 말하는 사람의 차이가 무엇인지 아는가? 거짓말쟁이의 기억력이 훨씬 더 좋다는 점이다." 거짓말은 중노동이다. Mark Twain, in Burton Stevenson, 『The Home Book of Proverbs, Maxims, and Familiar Phrases』(San Francisco: W. Clement Stone, 1984), 344.

견고한 진은 진리를 다루는 우리의 정신능력을 왜곡시키는 내적 영향력이기도 하다. 신체변형장애(Body Dysmorphic Disorder: BDD)를 예로 들 수 있다. 한 가냘픈 여자아이가 이 질병에 걸렸을 때, 그 아이는 거울에 비친 자신의 모습을 보며 뚱뚱하다고 생각한다. 마찬가지로 예쁜 아이도 스스로를 못생겼다고 여긴다. 그들의 자기이미지가 왜곡된 것이다. 이는 거짓말의 견고한 진이 그들의 생각 속에 형성되어 온 탓이다.

'아메리칸 아이돌(American Idol)'이라는 TV프로그램을 시청하는 것이 재미있지 않은가? 너무도 많은 젊은이들이 자기의 공연 목소리가 더할 나위 없이 훌륭하다고 확신한다. 이러한 확신의 이유를 찾아보면 헤아릴 수 없이 많다. 그러나 불행하게도 이들이 자신의 노래 방식에 대해 가지고 있는 자기인식과, 이들의 목소리를 듣는 다른 사람들의 인식 사이에는 건널 수 없는 강이 존재한다. 물론 이러한 단절 자체가 그들 안에 견고한 진이 있음을 반증하는 것은 아니다. 그러나 적어도 현실이나 실제진리에서 벗어남으로써 견고한 진이 어떻게 형성될 수 있는가를 잘 보여주는 것만은 사실이다.

영적인 관점으로 볼 때, 원수는 진리와 반대되는 생각들을 통해 우리 안에 견고한 진들을 형성한다. 견고한 진은 하나님의 말씀에 모순되거나 상반되는 이미지, 논쟁, 사상, 이론들을 정신적으로 받아들일 때 확립된다.

온갖 종류의 비정상적인 연약함, 예를 들어 도덕적, 신체적, 정신적, 영적 연약함은 견고한 진이 될 수 있다. 블레셋 사람들은 들릴라에게 뇌물을 주어 삼손의 힘의 근원이 무엇인지를 알아내게 만들었다 (삿 16:5-6). 삼손은 정신적인 연약함으로 말미암아 결국 견고한 진에 굴복 당했다.

사단은 우리의 약점과 강점이 무엇인지 알아내기 위해서는 물불을 가리지 않는다. 침입자 귀신들은 들어올 빌미가 발견되는 대로 즉시 침입해 들어오려 한다. 방종한 열정에 끝없이 탐닉하는 것은 어두움의 세력을 끌어들이는 일이다. 이런 자는 마침내 급속하게 타락에 빠져든다. 다윗 왕을 생각해보라. 그는 정욕으로 마음이 동한 후에 결국 넘어지고 말았다.

다윗이 가로되 내가 나하스의 아들 하눈에게 은총을 베풀되 그 아비가 내게 은총을 베푼 것 같이 하리라 하고 그 신복들을 명하여 그 아비 죽은 것을 조상하라 하니라 다윗의 신복들이 암몬 자손의 땅에 이르매 암몬 자손의 방백들이 그 주 하눈에게 고하되 왕은 다윗이 조객을 보낸 것이 왕의 부친을 공경함인 줄로 여기시나이까 다윗이 그 신복을 보내어 이 성을 엿보고 탐지하여 함락시키고자 함이 아니니이까 이에 하눈이 다윗의 신복들을 잡아 그 수염 절반을 깎고 그 의복의 중동볼기까지 자르고 돌려보내매 혹이 이 일을 다윗에게 고하니라 그 사람들이 크게 부끄러워하므로 왕이 저희를 맞으러 보내어 이르기를 너희는 수염이 자라기까지 여리고에서 머물다가 돌아오라 하니라(삼하 11:2-5)

야고보서 1장 15절은 우리에게 경종을 울리는 말씀이다. "욕심이 잉태한즉 죄를 낳고 죄가 장성한즉 사망을 낳느니라." 다윗은 바라보았고, 우물쭈물 망설였고, 정욕을 품었고, 마침내 타락했다. 밧세바가 다윗의 아이를 임신한 사실만큼이나 확실하게 견고한 진은 다윗의 마음속에도 배태되었을 것이다. 결국 다윗은 자신의 친구이자 밧세바의 남편인 우리아를 살해하는 장본인이 되었다.

견고한 진의 목적

원수가 우리의 삶 속에 견고한 진을 형성하려 애쓰는 이유는 많다. 수많은 이유들 가운데 일단 열한 가지를 소개해 드리겠다.

(1) 영적 방해물을 구축하기 위해

적절한 장소에 은밀하게 만들어진 견고한 진은, 우리가 하나님께 대한 온전한 순종을 드리거나 하나님 나라의 부르심을 이루지 못하게 방해하고 제한한다. 여기에는 십일조와 헌금을 드리지 못하도록 가로막는 비정상적인 가난도 포함된다. 유별난 역경이나 비정상적인 혼란도 마찬가지이다. 이러한 예로는, 히포콘드리증(hypochondriac)을 가진 어머니, 마약에 중독된 자녀, 귀신들린 배우자 등을 들 수 있다. 이것들은 개인의 영적치유와 성장을 저지시키는 요인들이다.

(2) 우리의 혼(soul)과 영(spirit)을 파괴하기 위해

시간이 지나면서 견고한 진들은 우리의 행복을 파괴한다. 견고한 진들이 허약이나 질병을 가져올 수도 있다. 예를 들어, 고린도전서 11장에서 바울은 주의 만찬을 합당치 않게(죄로 인해) 먹고 마심으로써 약해지고 병든 자가 생겼다는 사실을 언급한다. 심지어 어떤 이는 죽었다(30절).

(3) 우리가 그리스도의 형상을 이루지 못하도록 방해하기 위해

그리스도의 형상을 닮기 위해 자신을 정결케 하면서 계속 성장해 가는 것이 우리 각자를 향하신 하나님의 뜻이다. 그러나 견고한 진은 도전을 받지 않은 상태로 머물러 있게 만듦으로써 이를 방해한다. 오스왈드 샌더스(Osward Sanders)가 미국의 위대한 설교가인 헨리 워드 비처(Henry Ward Beecher)에 관한 일화를 소개하였다. 그는 교회의 시계 때문에 늘 골치를 앓았다. 시계는 항상 너무 빠르든지 너무 늦었다. 어느 날 화가 난 그는 시계 위에 다음과 같은 말을 적어놓았다. "내 손을 탓하지 마시오. 문제의 원인은 훨씬 더 깊은 데 있다오." J.

포로들을 해방시키라

Oswald Sanders, 『For Believers Only』(Charles R. Swindoll, 『The Tale of the Tardy Oxcart』(Nashville: W, 1998), 155)에서 재인용.

우리의 내면 깊은 곳에 내재된 문제들이 그리스도와 함께 하는 여정에 방해꾼이 된다.

(4) 우리의 전투 능력을 손상시키기 위해

견고한 진들의 목적은 단호한 자세로 맞서 싸울 수 있는 우리의 능력을 쇠약케 만드는 데 있다. 이따금씩 내가 누군가를 도와 개인적인 자유에 이르도록 애써주는데도 불구하고, 당사자는 여전히 수동적인 자세로만 머물러있는 경우가 있다. 이때 내가 극구 강조하는 바가 있다. 진을 파쇄하려면 사역자는 사역을 받는 이의 협조를 반드시 필요로 한다는 점이다. 이에 관해 척 피어스(Chuck Pierce)가 매우 적절한 말을 했다.

원수는 우리의 인지과정을 방해하여 생각을 교란시킨다. 이는 마치 수많은 선들과 시스템들을 연결하는 한 네트워크로 이루어진 천연가스 수송관과도 같다. 가공처리장에 도달한 가스는 적절하게 가공된 후 상업적 목적을 위해 수송된다. 수많은 작은 라인들을 타고 가스가 흘러나가기 전에 미리 출발지점에서 수송관을 차단해두면, 인근지역 전체로 가스가 공급되는 것을 제한할 수 있다. 이처럼 원수도 우리의 뇌 속에 정보를 풀어놓아 장애물이 형성되도록 애를 쓴다. 일단 원수가 집어넣은 정보가 확립되면, 이제 새로운 정보나 경건한 계시가 아무리 들어오려 해도 우리는 이것들을 처리해내지 못하게 된다. Chuck Pierce, in Doris Wagner, 『How to Minister Freedom』(Ventra, CA: Regal, 2005), 42.

(5) 우리를 통제하기 위해

원수가 우리 삶 속에 견고한 진들을 구축하는 또 하나의 목적이 있다. 원수는 우리를 내면에서부터 지배하고 싶어 한다. 이를 위해 원수는 우리의 저차원적인 본성(정욕, 비현실적인 두려움, 죄에 대한 경향성들)에 호소하는 방법을 사용한다. 원수는 마치 꼭두각시 부리듯 우리를 줄로 잡아당기고 우리는 그를 위해 춤을 춘다. 이는 참으로 무익한 일이다. 이미 그리스도께서 우리를 죄의 세력으로부터 해방시켜 주셨기 때문이다(롬 6장을 참조하시라).

주님은 우리의 옛(저차원적인) 본성을 없애주지는 않으셨다. 다만 주님의 성품을 우리에게 덧입혀 주셨다. 주님이 이렇게 하신 것에는 목적이 있다. 그리스도의 성품이 우리 것이 되도록 만드는 일을 가르치시기 위함이다. 우리를 향한 그리스도의 목적이 무엇인가? 우리가 '이기는 자'가 되는 것이 아닌가. 우리가 이겨야 할 첫 번째 대상은 바로 우리 자신이다! 그 누구도 "마귀가 나더러 그렇게 하라고 시켰어요!"라고 핑계 댈 수 없다. 마귀는 우리가 무언가를 하도록 만들 수는 없다.

견고한 진들을 허물어뜨리려면 전심전력으로 싸워 승리해야 한다.

> 종말로 너희가 주 안에서와 그 힘의 능력으로 강건하여지고 마귀의 궤계를 능히 대적하기 위하여 하나님의 전신갑주를 입으라 우리의 씨름은 혈과 육에 대한 것이 아니요 정사와 권세와 이 어두움의 세상 주관자들과 하늘에 있는 악의 영들에게 대함이라 그러므로 하나님의 전신갑주를 취하라 이는 악한 날에 너희가 능히 대적하고 모든 일을 행한 후에 서기 위함이라(엡 6:10-13)

씨름이란 두 사람이 서로를 맞잡고 상대편 적수를 발로 걸어 넘어뜨리거나 바닥에 쓰러뜨리기 위해 겨루는 시합이다. 『Webster's Seven New Collegiate Dictionary』(Springfield, MA: G. & C. Merriam Co., 1970), 1032. 이것이 의미하는 바가 무엇인지 알겠는가? 에베소서를 기록한 사도는 우리에게 공격적으로 맞서 싸움으로써 원수의 견고한 진들을 허물어뜨리라고 권면한다. 필요하다면 우리는 원수를 완패시킬 때까지 격렬하게 씨름해야 한다. 본문은 우리에게 주 안에서와 그 힘의 능력으로 강건하여지라고 명령한다. 오직 주님이 주시는 영적인 능력과 하나님의 전신갑주만이 개인적인 견고한 진들을 처리하고 승리를 얻어내는 비결이다. 드와이트 D. 아이젠하워(Dwight D. Eisenhower) 장군(후에는 대통령이 됨)이 한번은 이렇게 말했다. "승리를 할인하여 살 수 있는 법은 없다." 정말 타당한 표현이다. 예수님도 온전한 값을 치루시고 우리를 사셨다!

(6) 우리의 목적을 혼란시키기 위해

원수는 우리의 삶 속에 견고한 진을 형성시켜두어 우리가 계속해서 두 마음을 품은 채 혼란한 상태로 살아가게 하려고 애쓴다. 이런 상황에서 우리는 마치 허공을 치며 홀로 가상의 적수와 더불어 싸우는 것처럼 느낀다. 야고보서 1장 8절은 이렇게 말씀한다. "두 마음을 품어 모든 일에 정함이 없는 자로다." 이런 사람은 생각이며 목적이 혼란스럽고 만사에 일관성이 없다. 자신을 향한 하나님의 부르심도 모르는 사람이, 어찌 다른 이들을 바른 길로 인도할 수 있겠는가? 이런 당신의 상태를 좋아할 사람은 아무도 없다.

1973년에 휴스턴(Houston)에 있는 한 교회에 찬양인도와 복음전도자로서 초청받아 간 적이 있었다. 그 교회에 머무는 동안 우리는 일주일 내내 담임목사님과 함께 지냈다. 그런데 목사님의 사모님은 한 번도 모습을 드러내지 않았다. 마침내 어느 날 사모님과 함께 점심식사를 하게 되었다. 식사 자리에서 우리는 영적인 은사들에 관한 대화를 나누었다. 그 담임목사님은 사모님이 아주 놀라운 은사를 가지고 있다면서 자랑스럽게 말을 했다. 에디가 자세한 내용을 물어보니, 그 목사님은 이렇게 대답했다. "제 아내는 차 잎맥이나 타로카드도 볼 줄 알아요. 더욱이 굉장한 투시의 은사도 가지고 있어요. 우리 집 문 근처로 누가 걸어오고 있는지도 알아낸답니다." 그 목사님은 이와 유사한 종류의 영적인 능력들을 계속 늘어놓았다. 우리는 그 사모님의 능력은 주술에 속한 것일 뿐 결코 성령의 은사가 아니라고 조심스럽게 설명해주었다. 그러나 그들은 우리의 말을 받아들이지 않았다. 그 교회가 처해있는 상황은 안타깝기 그지없었다.

(7) 하나님의 초자연적인 도우심을 받지 못하게 하기 위해

여호수아의 리더십 하에 있는 동안, 이스라엘 백성들이 아이 성 싸움에서 하나님의 초자연적인 도우심을 얻지 못한 적이 있었다. 원인은 아간의 죄로 드러난 탐심이라는 견고한 진이었다(수 7). 하나님은 여호수아에게 확실한 문제 해결책을 지시해 주셨다. 하나님이 베푸시는 초자연적 도우심을 회복하려면 우선 견고한 진이 무엇인지 분별한 뒤, 이를 회개하고 해체시키고 무너뜨려야 한다.

우리 삶 속에 존재하는 원수의 견고한 진들을 소홀히 여길 때 마귀가 틈을 탄다(엡 4:27). 이런 사람은 하나님의 기적의 능력을 체험할 수 없다. 예수님이 말씀하셨다. "스스로 분쟁하는 나라마다 황폐하여 질 것이요"(마 12:25). 사람들은 우리의 삶 속에 하나님의 일을 감당하지 못하도록 만드는 혼잡물이 있음을 보게 될 것이다. 이는 마치 물과 기름이 한데 섞여 있는 것과도 같은 혼합물이다.

(8) 영적으로 무감각하게 만들기 위해

견고한 진에 의해 유혹을 당하고 있는 동안, 영적인 지식은 시들해진다. 영적 지각도 빗나가고, 영적 깨달음은 왜곡되며, 영적 분별력도 둔해진다. 예수님은 깨닫고 알기를 거부하는 무리들에게 이렇게 말씀하셨다. "너희가 듣기는 들어도 깨닫지 못할 것이요 보기는 보아도 알지 못하리라"(마 13:14). 그동안 이러한 상태로 고통을 겪어온 사람들은 자신이 마치 물속에서 설교를 듣고 있는 것만 같았다고 묘사한다. 그들의 귀는 막혔다가 뚫렸다가를 끊임없이 반복하고 있는 것 같았다.

(9) 자기학대를 부추기기 위해

자기학대로는 '마조히즘(masochism-학대 혹은 통제당하는 것을 즐기는 짓)'을 비롯하여, 자기정죄, 기타 자기 파괴적 성향들, 예를 들어, 약물남용(합법적인 약물과 불법적인 약물 모두가 해당됨), 절단(자신의 신체를 고의적으로 칼로 자르는 일), 난절법(scarification-몸에 원하는 모양으로 상처자국을 만들기 위해 예술적으로 깎아내는 일), 섭식장애(비만, 폭식증, 거식증), 알코올이나 니코틴 남용, 지나친 피어싱(piercing)이나 문신 등이 있다. 나는 결코 율법주의자가 되고 싶지 않다. 다만 현실적인 사람이기를 원한다. 많은 경우에 내면에 깊은 고통을 느끼는 사람들이 이를 위장하기 위한 수단으로, 몸을 절단하거나 피어싱을 하는 등 다양한 형태로 자신의 몸을 괴롭힌다. 나는 그동안 수많은 사람들로부터 들어온 말을 기억한다. 그들은 스스로를 고통스럽게 함으로써 감정적인 혼란에서 벗어나곤 했다고 고백했다.

벌써 30여 년 전의 일이다. 에디와 내가 한 남성을 상대로 한동안 축사사역을 행한 일이 있다. 그는 사람을 교살(絞殺)한 혐의로 19년 동안 교도소생활을 했다. 우리와 만난 것은 석방된 지 얼마 안 되는 시점이었다. 한번은 우리가 그에게 거라사 지역의 귀신들린 사람에 관해 가르쳐주었다. 이때 "돌로 제 몸을 상하고 있었더라"는 성경구절을 들은 그가 나중에 이렇게 말했다. "종종 저는 웅크리고 앉아 깨진 맥주병 조각으로 제 가슴부위를 찢어대곤 했어요. 왠지 아세요? 제가 얼마만큼 견딜 수 있는지를 알아보기 위해서였죠. 제가 이렇게 한 것도 귀신들렸기 때문일까요?" 그는 정말 귀신에 들렸었다. 그리고 바로 그 날 하나님은 그를 자유케 해주셨다.

(10) 비정상적인 행동을 조장하기 위해

예를 들어, 끝없이 다른 사람을 의심하는 것, 강박적인 손 씻기 (혹은 이와 유사한 의식들), 공포증(고소, 엘리베이터, 어둠, 물, 광장, 군중, 접촉, 밀폐된 장소, 세균 등).

(11) 속임수를 구축하기 위해

거짓 교리, 부정행위, 율법주의, 교만, 모든 걸 다 아는 척하는 태도, 음모설 등에 쏠리는 성향들이 여기에 해당한다. 내가 좋아하는 한 일화가 있다. 어느 어머니가 나이 어린 아들에게 물었다. "아가야! 거짓말이란 게 뭐지?" 그러자 아이가 대답했다. "엄마, 거짓말은 하나님이 싫어하시는 거예요. 하지만 때때로 거짓말이 당장에는 얼마나 큰 도움이 되는지 몰라요." 종종 거짓말은 당장 아주 요긴해 보일 수도 있다. 그러나 거짓말은 마치 맞불을 놓는 것과도 같아서, 축복을 저주로 뒤바꾸어 놓는다. 당신은 거짓말을 증오하며 살아야 한다.

Paul E. Holdcraft, 『Snappy Stories That Preachers Tell』(New York: Abingdon-Cokesbury, 1932), 343.

누가 원수의 공격대상이 되는가?

어두움에 속한 견고한 진들에 대해 취약하거나 쉽게 공격대상이 되는 사람은 누구일까? 정답은 '누구나'이다. 우리가 태어난 곳 자체가 일종의 싸움터였다. 출생 이후 우리는 줄곧 사단과 그의 군사들과의 대치상태로 살아왔다. 신약성경은 스물아홉 번이나 우리에게 주의하고 정신을 바짝 차리라고 경고한다. 우리는 깨어있어야 한다. 마귀가 "우는 사자 같이 두루 다니며 삼킬 자를" 찾고 있기 때문이다(벧전 5:8).

오랜 세월에 걸친 상담과 축사사역을 통해 알게 된 사실이 있다. 크리스천들은 자신의 영적·신체적 건강이 사단의 견고한 진들에 의해 손상될 수 있음을(혹은 손상되고 있음을) 거의 깨닫지 못할 때가 많다. 심지어 혼자서 결정한 선택이라 할지라도, 우리는 몇몇 견고한 진들의 경우는 조상들의 죄로 인한 결과임을 반드시 기억해야 한다. 가정이 지니고 있는 특성들은 사실상 세대적으로 대물림되어 내려오는 신념들이나 가르침들일 경우가 많다.

크리스천 중에서도 견고한 진으로 고통당하는 이들은 비단 새 신자들만은 아니다. 바울은 견고한 진이 모든 인류에게 공통된 현상이라고 말한다. "우리가 육체에 있어 행하나"(고후 10:3)라는 표현을 통해, 바울은 우리가 이 땅에 살아가는 동안 견고한 진과의 대면과 싸움은 피할 길이 없음을 암시한다.

'우리' 라는 표현에 주목하라. 바울 자신도 여기서 예외가 아님을 의도적으로 밝히고 있다. 이 사실은 우리에게 일종의 경고이다. 실제 건 상상이건 간에 아무리 영성이 높다 할지라도 싸움을 피할 수 있는 사람은 아무도 없다. 현실에 발 딛고 살아가는 인간으로서 우리 모두는 견고한 진들과 맞붙어 싸워야만 한다. 이미 우리 안에 들어있는 견고한 진들은 무너뜨려야 하고, 원수가 호시탐탐 기회만 노리며 세우려 하는 견고한 진들과도 싸워야 한다.

그리스도의 희생은 죄로 인해 소원해진 우리와 하나님과의 관계를 해결하셨다. 우리는 용서받았고 죄로부터 깨끗케 되었다. 과거의 죄는 하나님과 우리 사이에 더 이상 아무런 문제도 되지 않는다. 주님은 우리의 죄를 치워버리기로 선택하셨다. 우리의 죄는 깊은 바다 속으로 던져졌다(미 7:19).

그러나 그리스도의 희생으로 인해 사단의 활동까지 중단된 것은 아니다. 주님이 다시 오셔서 궁극적으로 영원히 모든 어두움을 쫓아내시기 전까지, 원수는 우리가 짓는 죄를 통해 계속해서 우리를 공격할 것이다. 원수가 언제까지 우리를 공격할 수 있는지 아는가? 우리가 그리스도 안에서 지니고 있는 권세를 사용하여 열린 문들을 닫고 죄와 맺은 계약들을 취소할 때까지이다!

다시 한 번 복습해보자. 경건한 견고한 진이란 하나님의 말씀에 기록되어 있는 하나님의 뜻과 조화를 이룬 것들을 진리로 받아들이는 정신 상태이다(시 18:2). 예를 들어, 성경은 우리를 가리켜 의로우며(고후 5:21), 이기고도 남는 자들이고(롬 8:37), 그리스도 안에서 완전하며(골 2:8-10), 왕 같은 제사장(벧전 2:9)이라고 표현한다. 이 밖에도 우리에 관한 성경적인 언급은 대단히 많다. 우리가 하나님의 말씀을 기꺼이 받아들이고 그 말씀의 진리에 따라 살아가면, 경건한 삶의 발판이 확립된다. 이것이 바로 경건한 견고한 진이다! 우리의 삶은 우리가 깊이 관심을 두는 것이 무엇이냐에 따라 달라진다. 진리를 받아들였을 때 진리가 드러나기 마련이다.

반면, 불경건한 견고한 진이란 하나님의 말씀에 나타난 하나님의 뜻과는 상반되는 것들을 진리로 받아들이는 정신 상태이다. 그리스도 안에서의 우리의 신분에 어긋나는 거짓을 믿을 때, 거짓의 발판이 형성된다. 보다 많은 통찰을 얻기 원하시는 분은, 나의 책 『Beyond the Lie』를 참조하시기 바란다(www.prayerbookstore.com).

이상의 사실을 염두에 두면서, 다음 장에서는 불경건한 견고한 진들이 어떻게 귀신의 처소로 변해 가는지를 살펴보도록 하자.

제 6 장

견고한 진들이 마귀의 처소로 변해가는 방식

몇 년 전의 일이다. 에디와 나는 이틀 동안 개최된 어느 유명한 복음전도자의 강연회에 참석했다. 그의 초청을 받아 간 우리는 500명을 수용할 수 있는 한 호텔 연회장의 맨 앞줄에 앉았다. 좌석은 모두 만원이었다.

그 복음전도자는 축사에 관해 강의했다. 강의를 마치면서 그는 개인적으로 축사가 필요하다고 느껴지는 사람은 강단 앞으로 나와도 좋다고 말했다. 순식간에 강단은 많은 크리스천들로 가득 찼다. 그들 중 어떤 이들은 이미 심각한 귀신들림의 현상을 드러내고 있었다.

도움이 필요한 사람들이 너무 많아지자, 그 강사는 에디와 나에게 연단으로 올라와 사역을 보조해달라고 부탁했다. 우리가 단 위에 올라서는 순간, 나에게 어떤 기름 부으심이 느껴졌다. 마이크를 잡고 마귀들을 향해 사람들에게서 떠나가라고 명령하는데, 일종의 거룩한 분노가 나의 내면에서 솟구쳐 올라왔다.

강단 위에서 사람들은 걷잡을 수 없이 울부짖었고 소리를 질러댔다. 얼굴이 사납고 흉악한 모습으로 일그러지기도 했다. 시간이 지나면서 어떤 이들은 여전히 귀신들린 현상을 계속해서 나타냈고, 어떤

포로들을 해방시키라

이들은 즉각 자유를 얻었다. 아무도 손을 대지 않았는데도 이들은 자유를 얻었다. (축사사역이 지니는 영적 역동성은 그야말로 하나의 신비이다. 축사를 결정짓는 가장 중요한 요인은 하나님의 때이다. 그 다음으로는, 귀신에게 얼마만큼 속박되어 있는가, 본인이 얼마나 간절히 자유해지기를 원하고 있는가 등이 관건이다) 잠시 후 그 복음전도자는 우리에게 사람들 사이로 직접 들어가서 한 사람 한 사람을 개별적으로 사역해달라고 요청했다.

메리(가명)라는 몸집이 작은 한 젊은 여성이 있었다. 그녀는 심하게 귀신들려 있었다. 네 명의 경호원들이 그녀를 바닥에 제압해 두기 위해 안간힘을 써야 할 정도였다. 그녀 안에 있는 악한 영들이 소리쳤다. "그녀는 백 년 동안이나 내 것이었어. 그녀는 내꺼야. 난 떠나지 않을 거야!" 그 강한 자(주술의 영)는 한 가지 음색으로 말을 했다. 마치 혼자서만 그녀를 괴롭히고 있는 듯 가장하고 있었다. 그러나 그는 혼자가 아니었다. 다만 강한 자의 세력이 너무나 강했기에, 나머지 두 영들(거짓말의 영, 죽음의 영)은 잠자코 있을 수밖에 없었다.

우리는 요청에 따라 메리를 데리고 다른 방에 가서 따로 축사를 행했다. 내가 메리에게 자유케 되기를 진심으로 원하느냐고 물었다 (이 질문이 다소 이상하고 불필요하게 여겨질 수도 있다. 그러나 예수님도 이런 질문을 던지셨다. 요 5:6을 참조하시라).

"네, 원해요." 그녀가 대답했다. "크리스천이 된지 4년이 되었어요. 제가 귀신들렸다는 사실은 그 후에야 알게 되었죠. 그때부터 지금까지 저를 자유케 해줄만한 기름 부음이 있는 사역자를 찾아 미국 전역을 헤맸어요."

에디가 메리에게 말했다. "메리, 당신을 자유케 해줄만한 기름 부음이 있는 사역자란 이 세상에 없어요." 에디의 말에 그녀는 깜짝 놀랐다. 에디는 계속해서 말했다. "당신은 이미 2천 년 전에 자유케 되었어요. 그리스도께서 죽으셨다가 부활하신 순간에 말이죠. 그때 이후로 자유는 줄곧 당신의 몫이었어요. 다만 지금 문제는 바로 이거예요. '당신은 이 진리를 언제야 믿으시겠어요?'"

에디의 말에 메리는 잠시 깊은 생각에 잠겼다. 그녀는 하나님이 깨닫게 해주신 계시를 놓고 갈등하고 있었다. 마침내 그녀가 말했다. "예수님이 저를 자유케 해주시려고 이미 값을 치르셨어요." 그 후 그녀는 갑자기 안도의 한숨을 깊게 내쉬었다. 그와 동시에 귀신들은 그녀에게서 떠나갔다. 그녀는 똑바로 앉더니 놀란 표정으로 주위를 둘러보며 말했다. "이제 끝났어요. 저는 자유해졌어요. 드디어 제가 진짜로 자유해졌다고요!" 그녀는 감사하다고 말하며 우리를 끌어안았다. 눈물이 그녀의 뺨을 타고 봇물처럼 흘러내렸다. 이제껏 메리는 믿음의 근거를 그리스도께서 이미 완성하신 일이 아니라 '합당한 사역자'에게 두고 있었다!

메리가 다시 연회장 안으로 들어서는 순간, 그녀의 어머니는 딸의 모습을 보며 눈이 휘둥그레질 정도로 깜짝 놀랐다. "아가! 어떻게 된 거니? 전혀 딴 사람이 되었구나!" 그 다음날 저녁, 그 복음전도자는 메리를 강단에 불러 세우고 인터뷰를 했다. 그녀는 하나님이 그동안 자신을 괴롭혀온 악한 영들(주술, 거짓말, 죽음)로부터 어떻게 자유케 해주셨는지를 간증했다.

메리에게는 주님을 향한 목마름이 있었다. 자유케 되고 싶은 간절한 열망을 가지고 살아왔다. 그녀가 믿음의 근거를 그리스도 안에 두기 시작했을 때, 귀신들은 더 이상 그녀 안에 머물지 못하고 떠나갔다. 그녀는 하나님과의 진정한 만남을 체험했다. 그리스도 안에 속해

있던 그녀는 그리스도가 주시는 계시를 받아들였다. 제1장에서도 언급한 바 있으나, 축사사역을 하다보면 능력 대결이 요구되는 순간도 찾아올 수 있다. 제7장에서는 대부분의 축사가 어떻게 이루어지는지를 살펴볼 것이다.

작은 거점 →발판 →견고한 진

메리는 귀신들의 괴롭힘이 끝없이 계속될 것이라는 거짓말을 받아들이며 살아왔다. 그렇다면 그녀 안에 있던 주술의 견고한 진에 귀신이 들어온 시점은 언제였을까? 악한 영들은 열려진 문을 통해 어느 순간에 들어왔을까? 정확한 시점이 언제인지는 아무도 모른다. 영적인 차원이 지니는 신비들로 인해, 견고한 진 안에 귀신이 거주하기 시작하는 정확한 시점을 분별해내기란 대단히 어렵다. 그러나 학대적인 경험이든, 우리 자신이나 다른 사람들에 관해 믿어온 거짓말이든, 나쁜 습관이나 중독이든 간에, 일단 우리가 '위안의 도구'로 받아들이고 확신한 것을 통해 문은 열려지고, 원수는 이 문을 통해 들어온다.

다음은 내가 『Beyond the Lie』에 소개한 내용이다.

영적인 존재들로 가득 찬 보이지 않는 어두움의 세계는 당신을 괴롭히고 고통스럽게 만들 기회만 호시탐탐 노린다(삿 19:25; 삼하 13:1-20; 요 10:10을 참조하시라). 괴롭힘을 당한 결과로 외상(trauma)이 발생하면, 종종 귀신들은 상처받은 개인에게 달라붙는다. 이렇게 되면 사건들의 주기는 악마적인 특성을 가지고 전개되기 시작한다. 희생자 안에 있는 두려움, 위협감, 절망 등은 이제 사단에 의해 최고의 능력을 발휘한다.

한 개인 안에 역사하는 귀신의 활동을 묘사하는 어휘로는 다음과 같은 것들이 있다.

- 귀신들림(demon obsession): 정신적 혹은 감정적으로 악한 영에게 사로잡힘. 종종 혼란, 망상, 생각을 통해 들리는 음성, 편집증 등을 수반함.

- 귀신의 억압(demon oppression): 신체적, 정신적, 감정적으로 억눌리는 느낌을 받음. 우울증, 무기력, 만성적 피로, 때로는 자살하려는 생각에 굴복하는 것을 특징으로 함.

- 귀신의 통제 아래 있음(demon possession): 킹 제임스 역본(KJV)에 'possession'으로 번역된 말의 헬라어는 '악마화되다(demonized)'이다. 이는 사람 안에 귀신이 거주하고 있는 상태를 묘사한다. 성령은 우리의 영 안에 거하신다. 반면 귀신들은 사람의 혼(지성, 의지, 감정) 혹은/그리고 몸 안에 거주한다. Alice Smith, 『Beyond the Lie』(Minneapolis: Bethany House, 2006), 39-40.

책략에 능한 사단은 우리의 무지를 절호의 찬스로서 포착한다. 그러므로 우리는 사단이 우리를 올무에 빠뜨리기 위해 사용해온 기만의 수단들이 무엇인지를 바르게 인식해야 한다. 예를 들어, 하나님에 대한 사랑을 실천하려면, 실제로 다른 사람들을 사랑하고 용서하며 살아가야 한다. "이는 우리로 사단에게 속지 않게 하려 함이라 우리가 그 궤계를 알지 못하는 바가 아니로라[lest Satan should take advantage of us: for we are not ignorant of his devices]"(고후 2:11).

- **'속지**(advantage)**'** 로 번역된 헬라어는 원래 '탐욕스럽게 따라잡다. 속여서 빼앗고 이득을 취하기 위해 이용해먹다.'는 의미를 가진다. 사단은 실질적인 적수인 하나님을 직접적으로 공격해서야 아무것도 얻을 수 없음을 너무도 잘 안다. 대신 사단은 하나님의 자녀들을 공격한다. 이때 사단이 사용하는 방법은 속임수이다. 우리가 진리를 거부하고 거짓을 믿는 것은, 사단으로 하여금 우리 안에 들어와 활동할 수 있도록 허용하는 일이다. 하나님은 하나님의 자녀들을 사랑하신다. 사단은 하나님의 자녀들에게 상처를 주는 것이 곧 하나님 아버지를 아프게 하는 것임을 알고 있다. 아마 하나님 아버지의 마음을 훨씬 더 아프게 하는 유일한 방법은, 하나님의 자녀들인 우리들을 부추겨 고의적으로 죄를 짓도록 하는 것인지도 모른다.

- **'알지 못하는**(ignorant)**'** 으로 번역된 헬라어는 원래 '정보의 부족으로 무언가를 알지 못하다. 무관심이나 불이익으로 인해 무언가에 대해 무지하다.'는 의미를 가진다. 『Strong's Greek Concordance』(www.e-sword.net.)

- **'궤계**(devices)**'** 로 번역된 헬라어에는 원래 '생각들, 목적들, 의도들'이라는 의미가 있다. Finis Jennings Dake, 『Dake's Annotated Reference Bible』(Lawrenceville, GA: Dake Bible Sales, 1963), 193. 마귀(Devil)는 크리스천들로 하여금 온갖 실수들을 통해 멸망하게 만들려고 호시탐탐 기회를 노린다.

제6장 | 견고한 진들이 마귀의 처소로 변해가는 방식

　1990년대 초반, 나는 아르헨티나에서 축사에 관해 강연하기로 예정되어 있었다. 축사에 관한 내용은 영어로 전달한다 해도 결코 쉽지 않은 주제였다. 하물며 이 주제를 스페인어 통역을 거쳐 전달하는 일은 더더욱 힘들었다! 그럼에도 불구하고 나는 8명으로 구성된 나의 팀이 필요에 따라 나를 도와 축사사역을 지원해줄 것이라는 강한 확신을 갖고 있었다. 나의 통역을 맡아준 이는 캐시 스까타글리니(Kathy Scataglini)였다. 그녀는 아르헨티나의 부흥운동가 쎄르지오 스까타글리니(Sergio Scataglini)의 아내였는데, 대단히 열렬한 성격의 여성이었다. 캐시는 매우 유능했고 무척 용감해보였다. 그러나 나는 그녀가 그동안 한 번도 귀신을 내쫓아본 경험이 없다는 사실을 강연이 끝나고서야 알게 되었다.

　집회 장소는 숨이 턱턱 막힐 만큼 더운 어느 방이었다. 방 안은 영적으로 갈급해하는 사람들로 인산인해를 이루었다. 강의를 마무리하면서 나는 그곳에 모인 사람들을 대상으로 집단적으로 영적 어두움을 끊기 위해 인도해갔다. 주술과 거짓 종교들, 두려움, 죽음의 영들을 축사하기 위함이었다.

　잠시 후, 축사에 대한 반응으로 인해 장내가 소란해지기 시작했다. 어떤 이들은 펄펄 뛰며 즐거워했다. 어떤 이들은 기쁨에 찬 함성을 지르고 있었다. 또 어떤 이들은(그들 속에 있던 귀신들로 인해) 비명을 질렀다. 내가 팀원들에게 사역을 요청하기 전에, 팀원 중 한 여성이 나에게 살짝 귀띔을 해주었다. "앨리스! 사람들에게 하나님의 구원계획에 관해 말씀해 주시면 좋을 것 같아요." 그녀의 말에 즉각 동의한 나는 캐시와 함께 그리스도를 영접하는 방법에 관해 말씀을 선포했다. 말씀을 전한 후, 나는 하나님을 영접하기 원하는 사람은 손을 들어 표시하라고 요청했다. 그날 57명이 거듭남을 체험했다.

포로들을 해방시키라

곧바로 나는 간증할 사람들이 있느냐고 물어보았다. 그때 말쑥하게 차려입은 한 잘 생긴 남성이 자신의 이야기를 나눠주었다. 그는 이 집회에 참석하기 위해 24시간을 운전하며 달려왔다고 했다. 27년 동안이나 그의 머릿속에는 하나의 단어가 계속해서 맴돌며 들려왔다. 바로 '종교(religion)'였다. 종교, 종교, 종교…. 낮이건 밤이건 끊임없이 들려오는 이 단어로 인해 그는 고통스러워 견딜 수가 없었다. 그에게는 해답이 필요했다.

그는 아주 열정적인 어조로 말했다. "앨리스 선생님이 종교의 영들에게 떠나가라고 명령하셨을 때, 제 머릿속에서 무언가가 부서지면서 저를 떠나갔어요. 오늘 저는 생전 처음으로 그리스도를 영접했어요." 그의 간증에 폭발적인 박수갈채가 터져 나왔다. 그는 손을 내저어 장내를 조용하게 만든 후 계속 말을 이어갔다. "아뇨, 여러분은 아직 잘 모르실 거예요. 믿으실지 모르겠지만, 지난 20년간 저는 가톨릭 사제로 살아왔어요. 저는 '종교'가 무엇인지를 알고 있던 사람이에요. 하지만 '그리스도'가 누구신지를 알게 된 것은 오늘이 처음이랍니다." 이 말을 마친 후 그는 자리에서 펄쩍 뛰더니 방 안 이곳저곳을 춤추면서 돌아다니기 시작했다. 여남은 명의 신자들이 그와 함께 통로에서 춤을 추며 그의 자유를 축하해주었다.

그날 이 가톨릭 사제는 자신의 영원한 운명적 부르심을 최종적으로 확정했다. 어두움의 세력들 간에 소동이 벌어지고 있었다. 그를 향한 원수의 목적이 무참히 좌절되어버린 순간이었다.

귀신의 계획들은 사람의 특성에 따라 달라진다. 여기에는 배경, 가정, 교육수준, 강점이나 약점, 관계, 습관 등등이 고려의 대상이 된다. 악한 영들은 우리가 모르고 있는 것 혹은 알고 있어도 관심을 두지 않는 것들을 이용해먹으려고 기회를 노린다. 악한 영들의 목적은 우리를 불신과 의심, 패배로 이끄는 데 있다.

오늘날 주님은 참으로 오랜 세월동안 교회가 무시하고 거절해온 주제들에 관해 다시 조명해주고 계신다. 이 사실이 나를 얼마나 감동시키는지 모른다. 우리의 무지와 거절, 무관심으로 인해 불필요하게 피해를 당한 사람들의 수가 너무나 많았다. 다음 말씀은 이 사실을 더욱 확실하게 보여준다.

> 이러므로 나의 백성이 무지함을 인하여 사로잡힐 것이요 그 귀한 자는 주릴 것이요 무리는 목마를 것이며 음부가 그 욕망을 크게 내어 한량없이 그 입을 벌린즉 그들의 호화로움과 그들의 많은 무리와 그들의 떠드는 것과 그 중에서 연락하는 자가 거기 빠질 것이라(사 5:13-14)

죽음에 내려가서 생명으로 건져내다

다시 한 번 말씀드리지만, 나는 견고한 진이 언제 어떻게 귀신의 처소가 되는지는 정확하게 말할 수 없다. 다만 이 일은 대체로 하루아침에 이루어지지는 않는다. 견고한 진에 귀신이 들어오는 것은 죄의 진행과정과 관련된다. 단, 여기에는 예외 영역들도 존재한다. 바로 성도착의 영역 그리고/혹은 주술의 영역이다. 이는 나와 다른 이들의 경험을 통해 내려진 결론이다. 그렇다면 왜 성도착과 주술의 영역만은 예외인 것일까? 이에 관해 나는 단지 추측할 수 있을 따름이다. 소

포로들을 해방시키라

돔과 고모라에서 저질러지는 일들은 하나님의 노를 격동시켰다. 결국 그곳은 모든 거주민들과 함께 멸망당했다. 아마도 이들 도시들에서 행해졌던 일들과 유사한 성도착적인 행위들은 하나님의 창조 목적들을 모욕하는 것일 수 있다(출 20:5; 왕상 14:22-24; 16:25-26; 왕하 17:7-23을 참조하시라). 주술은 하나님의 주권을 심각하게 모독하는 일이다. 사울 왕은 주술로 인해 결국 목숨을 잃었다(신 18:9-12; 삼상 15:23; 28:7-18; 대하 33:6을 참조하시라).

사례야 얼마든지 다양하다. 그러나 한 가지 사실만은 명백하다. 성도착과 주술은 악마화 및 귀신이 지배하는 견고한 진으로 되어가는 첩경이다. 그렇다면 귀신은 어떻게 견고한 진을 구축하는가? 견고한 진을 짓는 것은 귀신이 아니다. 바로 우리들 자신이다. 우리는 죄악된 일들을 믿거나 행함으로써 원수를 위한 견고한 진(하나님의 말씀과는 상반되는 사고의 틀 혹은 생각의 집)을 건축한다. 견고한 진을 쌓는 데 소용되는 벽돌로는, 소위 세대적인 죄, 외상적인 경험들, 개인적인 범죄 등이 있다. 무엇이 이 벽돌들을 단단히 연합시켜 주는가? 우리가 하나님의 진리에 거스르는 것들을 믿거나 행하는 것이 바로 시멘트의 역할을 한다.

귀신들은 마치 '현장 주임'이나 보스처럼 우리에게 무언가를 지시하고 부추길 수는 있다. 하지만 결국 귀신들을 위해 귀신들의 견고한 진을 세워주는 것은 우리들 자신이다. 일단 만족스런 형태로 견고한 진이 완성되면, 악한 영들은 우리가 세운 그 견고한 진들을 서로 차지하려고 싸움을 벌인다. 이때 남들을 제치고 먼저 들어가 그곳을 차지한 영들이 강한 자가 된다. 강한 자가 된 영들은 자신의 목적을 이루는 일에 봉사할 보다 약한 졸병 귀신들을 모집한다. 견고한 진이 형성되도록 열려있는 다른 문들이 있을 때, 이 과정은 여러 차례 반복적으로 일어날 수 있다(심지어 동시에 일어나기도 한다). 심하게 귀신들린 사람 안에 견고한 진을 지배하는 둘, 셋, 혹은 그 이상의 강한 자들이 들어있는 이유도 여기에 있다.

다음은 일련의 순서를 보여준다.

1. **하나의 생각:** 무슨 죄든 일단 죄에 관해 생각하기 시작한다.
2. **하나의 느낌:** 그 죄를 짓고 싶다는 감정적인 갈망이 생긴다.
3. **하나의 행동:** 고의적으로 그 죄를 짓기로 선택하고 실제로 죄를 짓는다.
4. **하나의 습관:** 지속적으로 죄에 굴복하면서 일종의 패턴이 형성된다.
5. **하나의 견고한 진:** 죄를 향한 내적인 끌림이 있다. 이러한 끌림은 점점 더 저항하거나 제어하기가 어려워진다.
6. **하나의 능력:** 완성된 견고한 진 안으로 그와 유사한 속성을 지닌 귀신이 들어가서, 그 사람을 통해 특유의 사악한 갈망을 표출하기 시작한다. 그 사람의 사악한 갈망은 사악한 기름 부음을 전달한다. 귀신은 그 사람을 통제하면서 계속적으로 묶어둔다. 그 사람이 자신의 죄를 회개하고 죄에서 돌아서서 이를 끊고, 귀신들에게 떠나가라고 명령하기 전까지, 그는 점진적으로 보다 깊은 단계의 죄악으로 빠져 들어간다. 나아가 악한 영은 견고한 진을 유지시키는 데 도움이 될 만한 다른 귀신들을 불러 모은다.

미국 최악의 불명예스런 살인자가 된 칼라 파예 터커(Karla Faye Tucker)의 실례를 살펴보기로 하자.

포로들을 해방시키라

　칼라 파예 터커는 '곡괭이 하나로 쉰일곱 번을 내리친, 텍사스 주 역사상 가장 끔찍한 2인조 살인사건에 가담했다.' 그녀의 인생은 아주 어린 시절부터 이미 몰락의 길로 치닫고 있었다. 안팎으로 유해한 귀신들에 둘러싸여 살면서, 그녀의 예쁘장한 외모는 매우 어린 꼬마였을 때부터 범죄로 얼룩져 있었다. 그녀는 애정결핍이었고, 뚜렷한 목적도 없었다. 뭔가 자신을 인도해줄 만한 것을 열심히 찾아다녔지만 결국 찾아온 것은 불행뿐이었다.
http://truthinconviction.us/comments.php?id=121_0_1_0_C

　칼라 파예 터커는 매우 불운한 어린 시절을 보냈다. 그녀는 아이였을 때 친아버지로부터 버림받았다. 어머니는 마약남용의 후유증으로 1979년 크리스마스 이브에 세상을 떠났다. 이때 칼라의 나이는 20세였다. 그녀는 자신을 변함없이 사랑해준 유일한 사람과의 관계가 어머니의 죽음으로 막을 내렸다고 고백했다. 칼라의 이야기는 안타깝게도 일반적인 살인자들의 삶과 별반 다를 바가 없다. 이들은 대개 어려서부터 마약을 시작한다. 가난하고 불안한 어린 시절을 보낸 뒤 곧 범죄로 빠져든다. 그녀는 10세에 마리화나에 손을 댔고, 11세에 헤로인을 시작했다. 12세에 성관계에 빠져들었고, 14세에 매춘을 시작했다. 이른 나이에 결혼하여 16세에 이혼했다. 23세에는 2인조 살인을 저질렀다. www.courthousechurch.org/sermons/ephesians2.1-10.html

　"다른 사람들에게서 받은 영향력-또래들로부터의 압력"도 있었다고 그녀는 테리 뮤젠(Terry Meeuwsen: 'The 700 Club'의 공동 진행자)에게 말했다. "제 언니들이 마약에 빠져들었어요. 이들에게는 나이 많은 한 친구가 있었어요. 언니들은 늘 자기들보다 나이 많은 사람들

제6장 | 견고한 진들이 마귀의 처소로 변해가는 방식

주변을 배회했어요. 그들은 엄청나게 많은 마약을 갖고 있었어요."
www.crimelibrary.com/notorious_murders/women/tucker/2.html

1990년 '라이프웨이 처치 매거진(LifeWay Church magazine)'과의 인터뷰에서, 그녀는 자신이 범죄를 저지른 밤을 회상하며 다음과 같이 진술했다.

"전 제리 딘(Jerry Dean)이 제 여자친구인 숀(Shawn)에게 무슨 짓을 하는지를 보았어요. 전 정말 화가 났어요. 왜냐하면 저는 정말로 숀을 보호해주고 싶었거든요. 그에게 앙갚음을 해야겠다고 생각했어요! 앙갚음을 하겠다는 것은 그와 정면으로 대결하겠다는 뜻이에요."

파티가 무르익으면서 그녀의 비통한 감정은 마구 요동을 쳐댔다. 알약 아편을 먹어서인지 원한과 흥분은 고조되어 갔다. 왠지 그날 밤 자체가 칼라 파예의 분노를 한결 부추기고 있는 것만 같았다. 파티에 참석한 대부분의 사람들은 자욱한 연기 속에서 제각각 몽롱함을 즐기고 있었다. 이때 칼라 파예와 대니(Danny), 숀, 그리고 또 한 명의 친구 지미(Jimmy)가 간이부엌이 있는 한쪽 모퉁이로 빠져나왔다. 아내를 구타한 딘(Dean)에 대해 격동된 마음들을 함께 나누기 위해서였다. 그들은 복수를 하려고 모였지만, 그 시점에 식탁에 둘러앉아 나눈 대화는 그저 일반적인 내용에 그쳤다. 잠시 후 여동생 카리(Kari)와 그녀의 친구 로니(Ronnie)가 자리에 끼어들었다. 위협적이던 대화는 냉소적인 웃음으로 변했고 결국 시들한 잡담으로 끝나버렸다. 강한 어조로 주고받던 이야기는 남은 캡슐들을 먹어버리면서 사그라졌다. 그리고 그들은 마지막 마리화나를 흡입했다.

그날 밤 늦게 그들은 자물쇠가 채워지지 않았던 딘의 집으로 들어갔다. 방에는 제리 딘과 그의 정부 드보라 쏜톤(Deborah Thornton) 이 잠이 들어 있었다.

"게 누구야?" 너무나도 익숙한 딘의 성난 목소리가 들려왔다. 칼라 파예는 마음에 동요를 느꼈다. 그녀의 한쪽 발은 현관문을 향해 있었고, 또 한쪽 발은 단호하게 싸울 자세를 취하고 있었다. 손은 두 주먹을 불끈 쥐고 있었다. 그녀가 이러지도 못하고 저러지도 못한 채 망설이고 있는 사이, 대니는 이미 행동을 취하고 있었다. 그는 옆에 놓인 연장통에서 망치를 꺼내 쥐고는 침실 쪽으로 질주해갔다. 칼라 파예는 반사적으로 그의 뒤를 좇았다. 방 문가에 서서 그녀는 대니가 무기를 들고 딘을 내리치는 모습을 지켜보았다. 딘은 마침 이불을 젖히면서 반쯤 몸을 일으키고 있었다. 머리를 강타당한 그는 뒤로 벌렁 나자빠졌다. 칼라 파예는 자신이 지금 소름끼치도록 오싹한 폭력을 지켜보고 있음을 깨달았다.

그녀가 보고 있는 장면은 사악했지만 묘한 매력이 있었다. 그녀는 자신도 그 무자비한 희생에 한몫 거들고 싶은 마음이 들었다. 대니는 멈추지 않고 계속해서 망치로 딘을 내리쳤다. 마치 자신의 좌절감을 해소하고 있기라도 하는 듯 했다. 이 의식에서 칼라 파예가 끼어들 여지는 조금도 남아있지 않았다. 바로 그 순간 그녀의 눈에 딘의 옆쪽 침대 이불 속에 숨어있는 여자의 모습이 들어왔다. 그녀는 침대 위에서 바닥으로 미끄러졌다가 지금 다시 침대 속으로 숨어들어가고 있었다.

칼라 파예는 거실 쪽으로 가서 제일 먼저 눈에 띈 흉기를 집어 들었다. 곡괭이였다. 약 1미터 가량에다 쥐기에도 아주 편했다. 어렵지 않게 곡괭이를 찾아 손에 든 그녀는 방으로 되돌아왔다. 그 순간 대니는 자신의 욕구를 모두 만족시킨 듯 잠시 멈추고 칼라 파예의 기묘한 행동을 주시하며 지켜보고 있었다. 그녀는 침대 주위를 빙글빙글 돌다가 마침내 곡괭이를 하늘로 치켜들었다.

후일 드보라 쏜톤으로 신원이 밝혀진 그 여성은 단 한 차례 비명을 질렀을 뿐이었다. 대니가 담요를 던져 그녀의 머리부위를 덮어놓았다. 대담하게 목표물을 내리친 칼라의 범죄가 교묘히 은폐되는 순간이었다. 칼라 파예 터커는 도망치던 중 체포되었다.

www.crimelibrary.com/notorious_murders/women/tucker/2.html

사진에 나타난 재판받는 칼라 파예의 모습은 음울하고 냉담해보였다. 한 마디로 마치 죽은 사람 같았다. 그러나 사형을 당하는 순간은 달랐다. 그녀는 전혀 딴 사람이 되어 있었다. 활기가 있었고, 온화했으며, 부드러웠고, 상냥한 모습으로 밝게 미소 짓고 있었다. 그녀는 예수 그리스도 안에서 하나님의 무조건적인 은혜를 발견했다. 이름 모를 한 교도소 담당 목사가 그녀의 독방에 남겨놓고 간 성경책을 통해 일어난 일이었다. … 사형수로서 14년간의 감옥생활을 거치는 가운데 그녀는 분명 죽음에서 생명으로 옮겨간 주인공이 되었다.

www.courthousechurch.org/sermons/ephesians2.1-10.html

하늘 아버지는 결코 포기하지 않으시고 기어코 그녀의 영(spirit)을 찾아내셨다. 주님은 그녀를 건져내시려고 밑바닥에까지 손을 뻗치셨다. 주님의 사랑으로 인해 그녀는 평생 처음으로 자비와 용서가 무엇인지를 알게 되었다. 주님은 그녀를 비참한 지옥의 심연으로부터 천국의 영광스런 빛 가운데로 구속하셨다. 이는 오직 주님의 은혜로 말미암아 모든 사람들을 위해 주님이 행하신 일이었다.

http://truthinconviction.us/comments.php?id=121_0_1_0_C

포로들을 해방시키라

너희의 허물과 죄로 죽었던 너희를 살리셨도다 그 때에 너희가 그 가운데서 행하여 이 세상 풍속을 좇고 공중의 권세 잡은 자를 따랐으니 곧 지금 불순종의 아들들 가운데서 역사하는 영이라 전에는 우리도 다 그 가운데서 우리 육체의 욕심을 따라 지내며 육체와 마음의 원하는 것을 하여 다른 이들과 같이 본질상 진노의 자녀이었더니 긍휼에 풍성하신 하나님이 우리를 사랑하신 그 큰사랑을 인하여 허물로 죽은 우리를 그리스도와 함께 살리셨고(너희가 은혜로 구원을 얻은 것이라) 또 함께 일으키사 그리스도 예수 안에서 함께 하늘에 앉히시니 이는 그리스도 예수 안에서 우리에게 자비하심으로써 그 은혜의 지극히 풍성함을 오는 여러 세대에 나타내려 하심이니라 너희가 그 은혜를 인하여 믿음으로 말미암아 구원을 얻었나니 이것이 너희에게서 난 것이 아니요 하나님의 선물이라 행위에서 난 것이 아니니 이는 누구든지 자랑치 못하게 함이니라 우리는 그의 만드신 바라 그리스도 예수 안에서 선한 일을 위하여 지으심을 받은 자니 이 일은 하나님이 전에 예비하사 우리로 그 가운데서 행하게 하려 하심이니라(엡 2:1-10)

본문에서 1절에 언급된 '너희(you)'는 2인칭 복수의 형태로 사용되었다. 이는 '너희'가 우리 모두를 가리키고 있음을 의미한다. 우리는 모두 죄로 인해 죽은 자들이었다. 우리가 죄로부터 자유케 되고 견고한 진으로부터 풀려나는 길은, 오직 하나님의 놀라우신 은혜 외에는 없다.

칼라 파예의 경우, 견고한 진은 어떻게 형성되었는가? 그녀의 삶에는 외상적인(traumatic) 사건들이 연속적으로 발생하였을 뿐 아니라, 성도착과 거절, 주술(마약)과 미움에 대해 계속하여 문을 열어주고 있었다. 젊은 그녀는 귀신들린 상태였다. 그녀의 삶 속에 펼쳐진 일련의 과정들을 살펴보자.

- 부모에게 버림받고 거절당함
- 취약성이 지배적인 환경
- 죄
- 습관들(고통을 무마하기 위해 형성됨)
- 충동적인 생각들(진행 중인 망상), 억제된 욕구들
- 견고한 진들
- 죽음(신체적 죽음만이 아닌, 심리적, 정신적, 정서적 죽음을 의미함)

칼라 파예의 삶은 우리에게 교훈을 주는 교과서와도 같다. 견고한 진은 매우 심각한 주제이다. 우리는 견고한 진을 지배하는 강한 자를 묶는 것이 얼마나 중요한 일인지를 잘 이해해야 한다. 강한 자를 묶은 후에야 견고한 진을 무너뜨릴 수 있다. 억압당하는 자를 자유케 해주려면 이 사실을 반드시 숙지해야 한다.

다음으로는 강한 자를 묶는 법에 관해 살펴보도록 하겠다.

제 7 장

강한 자

　블레셋 거인 이야기는 강한 자가 어떠한 능력을 가지고 있는가를 잘 보여준다. 골리앗의 키는 2미터 80센티 이상이었고, 그의 갑옷의 무게는 대략 57kg이었다. 창날만 해도 7kg 가량이 되었다. 골리앗의 군대가 이스라엘과 전쟁하기 위해 모여들었다. 이들은 에베스담밈에 진을 쳤다. 에베스담밈이란 '피의 경계선'이라는 뜻이다. 의심할 나위 없이 골리앗이 지향하는 바는 죽음이었다. 골리앗과 그의 부대가 찾아온 목적은 하나님의 백성들을 모욕하고 죽이기 위함이었다. 이스라엘의 모든 용사들도 골리앗을 두려워했다.
　40일 동안 매일같이 골리앗은 언덕 꼭대기에 서서 이스라엘을 향해 이렇게 외쳤다.

　너희가 어찌하여 나와서 항오를 벌였느냐 나는 블레셋 사람이 아니며 너희는 사울의 신복이 아니냐 너희는 한 사람을 택하여 내게로 내려 보내라(삼상 17:8)

포로들을 해방시키라

사울 왕의 군대에 속한 군사들 중에서 감히 이 골리앗이라는 거인과 맞서려하는 자가 아무도 없었다. 그러던 어느 날, 이새의 막내아들 다윗이 아버지의 심부름으로 음식을 전해주기 위해 싸움터로 보냄을 받았다. 이스라엘을 조롱하는 골리앗의 말을 들은 다윗이 이렇게 묻는다. "이 할례 없는 블레셋 사람이 누구관대 사시는 하나님의 군대를 모욕하겠느냐"(삼상 17:26). 다윗의 말에 당황한 그의 형들은 다윗을 멸시하며 속히 떠나가라고 위협한다.

형들의 말에 굴하지 않은 다윗은 사울 왕을 찾아가 자신이 골리앗을 죽이겠다고 제안한다. 그는 곰이나 사자를 쳐서 죽인 것과 동일한 이치로 거인 골리앗도 죽일 수 있다고 말한다. 다윗은 하나님이 과거와 마찬가지로 앞으로도 그를 구원해주실 것을 믿었다.

그런 다음 다윗은 목동의 지팡이를 들고 시냇가로 갔다. 돌 다섯 개를 골라서 평소 메고 다니던 목동의 도구인 주머니에 집어넣었다. 그리고 무릿매를 손에 들고는 그 블레셋 사람에게로 가까이 나아갔다.

그 블레셋 거인도 방패 든 사람을 앞세우고 다윗에게 점점 가까이 다가왔다. 골리앗의 눈에 다윗은 다만 잘생긴 홍안 소년에 지나지 않았다. 그는 다윗을 우습게 여겼다. 블레셋 거인이 다윗에게 묻는다. "막대기를 들고 나에게로 나아오다니, 네가 나를 개로 여기는 것이냐?" 그는 자기 신들의 이름으로 다윗을 저주했다. 그 블레셋 사람이 또 다시 다윗에게 말하였다. "어서 내 앞으로 오너라. 내가 너의 살점을 공중의 새와 들짐승의 밥으로 만들어 주마."

이때 다윗은 그에게 다음과 같이 대답한다. "너는 칼을 차고 창을 메고 투창을 들고 나에게로 나왔으나, 나는 네가 모욕하는 이스라엘 군대의 하나님 곧 만군의 주님의 이름을 의지하고 너에게로 나왔다. 주님께서 너를 나의 손에 넘겨주실 터이니, 내가 오늘 너를 쳐서 네 머리를 베고, 블레셋 사람의 주검을 모조리 공중의 새와 땅의 들짐승에게 밥으로 주어서, 온 세상이 이스라엘의 하나님을 알게 하겠다. 또 주님께서는 칼이나 창 따위를 쓰셔서 구원하시는 분이 아니심을 여기 모인 모든 무리로 알게 해주겠다. 전쟁에서 이기고 지는 것은 주님께 달렸다. 주님께서 너희를 모조리 우리 손에 넘겨주실 것이다."

드디어 그 블레셋 사람은 몸을 움직여 다윗에게 점점 가까이 다가왔다. 다윗은 재빠르게 그 블레셋 사람의 대열 쪽으로 달려가면서, 주머니 속에 있던 돌멩이 하나를 꺼내들었다. 그리고는 그것을 무릿매로 던져 그 블레셋 사람의 이마에 명중시켰다. 골리앗은 이마에 돌을 맞고 땅바닥에 쓰러졌다.

이렇게 해서 다윗은 무릿매와 돌멩이 하나로 그 블레셋 사람을 이겼다. 칼도 없이 골리앗을 죽인 것이다. 다윗은 달려가서 골리앗을 밟고 섰다. 그리고 골리앗의 칼집에 있던 칼을 빼어 그의 목을 베어냈다. 자기들의 장수의 죽음을 지켜보던 블레셋 군인들은 일제히 달아나버렸다(삼상 17:40-51, 새 번역).

강한 자의 강점, 강한 자의 약점

골리앗의 이야기가 강한 자에 관해 우리에게 주는 교훈은 무엇일까? 거인 골리앗과 마찬가지로, 강한 자는 귀신들의 일가족 중에서도 지위가 가장 높다. 골리앗이 협박하는 존재였듯, 강한 자도 우리를 협박한다. 골리앗이 두려움을 불러일으켰듯, 강한 자도 두려움을 야기한다. 골리앗이 일정한 영역을 차지하며 이를 빼앗으려는 자를 위협했듯, 강한 자도 우리를 위협한다. 강한 자는 거짓말, 두려움, 비난

등으로 우리가 결코 자유케 되지 못할 것이라며 위협한다.

다윗은 그 어떤 거인보다도 위대하신 전능의 하나님의 능력으로 골리앗을 무찔렀다. 그는 골리앗의 이마에 아주 신속하고도 결정적인 일격을 가했다. 다윗처럼 우리도 우두머리(선두에 선 강한 자)를 향해 단호한 마음자세로 달려들어야 한다. 일단 골리앗이 쓰러지자 다윗은 다름 아닌 골리앗의 칼로 골리앗의 머리를 베어냈다. 우리의 칼은 "성령의 검 곧 하나님의 말씀"(엡 6:17)이다. 우리는 말씀의 권세를 가지고 원수의 머리를 베어낸다. 골리앗의 머리가 베임을 당하자, 진영에 있던 블레셋 사람들은 모두 달아나버렸다. 강한 자의 머리가 절단될 때(강한 자의 힘이 속박될 때), 견고한 진에 머물러 있던 귀신들도 도망갈 준비를 한다.

강한 자란 견고한 진(졸개 귀신들이 숨어있는 집)에 거주하는 두목 귀신이다. 강한 자는 견고한 진을 자기의 이득을 위하여 사용한다. 예수님은 이렇게 말씀하셨다. "사람이 먼저 강한 자를 결박하지 않고서야 어떻게 그 강한 자의 집에 들어가 그 세간을 늑탈하겠느냐 결박한 후에야 그 집을 늑탈하리라"(마 12:29). 예수님은 우선 집안의 두목(강한 자)을 결박하고, 그 두목을 섬기던 졸개 귀신들에게 그 집을 떠나가라고 명령한 이후에야, 비로소 영속적인 자유를 얻게 된다고 가르치셨다. 이와 같이 우리는 일단 강한 자의 권세와 능력을 상실시킨 다음, 졸개 귀신들을 쫓아내고, 끝으로 강한 자에게 그 집에서 떠나가라고 명령할 수 있다.

왜 예수님은 가장 먼저 강한 자를 묶어야 된다고 말씀하셨을까? 귀신의 처소가 된 견고한 진의 경우, 두목(강한 자)의 능력은 분명 그를 섬기는 졸개 귀신들의 집단적인 능력과 숫자에 결정적으로 좌우된다. 두목이 졸개 귀신들에게 힘을 실어주는 것이 아니라, 그 반대로

제7장 | 강한 자: 열쇠는 결박하기

졸개 귀신들이 두목에게 힘을 실어준다.

예수님은 강한 자를 제거하고 쫓아내는 방법에 관해 말씀하신다. 강한 자는 일단 힘을 약화시킨 다음에 쫓아내야 한다. 강한 자의 힘을 약화시키려면 그를 묶어야 한다. 강한 자가 결박되면(활동할 수 없게 되면), 우리는 그를 섬기던 '졸개들'을 쫓아낼 수 있다. 졸개 귀신들이 '집'(귀신에게 시달리던 사람)에서 모두 떠나가 버리면, 강한 자는 지지기반을 상실한 셈이 된다. 이제 우리는 그를 축출해내면 된다.

수천 명의 사람들을 개인적인 자유를 얻도록 도와주면서 내가 믿게 된 사실이 있다. 하나님은 성경을 통해 강한 자들의 정체를 밝혀주셨다. 강한 자들의 정체를 알 때, 우리는 귀신의 처소가 된 견고한 진으로부터 생명을 구원해낼 수 있다(이 내용에 관해서는 잠시 후 살펴보도록 하겠다).

대결

마태복음 12장에서, 예수님은 눈을 멀게 하고 귀가 들리지 않게 만든 악한 영들에 대해 영적인 권세를 행사하시는 기름 부음 받은 분으로 등장한다. 예수님이 악한 영들에게 떠나가라고 명하시자, 귀신들은 주님의 말씀에 그대로 순종했다. 바리새인들은 예수님이 마귀의 힘을 빌어서 귀신들을 쫓아낸다며 비난했다. 이때 예수님의 대답은 본질적으로 다음과 같았다. "사단은 결코 자신보다 약한 자에게는 지지 않는다. 사단이 내 앞에서 전혀 힘을 쓰지 못했다는 것은, 내가 하나님으로부터 온 자이며 사단보다 강한 자임을 증명해준다."

이 말씀을 하신 후, 예수님은 능력대결의 과정에 관해 가르쳐주셨다.

> 사람이 먼저 강한 자를 결박하지 않고서야 어떻게 그 강한 자의 집에 들어가 그 세간을 늑탈하겠느냐 결박한 후에야 그 집을 늑탈하리라
>
> 더러운 귀신이 사람에게서 나갔을 때에 물 없는 곳으로 다니며 쉬기를 구하되 얻지 못하고 이에 가로되 내가 나온 내 집으로 돌아가리라 하고 와 보니 그 집이 비고 소제되고 수리되었거늘 이에 가서 저보다 더 악한 귀신 일곱을 데리고 들어가서 거하니 그 사람의 나중 형편이 전보다 더욱 심하게 되느니라 이 악한 세대가 또한 이렇게 되리라 (마 12:29, 43-45)

(1) 강한 자의 집 안으로 들어가라

예수님은 강한 자를 정복하려면 우선 그의 '집' 안으로 들어가야 한다고 말씀하신다. 이는 견고한 진 안에 숨어있는 강한 자 및 그와 관련된 귀신들의 조직망을 찾아내기 위함이다. 헬라어에서 '집(house)'은 '친밀하게 살아가는 가정'을 의미한다. 이를 통해 볼 때, 강한 자는 그가 거주하는 사람의 삶과 친밀하고 편안한 관계일 뿐 아니라, 그 집에 함께 머물고 있는 귀신들과도 서로서로 친밀한 존재이다.

(2) 강한 자를 결박하라

예수님은 우리에게 일단 '집 안으로 들어가면,' -다시 말해, 견고

제7장 | 강한 자: 열쇠는 결박하기

한 진을 발견하면- 강한 자를 묶으라고 말씀하신다. 그렇다면 왜 강한 자를 묶어야 하는 걸까? 그냥 단순히 그를 쫓아내면 안 되는 걸까?

이 질문에 대한 해답은 강한 자가 지닌 능력의 원천과도 관련이 있다. 예를 들어, 사막의 유목민들을 생각해보자. 소유물의 가치와 더불어 낙타와 염소, 가축과 종의 수는 부를 가늠하는 척도이다. 소유물을 빼앗기는 것은 곧 부와 영향력의 상실을 의미한다.

'강한 자' 등급에 속한 악한 영은 자신을 도와줄 영적 측근들을 거느리고 있다. 강한 자에 해당하는 악한 영은 측근을 삼기 위해 불러들인 악한 영들에 대해 지배권을 행사한다.

귀신들은 결코 사랑이나 존경, 경외심을 가지고 주인을 섬기지 않는다. 이들의 섬김은 두려움에 기초하며, 협박에 의해 마지못해 섬긴다. 얼마나 많은 악한 영들이 모여들었느냐에 따라 강한 자가 지닌 역량의 정도를 파악할 수 있다.

강한 자를 쫓아내기 전에 우선 묶어야 하는 이유도 여기에 있다. 처음부터 강한 자와 싸움을 시작하는 것은 지혜롭지 못하다. 강한 자는 강할 뿐 아니라 '능력 대결'을 즐기려 할 것이다. 아마 우리는 능력이 최고조에 이른 강한 자와 대면하게 될 수도 있다. 그러기에 우리는 우선 강한 자를 묶어야 한다. 그런 다음 강한 자를 섬기던 졸개 귀신들을 쫓아냄으로써 집을 청소해야 한다.

그동안 우리는 먼저 강한 자를 결박시키지도 않은 채 그대로 강한 자를 축사하려 애쓰는 사역자들과 사역 팀들을 많이 보아왔다. 우리가 명심해야 할 것이 있다. 강한 자는 종종 스스로를 보호하기 위해 자신의 지배하에 있는 귀신들의 희생을 기꺼이 감수한다. 마치 새가 갓 날개 짓을 시작한 어린 새를 둥지에서 밀어내듯, 강한 자는 졸개 귀신들이 견고한 진에서 쫓겨나도록 그냥 내버려둔다.

바로 이 시점에서 사역자들은 사역을 중단한다. 귀신들린 사람이 자유케 되었고 싸움에서 승리했다고 확신하기 때문이다. 사역 팀들이 기뻐하며 승리를 경축하는 동안, 강한 자는 팔짱을 끼고 의기양양한 태도로 방금 쫓겨나간 귀신을 언제 불러들이면 좋을지를 궁리하고 있다. 제대로 지식을 갖추거나 훈련을 받지 못한 사역 팀들이 동일한 귀신들을 반복적으로 다루어야 할 상황을 만나는 이유가 여기에 있다. 축사가 온전히 이루어지지 못한 경우, 얼마 후 귀신들은 되돌아와 사악한 게임을 다시 시작한다.

(3) 강한 자의 힘을 늑탈하라

우리는 집에 들어가서 예수 그리스도의 이름으로 강한 자를 묶어야 한다. 이는 골리앗의 힘을 약화시키는 일이다. 예수 그리스도는 어떤 귀신도 당해낼 수 없는 가장 위대한 분이다. 일단 강한 자를 묶은 후에는 그 집의 능력을 '늑탈해야(spoil)' 한다(마 12:29). 이것이 의미하는 바는 무엇일까?

헬라어로 '늑탈하다(spoil)'란 '사로잡아 찢어놓다(to seize asunder), 노략질하다(to plunder)'의 뜻을 지닌다. 웹스터사전 『Webster's Seven New Collegiate Dictionary』(Springfield, MA: G. & C. Merriam Co., 1970).은 'seize'의 의미를 다음과 같이 정의한다.

- 합법적 절차를 밟아 소유물을 취하다.
- 끈으로 한데 묶거나 조이다.
- 강제로 체포하다.
- 사로잡고 검거하다.

한편 'asunder'의 의미는 다음과 같다.

- 서로 간에 멀어지다(크게 벌어지다).
- 갈기갈기 찢어지다.

'plunder'의 의미는 다음과 같다.

- 강제로 취하다.
- 약탈하다, 부정이득을 얻다, 훔치다, 빼앗아가다.

예수님은 매우 강한 어조의 단어들을 사용하신다. 나는 주님이 축사사역을 위해 우리에게 어떠한 권세를 주셨는지를 묘사하기 위해 의도적으로 이런 단어들을 사용하셨다고 믿는다. 견고한 진을 늑탈하기 위해 주님이 우리에게 말씀해주신 내용을 나름대로 의역해보면 다음과 같다.

- 별안간 집을 향해 뛰어가서, 문을 때려 부수고, 두목(강한 자)을 잡은 다음, 그의 입을 막아놓으라.
- 그 후 졸개 동료들(귀신들)을 사로잡아 각각 따로따로 분리시켜 놓으라. 이제는 그 집을 약탈하고 강제로 빼앗고 훔치라. 모든 귀신들을 제압하라. 귀신들에게 그곳을 떠나고 다시는 되돌아오지 말라고 명령하라. 단호한 명령으로 모든 귀신들을 강제로 쫓아내라.
- 나머지 귀신들이 모두 나간 후에는, 두목(강한 자)에게 가서 당장 나가버리라고 명령하라. 또한 강한 자나 그의 동료들에게 결코 되돌아와서는 안 된다는 사실을 주입시키라.

• 열쇠로 문을 잠그고 그 집을 축복하라.

…의 영

축사사역과 관련해서는 매우 다양한 모델과 기법과 견해가 존재한다. 도움을 필요로 하는 사람이 영속적인 자유를 누릴 수 있게 되고, 사역방법이 성경에 근거해 있기만 하다면, 축사사역의 스타일은 그다지 문제가 되지 않는다. 대적의 문들을 취하기 위해 싸움을 벌이는 수많은 사역자들로 인하여 하나님께 감사한다.

내가 믿기로 성경에 나타난 강한 자들은 대부분 '…의 영(spirit of…)'의 형태를 띤다. 'spirit'에 해당하는 히브리어와 헬라어(루아흐, 프뉴마)는 모두 '바람' 혹은 '거친 숨결'을 뜻한다. 그러나 바람이나 숨결에도 두 가지 종류가 존재한다.

첫 번째 종류는 성령님이다. 이 바람은 보이지는 않는다. 그러나 누군가의 삶을 통해 표현된 성령님은 마치 활력을 주어 상쾌하게 만드는 감미로운 미풍과도 같다.

두 번째 종류는 하나님과는 관련이 없는 귀신이다. 이 바람도 눈에 보이지는 않는다. 그러나 한 사람의 삶을 통해 귀신이 드러날 때 사악한 일이 생긴다. 이는 속임수와 어두움, 죽음을 내뿜는 바람이다.

그렇다면 강한 자들이란 무엇인가? "하나님이 우리에게 주신 것은 두려워하는 마음이 아니요 오직 능력과 사랑과 근신하는 마음이니"(딤후 1:7). 예를 들어, '두려움의 영'은 강한 자이다.

다른 성경구절을 살펴보자. "여호와께서 그 가운데 사특한 마음을 섞으셨으므로 그들이 애굽으로 매사에 잘못 가게 함이[The Lord has poured into them a spirit of dizziness; they make Egypt stagger in all that she does]"(사 19:14). '사특(불신 혹은 혼란)'의 영은 강한 자이다.

"너희는 다시 무서워하는 종의 영을 받지 아니하였고 양자의 영을 받았으므로 아바 아버지라 부르짖느니라"(롬 8:15). '종의 영'은 강한 자이다.

"주 여호와의 신이 내게 임하셨으니 이는 여호와께서 내게 기름을 부으사 가난한 자에게 아름다운 소식을 전하게 하심이라 나를 보내사 마음이 상한 자를 고치며 포로된 자에게 자유를 갇힌 자에게 놓임을 전파하며… 무릇 시온에서 슬퍼하는 자에게 화관을 주어 그 재를 대신하며 희락의 기름으로 그 슬픔을 대신하며 찬송의 옷으로 그 근심[spirit of heaviness]을 대신하시고 그들로 의의 나무 곧 여호와의 심으신바 그 영광을 나타낼 자라 일컬음을 얻게 하려 하심이니라"(사 61:1, 3). '무거움의 영(spirit of heaviness)'은 강한 자이다.

한편, 예수님은 어떤 사람의 경우에는 허약의 영을 향해 떠나가라고 명령하셨다. 반면에 또 다른 사람에게는 '나음을 입으라'고 말씀하셨다. 전자의 경우는 허약함 이면에 귀신이 역사하는 상황이었고, 후자의 경우는 그렇지 않은 상황이었다(눅 13:11-12; 요 5:5-8을 참조하시라).

'3인 1조'의 중요성

본서 후반부에 부록 1로 '식별 가능한 귀신집단의 목록'을 첨부하였다. 이 목록이 앞으로 독자 여러분의 사역에 도움이 될 수 있기를 바란다. 그동안 나는 다양한 문화와 나라와 언어를 대상으로 축사사역을 활발히 전개해왔다. 축사사역을 하면서 나는 여러 형태로 존재하는 귀신집단을 식별하고 이를 자료로 만들었다. "유유상종(類類相從)"이란 속담이 있다. 이는 어두움의 왕국의 경우에도 그대로 들어맞는 진리이다. 몇몇 특정한 귀신들이 사람의 삶 속에서 집단을 형성하는 경향을 보였다. 이 귀신들은 강한 자를 중심으로 연합되어 있는 듯했다. 예를 들어, 공포(terror)의 귀신들은 흔히 히스테리(hysteria)의 귀신들과 함께 있을 때가 많다. 이 두 귀신들은 모두 두려움의 귀신(강한 자)을 섬긴다.

    수차례 거듭하여 발견한 사실이 있다. 사람이 죄에 대하여 지속적으로 문을 열어놓으면, 그 사람의 삶 속에는 강한 자의 수가 점점 더 많아진다. 각각의 견고한 진을 가진 강한 자들 셋이 한 조가 되어 있는 경우는 매우 흔하다. 연구를 통해 알게 된 사실인데, 성경에는 '3'이라는 숫자가 485회나 언급된다. 기술자들에 의하면, 기하학적 설계법상 3변으로 이루어진 삼각형은 가장 강한 잠재력을 지닌다고 한다. 사례들을 보기 원하시는 분은 다음에 소개하는 웹페이지를 참조하시기 바란다.

www.punahou.eud/acad/sanders/geometrypages/GP03Polygons.html;

www.newton.dep.anl.gov/newton/askasci/1993/eng/ENG1.HTM;

www.math.com/school/subject3/lesson/S3U3L4GL.html;

www.promotega.org/uga05004/FCP_Glossary.html;

www.madsci.org/posts/archives/2002-01/1009992903.Eg.r.html.

    '3인 1조'의 중요성은 마귀의 책략에 있어서도 예외가 아니다. 다음은 핵심이 되는 몇몇 '3인 1조'의 예들이다.

- 요나는 삼일 밤낮 동안 물고기 배에 있었다(욘 1:17).
- 예수님은 삼일 동안 무덤에 머무르셨다(마 27:63).
- 셋으로 이루어진 신격: 성부, 성자, 성령(요일 5:7).
- 모세는 석 달 동안 숨겨져 있었다(출 2:2).
- 일 년에 세 차례 번제를 드렸다(대하 8:12-13).
- 증거하는 이가 셋이니 성령과 물과 피라(요일 5:8).
- 개구리 같은 세 더러운 영이 용의 입과 짐승의 입과 거짓 선지자의 입에서 나오니(계 16:13).
- 사람은 세 부분으로 구성되어 있다: 영, 혼, 몸(살전 5:23).
- 삼겹줄은 쉽게 끊어지지 않는다(전 4:12).

귀신들린 사람들 중 많은 경우가 3중의 견고한 진에 속박되어 있었다. 내가 관찰한 바에 따르면, 한 사람 안에 강한 자가 셋이 있을 경우, 셋 중 하나는 어김없이 가장 강력하다. (사악한 목적으로 연결되어 있는 마귀의 조직망에서는, 한 사람을 죽이기 위해 강한 자 셋이 함께 협력하는 순간에조차, 이들은 동시에 또 다른 누군가를 혼란시키고 묶어두기 위해 여전히 다른 네트워크들과도 연결되어 있다)

이제껏 내가 목격해온 경우들 중 지속적으로 협력하여 일하는 '3인 1조'의 귀신들의 목록은 아래와 같다.

- 두려움, 무거움(heaviness), 속박
- 두려움, 거짓말, 무거움
- 두려움, 허약, 무거움
- 적그리스도, 주술, 거짓말
- 성도착, 질병, 죽음

포로들을 해방시키라

- 불신앙, 오류, 거짓말
- 미혹의 영들, 성도착, 매춘
- 질투, 교만, 거짓말
- 가계의 영들, 주술, 적그리스도
- 허약, 귀머거리와 벙어리, 죽음
- 교만, 오류, 미혹의 영들
- 불신앙, 적그리스도, 미혹의 영들
- 속박, 성도착, 매춘
- 속박, 무거움, 거짓말
- 질투, 주술, 적그리스도
- 속박, 죽음, 허약

무슨 전략을 써야 할지는 주님께서 알려주시는 대로 판단하고 행동하기 바란다. 당신은 강한 자 셋 중에서 가장 강한 자를 우선적으로 상대할 수도 있고, 가장 약한 자를 먼저 상대할 수도 있다. 우리가 반드시 기억해야 할 것이 있다. 사람이 오랫동안 어두움과 협력하며 살아온 경우, 그 사람 안에는 두 개 이상의 견고한 진이 군(群)을 형성하고 있을 수 있다(즉, 하나 이상의 '3인 1조' 귀신들).

앞에서도 언급한 바 있으나, 영적인 세계에서 일어나는 일들은 반드시 완벽하게 이해하지 못할 수도 있다. 신비의 영역은 남아있기 마련이다. 주님이 철저하게 계시해주시지 않는 한, 우리는 '지금 여기에서' 모든 것을 이해할 수 없다. 그렇다면 우리는 강한 자들의 존재를 어떻게 알 수 있는가? 몇 가지 사례를 통해 살펴보도록 하자. 당신이 보고 느끼는 것에 대해 논리적으로 생각하는 동안 함께 수반되어야 할 일이 있다. 당신이 보고 느끼는 것에 대한 주님의 확신을 구

제7장 | 강한 자: 열쇠는 결박하기

하라. 또한 귀신의 조직망을 파쇄 시킬 수 있는 기름 부으심을 주님께 요청하라(다음에 소개되는 사례들 안에서 당신은 '식별 가능한 귀신집단의 목록'을 발견하게 될 것이다).

• 밸러리(Valerie)가 기도를 받기 위해 강단 앞으로 나왔다. 그녀는 나오자마자 마구 떨기 시작했다. 내가 그녀를 위해 기도해주는 동안 떨림의 강도는 더욱더 강렬해졌다. 이제는 입술까지 바르르 떨었다. 얼굴에는 슬픈 기색이 감돌았다. 몸 전체가 덜덜 떨리고 있었고 어깨는 밑으로 축 처져 있었다. 그녀에게서 드러난 강한 자의 정체는 무엇이었을까? 바로 '두려움의 영'이었다. 귀신들은 자신의 특성을 그대로 표현하며 행동한다. 두려움의 영들은 두려운 감정들을 그대로 드러낸다.

귀신들이 조직망을 통해 활동한다는 차원에서 볼 때, '3인 1조'가 되어 있는 나머지 두 영들은 아마도 '속박의 영'과 '무거움의 영'일 가능성이 있다. 두려움의 영이 그녀를 떨게 만들었고, 무거움의 영은 어깨를 축 처지게 했다. 속박의 영은 마치 그녀를 마비되어 움직일 수 없는 사람처럼 보이게 만들었다. 당신이 무엇을 알고 있다고 여기시든 간에, 귀신들의 조직망이 어떤 것인지를 알려달라고 늘 성령님께 여쭤보기 바란다. 이 경우 3인 1조의 강한 자들이 두려움, 질병, 무거움일 수도 있기 때문이다(앞에서 소개한 목록을 참조하시라). 당신이 강한 자들의 이름을 불러내면, 그 사람은 특정한 반응을 보일 것이다. 이는 당신이 제대로 가고 있음을 보여주는 신호이다.

참고사항을 말씀드리겠다. 밸러리의 경우 강한 자의 조합이 두려움, 거짓말, 무거움(앞에서 소개한 목록을 참조하시라)이 될 수 없던 이유가 무엇인지 아는가? 거짓말의 영은 언제나 특별한 현상을 수반한다.

포로들을 해방시키라

"아니야(no)"를 표현하기 위해 과도하게 고개를 내젓거나, 꾸짖고 떠나가라는 소리를 듣지 않으려고 손으로 양쪽 귀를 틀어막는 행동을 보인다.

• 또 다른 사례: 조쉬(Josh)가 기도를 요청해왔다. 기도하기 위해 자리에 앉았는데, 그는 귀가 먹먹해져서 우리의 이야기를 도무지 들을 수 없다며 투덜거렸다. 우리는 돌파를 이루어주시도록 계속해서 주님께 간구했다. 이때 조쉬가 눈을 뜨면서 말했다. 그는 구원받지 못했으며 앞으로도 구원받지 못할 거라며 마귀가 자꾸 속삭인다고 했다. 이 경우 강한 자는 누구일까? '불신앙의 영(spirit of unbelief)'이다. 불신앙은 세대적인 죄악과 서로 관련이 있다. 그의 조상들은 아마도 무신론자이거나 공산주의자, 혹은 단순히 주님께 헌신하지 않은 사람들이었을 가능성이 높다.

조쉬는 그동안 살아오면서 설교를 듣거나 말씀을 암송하는 일에 왜 그렇게 늘 어려움을 겪어야 했는지 궁금하기 짝이 없었다. 이제야 그는 자신의 삶에 영향을 미치고 있는 것이 불신앙이었음을 알게 되었다. 불신앙의 영과 함께 오류의 영과 거짓말의 영이 하나의 조합을 이루고 있었다. 오류의 영은 영적인 배경이나 훈련이 전혀 결핍되어 있음을 말해준다. 이런 사람은 비록 구원을 받은 자라 할지라도, 잘못된 교리를 신봉하는 율법주의자로 되어 있을 가능성이 높다. 거짓말의 영은 구원과 관련하여 자꾸 의문을 제기하며 의심을 불러일으키기를 좋아한다.

• 십대 소녀 안젤라(Angela)가 기도를 받기 위해 우리 사무실로 찾아왔다. 그녀는 심장이 뛰고 현기증이 난다고 말했다. 밤마다 귀신

에게 시달리고 있는데, 보이지 않는 손들이 그녀의 몸을 만지는 것처럼 느껴진다고도 했다. 이미 여러 해 동안 그녀는 음악과 게임 등을 통해 장난처럼 신비사술에 관여하고 있었다. 그녀는 그 일들을 당장 그만두라는 어머니의 말씀도 거역했다. 6개월 전부터는 코카인에 손을 대기 시작했고, 이제는 중독으로 접어들고 있었다.

그녀는 다른 사람의 도움을 원하고 있었다. 나는 주님께 강한 자의 정체를 계시해달라고 기도했다. 순간 그녀의 얼굴에 사악하고 음흉한 표정이 스쳐지나갔다. 눈썹이 치켜 올라갔고 눈은 악으로 가득 차 있었다. 그녀는 나를 노려보며 야유하는 소리를 냈다. 이때의 강한 자는 누구일까? 바로 '주술의 영이다(spirit of witchcraft).' "거역하는 것은 사술의 죄와 같고"(삼상 15:23). '주술(witchcraft)'에 해당하는 헬라어는 '파르마케이아(pharmakeia)'이다. 이 단어는 마약과 요술 등의 의미를 내포한다. 안젤라는 거역과 환각제 실험사용 등을 통해 문을 열어놓았다. 내가 악한 영들에게 권세 있게 명령하자, 귀신들린 그 소녀는 격렬하게 머리를 흔들어댔다. 그녀는 하나님도 자신을 도울 수 없을 것이라며 비아냥거렸다(거짓말의 영). 세 번째 강한 자는 적그리스도의 영(spirit of antichrist)이었다. 이 영은 그녀 안에서 미움과 악의, 쓴 마음, 거역 등을 강화시키고 있었다.

이제는 견고한 진을 와해시키고 제거하는 과정에 들어가 보도록 하자.

제 8 장

강한 자의 힘을 해체시키기

이반의 옛 생활

• 제1단계

이반이 방 안으로 들어왔을 때, 우리 중 아무도 그에게 돌파가 필요하다는 사실에 이의를 제기하지 않았다. 그는 아직 젊었으나 그의 얼굴에 나 있는 주름들은 또 다른 사실을 말해주고 있었다. 이반은 어깨를 한껏 웅크린 모양으로 걸어 다녔다. 그의 나이는 실제보다 거의 두세 배는 많아보였다.

이반의 외증조부는 한때 고향인 미시시피 중부에서 프리메이슨의 지부장을 맡은 적이 있었다. 그의 친척들 대부분은 프리메이슨에 속한 사실을 매우 자랑스럽게 여겼다. 이반처럼 그들의 노선에 동참하지 않는 가족들은 외톨이가 되었다. 이반은 이유를 잘 알지도 이해하지도 못했지만, 이상하게 프리메이슨에 소속하고 싶은 마음이 조금도 들지 않았다. 어찌됐든 이로 인해 그는 가족들로부터의 거절이라는 뼈아픈 대가를 치러야 했다.

엎친 데 덮친 격으로 이반은 사생아였다. 이 사실은 치명적 오점이 되어 그를 평생토록 꼬리표처럼 따라다녔다. 이반의 친할아버지는 이반이 '사생아'라는 이유로 그를 사랑해주지 않았다.

그의 친가 계열에 속한 가족들 중 심장병에 걸린 사람의 수는 평균치를 초과했다. 몇몇 고모들, 삼촌들, 조카들은 어린 나이에 죽었다. 이반의 아버지는 이반이 태어나고 몇 년 후에 세상을 떴다. 심장병으로 죽은 것은 아니었다.

고모들과 삼촌들 대다수가 편집증에 시달렸다. 어떤 고모는 특별한 이유도 없이 현관문과 뒷문에 자물쇠를 여섯 개나 설치했다. 어떤 삼촌은 누구든 가장 먼저 자기 집에 다가오는 침입자를 죽이기 위해 만반의 준비를 갖춰놓고 살아갔다. 외가나 친가가 모두 그야말로 '엉망진창'이었다.

다음 페이지에 소개하는 견고한 진의 도표를 참조하기 바란다. 이 도표를 통해 독자 여러분은 가문의 죄들과 질병들과 세대적인 악들이 이반의 문제와 어떻게 관련되는가를 잘 이해하게 될 것이다. 공교롭게도 이반이 어머니의 자궁에 착상되기도 전에, 이미 그의 가문에는 적그리스도의 영, 거짓말의 영, 주술의 영, 죽음의 영, 속박의 영, 무거움의 영, 두려움의 영, 허약의 영들이 활동하고 있었다.

• 제2단계

이반을 임신했을 무렵 그의 어머니는 교통사고로 인한 심각한 외상으로 고통을 겪고 있었다. 교통사고 후 여러 날이 지나고 나서부터 그녀는 악몽에 시달렸다. 그녀가 타고 있던 차 옆을 스치듯 충돌하며 지나간 승용차 안의 남성이 꿈에 나타났다. 그는 사고현장에서 즉각 목숨을 잃었다. 충돌 직전에 보았던 그 남성의 공포에 찬 얼굴표정이 그녀의 뇌리 속에서 사라질 줄을 몰랐다. 두려움과 외상(trauma)이 이반의 출생 전부터 이미 존재하고 있었다.

그뿐 아니었다. 사생아로 출생함으로써 그의 삶에는 거절의 문이 열려졌다. 그녀의 어머니는 낙태를 반대했다. 이유는 단순했다. 낙태는 "사람이 할 짓이 아니었기" 때문이었다. 그렇다고 해서 어머니나 십대였던 그의 아버지가 진정으로 아기를 원한 것은 결코 아니었다. 이반은 부모 모두에게 그야말로 부담스런 존재였다.

• 제3단계
다음은 이반이 들려준 이야기이다.

제 할머니 에드나(Edna)가 엄마에게 산파의 도움으로 집에서 저를 출산하라고 권했대요. 집에서 아기를 낳는 것은 당시만 해도 '시골에서 흔히 있는 일'이었대요. 하지만 저의 경우는 도산(倒産)이었어요. 그래서 제 엄마는 서둘러 시립병원으로 가야 할 상황이 되었죠.
엄마가 늘 불평하셨던 말씀이 있어요. 저를 임신하고 있는 동안 엄마는 내내 무척 외로우셨대요. 아빠가 엄마를 자주 보러 오지 않으셨나 봐요. 제 부모님은 할아버지의 강요로 억지로 결혼하셨어요. 그러니까 부모님이 결혼하신 것은 제가 태어나기 두 달 전이었던 셈이죠.

이반이 이 세상에 나와 최초의 숨을 들이마시기도 전에, 이미 그는 어머니의 자궁 안에서부터 두려움, 고립, 외상, 공황 등을 빨아들이고 있었다.

포로들을 해방시키라

• 제4단계

　엄마와 아빠 사이에는 엄청난 분노가 존재하고 있었음에 틀림없어요. 비록 저는 너무 어려서 잘 이해하지는 못했지만, 부모님의 관계가 왠지 잘못되었다는 점만은 감지할 수 있었어요.

　이반이 거의 세 살이 되었을 때, 그의 아버지는 친구들과 함께 드래그 레이스(drag race)를 하다가 차량 충돌로 목숨을 잃었다. 불안하고 무모한 삶을 살다간 아버지였다. 비록 그는 아버지가 되는 것은 원치 않았으나, 아들인 이반을 받아들이려 무척이나 애를 쓰며 살았다. 이제 이반에게는 그런 아버지나마 죽고 없었다.
　세 살 박이 이반에게 아버지가 '죽고 안계시다'는 것은 매우 중대한 사안이었다. 그에게는 아버지의 죽음과 거절을 구분할 능력이 없었다. 그의 어린 마음은 현실을 이렇게 파악하고 있었다. "아버지는 나를 싫어하셔. 그래서 나를 떠나신 거야." 이미 이반은 두려움, 버림받음, 고독, 혼란이 무엇인지를 알고 있는 아이였다. 그러나 이를 실제로 체험하게 되자 아버지의 죽음은 그에게 궁극적인 거절로 받아들여졌다.
　아버지가 돌아가신 후 이반을 돌봐준 사람은 이모였다. 그의 어머니는 치킨 가공 공장에 일하러 다녔다. 교육을 받지 못한 십대였던 이반의 어머니는 언니가 이반에게 엄청난 정서적인 학대를 가하고 있을 줄은 꿈에도 생각하지 못했다. 언니의 남편이 이반을 신체적으로 학대하고 있다는 것도 알지 못했다. 이반은 어떠했을까? 그는 어머니에게 제발 이모네로 데려가지 말라고 애원을 했다. 그러나 그의 어머니에게는 선택의 여지가 없었다. 결국 이반은 아무 말도 못하고 고통을 당해야 했다.

제8장 | 강한 자의 힘을 해체시키기

• 제5단계

5-6학년 무렵부터 이반은 할아버지의 술을 훔쳐 먹기 시작했다. 그는 사회로부터 고립되어 성적 공상들로 고통을 회피하며 살아갔다. 이반을 그래도 가장 많이 사랑해준 사람은 에드나 할머니였다. 이 점은 이반도 잘 알고 있었다. 할머니는 이반에게 자꾸 하나님의 사랑과 그의 인생을 향한 하나님의 목적을 이야기해 주었다. 할머니의 잔소리가 싫어 이반은 할머니와의 관계도 끊어버렸다. 겹겹이 누적된 견고한 진은 무시무시한 벽을 형성하고 있었다. 그는 아무도 믿을 수가 없었다. 그를 진심으로 사랑하며 그를 위해 최고의 것을 주시려는 하나님조차 믿을 수 없었다. 그의 마음은 불신앙으로 가득 차 있었다.

• 제6단계

이반은 16세 때 고등학교를 중퇴했다. 인생 자체가 혐오스러웠고, 사람들과 자기 자신에 대해서도 진절머리가 났다. 용서치 못함, 의심, 쓴 마음이 온통 그를 사로잡았다. 내면의 억압된 분노는 신체적인 증상들로 불거져 나왔다. 두통과 현기증, 위통들이 그의 영혼에 문제가 있음을 끝없이 상기시켜 주었다. 그는 이 모든 것을 애써 무시했다.

괴로움을 무마시키고자 이반은 친구들과 함께 신비사술에 적극 관여하기 시작했다. 초자연적인 현상은 그를 매료시켰다. 사람들은 그에게 능력을 받으려면 피를 마시라고 권했다. 이반은 그들의 말에 전적으로 동의했다. 피를 마시는 순간 어떤 낯선 느낌이 그를 휘감았다. 마치 통제당하는 존재가 된 듯 했다.

비극적이게도, 그토록 능력을 원한 이반의 희망은 전혀 상반된 결과로 나타났다. 귀신들은 즉각적으로 이반을 제어했다. 밤마다 방

포로들을 해방시키라

안에서 유령 같은 존재들이 그의 주변을 어슬렁거리기 시작했다. '내가 대체 무슨 짓을 한 거지?' 이반은 의아스러웠다.

이반의 동료들은 그들의 영적인 지도자가 이반의 질병을 틀림없이 치유해줄 것이라고 했다. 그들의 말은 모두 거짓이었다. 그의 고통은 보기보다 매우 심각했다. 결국 이반은 신비사술의 악몽에서 벗어나기 위해 고향을 떠났다.

- 제7단계

젊은 시절 숱하게 잘못된 선택을 해왔던 이반은 다른 사교 의식들에도 쉽게 빠져들었다. 이번 속임수는 어느 영적 지도자를 중심으로 한 것이었다. 그 지도자는 추종자들의 돈으로 종말 공동체를 세우고 있다고 했다. 그가 말하는 피라미드 조직은 언뜻 보기에 전혀 나쁘게 없었다. 이반은 손쉽게 돈을 벌어들일 방법을 찾았다고 확신했다. 그러나 6개월 후 그들의 재산은 정부의 일제단속을 받았고, 모든 거래는 중단되었다. 마침내 기금창설자도 경찰에 체포되고 말았다.

"아! 나는 인생을 허비하며 살아왔구나!" 이반은 후회스러웠다. 재정적인 파탄을 맞이한 것은 그의 나이 서른 무렵이었다. 그의 첫 번째 결혼생활마저 동료와의 스캔들로 인해 끝장났다.

이반의 새로운 삶

이반의 인생여정 이야기를 듣는데 가슴이 찡해왔다. 울음이 터져 나오던 순간도 여러 차례 있었다. 그러나 그의 삶은 마치 스위치를 찰

칵 올리듯 완전히 변화되었다. 이반은 만면에 싱긋 미소를 띤 얼굴로 이렇게 말했다. "이제야 비로소 저는 그리스도를 찾았어요(found)!" 비록 표현은 이런 식으로 하지만, 실제로 그리스도가 이반의 삶에서 사라진(lost) 적은 결코 없었다! 그리스도는 어느 작은 침례교회에서 수요저녁예배를 드리던 이반에게 찾아오셨다(found).

그날 오후 이반은 자신만의 공간 안에 깊이 침잠해 있었다. 지난날을 돌아보니 참으로 외롭고 공허한 삶이었다. 절망감에 심장이 저려왔다. 바로 그 순간 에드나 할머니의 이야기가 그의 뇌리를 섬광처럼 스치고 지나갔다. 하나님은 무조건적으로 사랑을 베푸시는 분이라는 말씀이었다. 해답이 필요했던 그는 즉시 자리에서 일어나 교회를 찾아 나섰다.

도심지 쪽으로 운전해가면서 이반은 한 교회를 발견했다. 그 교회의 주차장에는 이미 여러 대의 차들이 주차되어 있었다. 그는 주저하지 않고 곧장 교회 안으로 들어갔다. 젊은 복음 전도자가 나와서 설교를 하고 있었다. 이반은 뒷줄에 앉아 설교에 귀를 기울였다. 하나님의 사랑을 외치는 설교자의 열정이 이반의 마음을 온통 잡아끌었다. 예수님이 십자가 위에서 죽으신 내용을 이야기할 때, 이반의 눈에서는 눈물이 흘러내리기 시작했다. 설교자는 그리스도를 영접하기 원하는 사람은 강단 앞으로 나오라고 초청했다. 이반은 돌진하듯 제일 먼저 맨 앞줄에 나가 섰다. 그날 밤 그는 이제까지 저질러온 죄에서 완전히 돌아섰다. 하나님께 거역했던 삶을 회개했다. 그리고 예수 그리스도를 자신의 삶의 주인으로 모셔 들였다! 그는 거듭났다! "이렇게 좋은 느낌은 제 평생 처음이에요!" 그는 스스럼없이 이렇게 고백했다.

이제껏 이반은 이런 식의 사랑을 경험해본 적이 없었다. 그의 삶

포로들을 해방시키라

에는 늘 비탄과 두려움, 거절뿐이었다. 괴로움과 거짓말과 혼동 속에서만 살아오던 그가 전혀 새로운 기쁨을 체험하였다. 생전 처음 평강도 맛보았다. 그동안은 고통과 질병, 주술로 뒤범벅된 삶이었다. 마침내 그의 죄는 용서받았다. 그는 자신이 아는 한 천국을 누리고 있었다. 그보다 더 나은 삶이란 상상도 할 수 없을 정도였다.

그는 주님과 함께 영원히 살 것을 조금도 의심치 않았다. 무엇보다 그의 성품이 변화되고 있었다! 그가 달라졌다는 사실을 주변 모든 이가 깨닫고 있는 듯했다. 수많은 이들이 그의 변화를 언급했다. 이반은 정말 딴 사람이 되어 있었다. 그가 그리스도의 생명을 가진 자라는 사실은 그의 태도, 갈망, 행동을 통해 여실히 증명되었다.

"무슨 일로 저희를 찾아오셨죠, 이반?" 내가 이반에게 물었다. 그는 자신이 그리스도를 구세주로 영접한 뒤 얼마 되지 않아, 뭔가가 잘못되었다는 느낌이 들었다고 말했다. 그의 내면에 무언가가 잠복해 있는 듯했다. 특히 그 존재는 그가 그리스도를 구세주로 영접하기로 한 결심에 대해 분노하고 있었다. 그는 자신이 이성을 잃어가고 있다고 했다.

하나님을 추구하면 할수록 상황은 점점 악화되었다. 하나님께 가까이 가면 갈수록 혼동도 가중되었다. 상황을 좋게 만들어보려고 아무리 애를 써도, 그를 장악한 귀신들은 쉽게 포기하지 않았다. 이반은 외부의 도움을 필요로 하고 있었다.

제8장 | 강한 자의 힘을 해체시키기

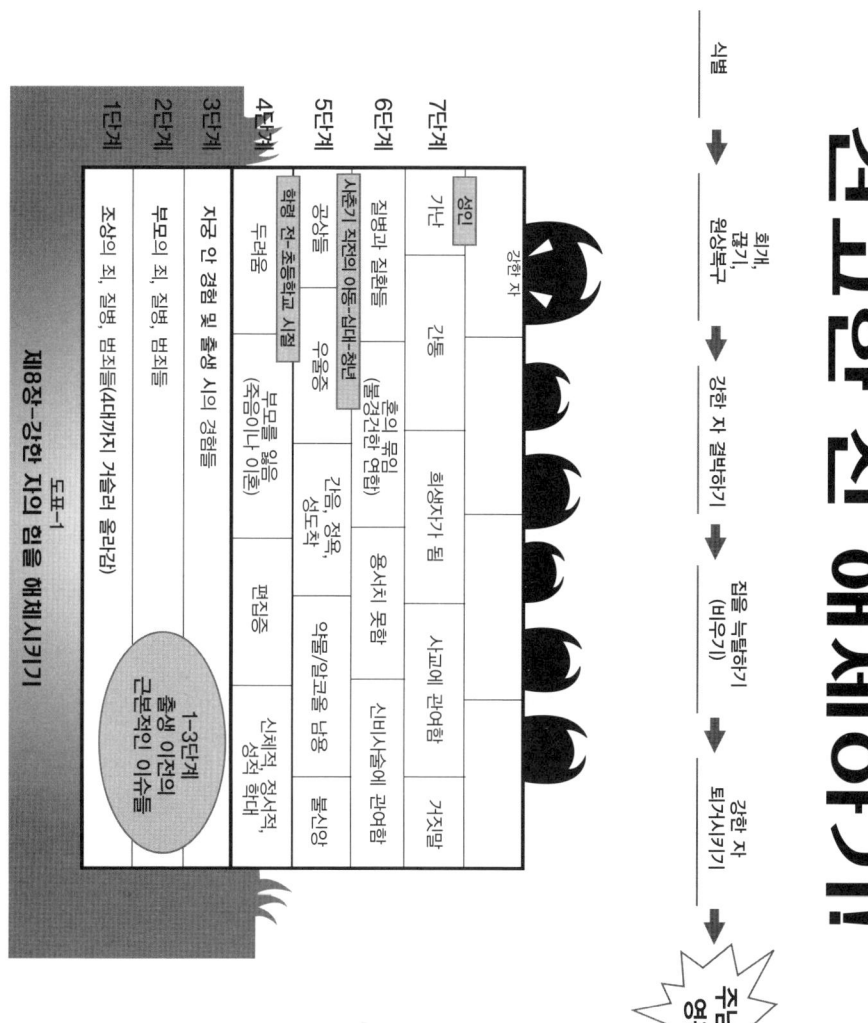

도표-1
제8장-강한 자의 힘을 해체시키기

해체시키고 파괴하기

(1) step 1 : 강한 자 식별하기

우리는 주님께 문제의 원인이 무엇인지 알려달라고 기도했다. "하나님 아버지! 이반의 문제가 무엇인지 우리 모두에게 보여주십시오." 문득 그동안 절망의 수의 안에 그를 꽁꽁 묶어온 일련의 음흉한 어두움의 음모들이 드러나기 시작했다. 이 견고한 진들은 그가 영 안에 성령님을 모셔 들이기 훨씬 전부터 이미 그의 몸과 생각을 장악하고 있었다. 아직도 전쟁은 종결되지 않은 상태였다.

이반을 위해 사역하는 동안, 주님은 성경말씀이나 기도지원 팀원들의 계시적 은사를 통해 말씀해주셨다. (계시적 은사란 예언, 지식의 말씀, 영들 분별함 등을 의미한다. 고전 12; 행 2:17-18; 롬 12:6; 히 2:4 등을 참조하시라). 독자 여러분이 앞에서 들은 이반에 관한 이야기는 성령님이 조금씩 계시해주신 내용이다.

성령님의 인도하심과 '식별 가능한 귀신집단의 목록'의 도움으로, 우리는 이반의 삶을 괴롭혀온 세 종류의 강한 자의 정체를 밝혀낼 수 있었다. 강한 자의 정체를 파악한 후, 우리는 이 영들이 이반에게 들어온 시점과 침입방식의 과정을 재구성했다. 주님은 그가 원수에게 틈을 내어준 '가장 결정적인 사건들'이 무엇인지를 우리에게 알려주셨다. 원수는 작은 거점을 통해 발판을 마련했고, 이는 점차 견고한 진으로 성장해갔다.

(2) step 2 : 회개

다음으로 우리는 이반을 회개로 인도해갔다. 한 번에 한 사건씩 회개를 시켰다. 이 단계는 단순히 그가 과거에 지은 죄를 시인하도록 만드는 것이 목적이 아니었다. (그가 죄를 지은 것은 기정사실이었다.) 또한 단지 주님의 용서를 구하기 위함도 아니었다. 그가 그리스도를 구주로 영접하는 순간, 주님은 그를 용서해주셨다. 이 단계에서의 회개는 하나님이 그를 위해 행하신 일에 대해 주님께 동의한다는 의미를 가지고 있었다. 용서해주시고 정결케 해주신 주님께 감사를 드리는 차원이었다. 이는 어떻게 해서든 견고한 진을 빼앗기지 않으려는 악한 영들에 대항하여 공정한 경쟁기반을 확보하는 일이었다.

개인의 죄를 회개한 다음, 이반은 부모와 조상들이 저지른 죄악들도 회개했다(느 1:6-7; 시 106:6-8; 렘 14:20). 그가 조상들의 죄에 대해 실제로 개인적인 죄책감을 갖고 있던 것은 아니었다. 다만 부모와 조상들을 대표하는 자로서 그들을 대신하여 죄를 회개했다.

과거의 기초 위에 나있던 갈라진 틈들을 수리하였기에, 이제 그는 조상들의 죄악에 관해 주님께 효과적으로 사죄드릴 수 있었다. 조상들의 범죄는 하나님의 노를 격동시켰고, 스스로 하나님과의 관계를 소원하게 만들었다. 조상들의 범죄로 인한 심판에서 자유로워진 순간 그는 즉각적으로 안도감을 느꼈다.

(3) step 3 : 끊기

회개의 단계를 거친 후, 이반은 그동안 자신이 많은 영역들을 통해 어두움과 협력하며 살아왔음을 시인했다. 그는 이제까지 맺어온 원수와의 모든 관계들을 끊어냈다. 그날 사역을 마무리하면서 우리는 이반에게 다음 만남을 위한 과제를 내주었다.

그는 세 종류의 목록을 작성해 와야 했다. 우선은 그에게 해당되는 온갖 신분의 목록이었다(예를 들어, 아들, 종업원, 형, 친구 등). 둘째,

포로들을 해방시키라

하나님이 그에게 생각나게 해주시는 죄의 목록이었다. 셋째, 그가 소유하고 있는 모든 물건들의 목록이었다. 이반은 자신이 작성한 목록을 들고 각각의 항목을 모조리 큰 소리로 읽은 다음, 그것들(신분, 죄, 소유물)을 주님께 내어드렸다. 그는 자신의 존재와 소유를 총체적으로 예수 그리스도께 복종시켰다. (여기서 잊지 말아야 할 것이 있다. 축사에는 진리 대결과 능력 대결이 수반될 수 있다. 이 두 수단을 동원하여 겹겹이 쌓여온 어두움의 층들을 한 꺼풀씩 벗겨나가면서, 귀신의 세력을 점차적으로 약화시킬 수 있다.)

(4) step 4 : 원상복구 및 화해

다음 번 만남이 있기 전까지, 이반은 그동안 살아오면서 자신이 속이고 거짓말한 대상들이 누구였는지에 온통 관심을 쏟았다. 나는 그가 남의 물건을 훔쳤다면 그 물건의 주인에게 전화를 걸어 돌려주고, 해를 준 사람들과도 보상합의를 하라고 당부했다. 그는 나의 말에 동의했다. 우리는 주님이 그에게 지시하신 일을 모두 순종한 후에 다시 만나기로 약속했다. 성경적인 약속들과 앞으로 펼쳐질 이반의 삶에 관해 대화를 나누며 이반을 격려하는 동안, 몇몇 팀원들은 예언적 메시지도 나눠주었다. 이 예언적 메시지들은 이반에게 큰 기쁨이 되었다.

(5) step 5 : 강한 자 결박하기

그로부터 일주일이 지났다. 사역을 시작하기에 앞서 우리는 주님의 특별한 인도하심을 구하는 기도를 드렸다. "하나님 아버지, 우리가 다루어야 할 문제가 무엇인지 분명히 알려주세요." 잠시 후 이반이 눈을 깜빡이면서 온 몸을 격렬하게 떨기 시작했다. 시종일관 그의 이가 딱딱거리는 소리를 냈다. 등골이 오싹할 정도로 몹시 추워 보이는 모습이었다. (참고로, 마귀는 교활하지만 독창성은 없다. 수년간 축사사역에 종사해오면서 깨달은 사실이 있다. 원수는 동일한 방법과 패턴을 몇 번이고 반복해서 사용한다.)

"내가 지금 당장 모든 강한 자를 묶노라. 우선 두려움부터 묶는다. 두려움의 영아! 난 너의 정체를 알고 있다. 주님이 너를 내 손에 붙이셨다. 내가 너를 묶노라. 내가 명하노니 너는 무력해질지어다." (이때 당신은 반드시 눈을 뜨고 있어야 한다. 눈을 감으면 무슨 일이 일어나고 있는지를 분별할 수 없게 된다.)

"무거움의 영과 주술의 영아! 내가 예수 그리스도께 위임받은 권세로 너를 묶는다"(마 10:1; 막 6:7; 눅 10:19). "마귀야! 이제 네 정체는 탄로 났다. 네가 살던 견고한 진은 빈 집이 될 것이다."

(6) 강한 자의 집을 비우기

일단 강한 자를 묶은 다음, 우리는 신중하고 조직적인 방법으로 강한 자가 살고 있던 집을 비워냈다. 예수님의 표현을 따르자면 '그 세간을 늑탈' 했다. 나는 강한 자를 지원하고 섬기던 졸개 귀신들을 쫓아냈다. 이반은 반사적으로 바닥에 고꾸라지며 비명을 질렀다. "싫어, 싫어. 싫단 말이야!" 이미 패배한 귀신들을 향해 나는 명령했다. "입 다물어! 그리고 그 사람에게서 나가!"

유의할 사항들

당신이 귀신을 쫓아내는 사역에 입문한 자라면, 아마도 부록 1에

포로들을 해방시키라

첨부된 목록을 읽고 싶을 수도 있다. 각각의 강한 자가 어떤 영들을 거느리고 있을지를 살펴보면서 말이다. 만일 어느 한 귀신이 쉽게 떠날 것 같아 보이지 않는 경우에는 잠시 멈추라. 그 후 다시 한 번 그 귀신을 단호히 꾸짖으라. 이제 계속해서 목록을 읽어 내려가라. 당신은 이렇게 말할 수도 있다. "귀신들아, 이제 더 이상 강한 자는 너희를 도와주지 못해. 그는 묶였고 무력하다. 너희는 내 말에 순종해서 떠나가라! 나는 지금 두려움의 집을 청소하고 있다."

이제는 또 다른 강한 자로 넘어가라. "무거움의 영아! 너는 묶였다. 무거움의 견고한 진 안에 있던 모든 것들이 떠나고 있다."(이쯤에서 주님이 확신을 주실 때까지 잠시 기다리라. 돌파가 이루어진 여부를 단지 나타나는 현상만으로 판단하지 말라.) "주술의 영아! 너의 집이 무너졌다. 그러니 속히 떠나가라!"

이상과 같은 방식으로 축사사역을 수행하기 바란다. 목록에 제시된 것 이외에도 또 다른 '3인 1조'의 강한 자들(과 그들의 조직망)이 사람에게 붙어있을 수 있음을 명심하라. 이는 당사자가 지은 죄의 수준이 어떠하냐에 따라 달라진다.

- 귀신들로 인해 겁을 먹거나 위협감을 느끼지 말라. 당신이 무얼 어떻게 해야 좋을지 모르겠다며 소리 내어 말하지 말라. 당신이 약점을 고백하면, 마귀가 당신의 미숙함을 이용해먹으려 할 수도 있다.
- 귀신들의 말에 신경 쓰지 말라. 어차피 귀신들은 거짓말쟁이이다.
- 귀신들에게 입을 다물고 당신의 말에 순종하라고 명령하라. 그런 다음 떠나가고 다시는 되돌아오지 말라고 명령하라.
- 때로는 내담자를 사역에 동참시킬 필요도 있다. 이때는 그를 자리에 세워놓고 자신 안에 있는 악한 영들에게 떠나가라고 명령하게

하라. 당신이 귀신들을 꾸짖을 때 사용하는 멘트를 큰 소리로 따라하게 하라.

• 당신이 한 사람에게서 얼마나 많은 수의 마귀를 쫓아내야 하는지는 아무도 모른다. 나도 모른다.

• 계시가 필요할 때는 언제든 오로지 성령님만을 의지하라.

• 내담자를 때리거나 모욕하거나 쥐어박거나 당황스럽게 만들지 말라. 사역의 절차에 대해 그가 혼란스러워 하거든, 잠시 사역을 중단하고 설명을 해주라. 당신이 화를 내는 것은 그를 괴롭혀온 귀신들 때문이지, 결코 그 사람 자신에게 화가 난 것이 아님을 분명히 말해주라.

• 늘 융통성 있는 자세로 임하라. 아무리 노련한 축사사역자라도 때로는 사역 도중에 어려움을 만날 수 있다.

(7) step 7 : 강한 자 쫓아내기

우리는 졸개귀신들을 쫓아내고 집을 비운 후에 강한 자를 쫓아냈다. "예수 그리스도의 이름으로 명한다. 주술의 영아! 너는 이제 이반의 삶에서 떠나갈지어다."

특별한 격투를 벌이지 않았어도 주술의 영은 훌쩍거리면서 떠나갔다. 주술의 영에게 힘을 실어주던 귀신들이 이미 떠나버린 상태였으므로, 도움의 기반을 잃은 강한 자는 더 이상 견뎌낼 수가 없었다. 내면의 이미지로 표현하자면, 주술의 영은 마치 귀신들로 구성된 피라미드 조직의 정점에 서 있는 존재와도 같았다. 버팀목이 발밑에서부터 무너져 내렸으므로, 강한 자가 발 딛고 서 있을 곳은 아무 데도 없었다. 주술의 영은 기꺼이 이반에게서 떠나갔다!

일단 견고한 진을 깨끗이 비우고, 각 견고한 진의 두목들을 쫓아냄으로 축사는 종료되었다. 우리 팀원들 뿐 아니라 이반도 이 사실을 깨달았다. 그의 얼굴은 평안으로 넘실대고 있었다.

바로 이 시점에 우리는 주님께 기도했다. 이반에게 힘을 주시고 이제까지 그의 삶에서 원수가 차지했던 모든 문들을 닫아달라고 간구했다. 우리는 그의 속사람이 강건해지고 그가 오직 주님의 말씀에만 귀 기울이고 순종하는 자가 되도록 기도했다. 또한 이반 안에 하나님의 말씀을 배우고 거룩함과 순결함으로 살아가려는 갈망이 증가되도록, 이반의 모든 관계, 소유물, 가정에 주님의 보호의 울타리를 쳐주시도록 기도했다.

이반은 성경대로 믿는 교회에 소속되어 십일조를 드리며 기도생활도 하고, 경건한 사람들과 함께 책임 있는 삶을 살아가기로 헌신했다. 그가 영광스럽게 자유를 누리며 살아가는 모습, 하나님의 영광이라는 한 의로운 목적을 향해 나아가는 모습은 정말 경탄스럽기만 했다.

제 9 장

깨끗이 청소된 빈 집!

내가 처음으로 귀신들과 맞닥뜨렸을 때의 순간을 생각하면 오싹 소름이 돋는다. 1970년대만 해도 축사사역은 매우 낯선 분야였다. 복음주의적 신앙배경을 가진 에디와 나의 경우만 해도 귀신의 세계에 대해서는 거의 문외한이었다. 어려서부터 우리는 성경에 언급된 귀신들은 정신질환에 대한 1세기적인 표현에 불과하다고 배워왔다.

그러던 중 우리의 깨닫는 눈이 열리는 순간이 찾아왔다. 우리는 텍사스 중부에서 열린 어느 한 부흥집회에 참석했다. 집회가 열린 교회와 도시에 실제로 하나님이 방문하셨다. 며칠 사이에 진정한 부흥이 도래했다. 한밤중에도 사람들은 자발적으로 교회에 찾아와 다음날 아침까지 울면서 기도했다. 경이로운 하나님의 방문이 있는 동안, 수많은 사람들이 극적인 방법으로 회심을 체험했다. 주님이 일단 마음속에 있는 죄악들을 다루시기 시작하자, 어두움은 더 이상 우리 안에 숨어있지 못했다.

지난날의 나의 모습을 돌이켜 보노라면, 영적인 어두움에 대해 어쩜 그토록 순진했는지 어처구니가 없을 정도이다. 그 큰 대도시 교회의 핵심 리더 중에 한 여성이 있었다. 나에게 그녀는 매우 대단한 여성으로 보였다. 그녀는 자신이 27권으로 된 신약성경 중 14권을 암송하고 있다고 했다. 내가 제인(Jane)을 만났을 때, 그녀는 즉석에서 성경말씀을 인용하기 시작했다. 정말 놀라울 정도였다. 나는 당장에 그녀를 존경하게 되었다.

집회 한 타임을 마치고 나를 포함한 몇 사람이 모여 담화를 나누고 있었다. 이상하게도 제인은 전혀 딴 인격으로 변해있는 것만 같았다. 그녀는 사람들 앞에서 큰 소리로, "'바보-멍청이(그녀의 남편을 의미함)'에게 밥을 주러 집에 가야겠다."며 투박하게 외쳤다. 처음에 나는 그녀가 농담하는 줄로만 알았다. 그런데 그게 아니었다. 그녀는 정말 심각했다! 그녀의 두 눈에서 발산되는 섬뜩한 기운은 등골이 오싹할 정도였다. 이 상황은 결코 하나님께로부터 말미암은 일이 아니었다. 당시 내가 가진 분별력을 통해 판단할 때, 이는 명백히 잘못된 일이었다.

또 한 번의 집회를 마친 후, 복음전도자와 담임목사님이 우리에게 제인을 위한 기도사역에 동참해달라고 요청했다. (그녀가 담임목사님의 사무실로 이끌려온 경위나 상황에 관해서는 속속들이 기억하지 못하겠다.) 다만 그녀를 위해 사역하던 3주 동안 보고 들은 일들은 한결같이 도저히 말로는 표현하기 힘들었다. 그녀를 위한 기도사역은 주로 아침집회나 저녁 집회가 끝난 다음에 이루어졌다. 다만 내가 말할 수 있는 것은 한 가지이다. 그녀처럼 심하게 귀신들린 사람은 내 일평생동안 유일무이한 케이스였다!

제인을 위해 공개적으로 기도사역을 한 적이 있었다. 그녀는 마치 개처럼 으르렁거리기 시작했다. 사역자가 그녀 안에 있는 귀신들을 자극하자, 그녀는 앉은 채 전방으로 약 5미터를 폴짝폴짝 뛰어나갔다. 사람의 힘으로는 도저히 불가능한 모습이었다. 나는 내 앞에서

제9장 | 깨끗이 청소된 빈 집!

뭔가 초자연적이고 비정상적인 일이 일어나고 있음을 즉시 깨달았다.
　제인의 왼편에 앉아있던 나는 곤란한 표정을 보이지 않으려고 온 신경을 곤두세웠다. (나로서는 최초로 경험하는 일이었다. 솔직히 말해 나는 무서워 죽을 지경이었다.) 그녀가 뱃속 깊은 데서 나는 소리로 사자처럼 울부짖기 시작했을 때, 나는 정말이지 어찌할 줄을 몰랐다! 잠시 후 그 귀신들린 여성이 왼쪽 팔을 바깥으로 쭉 뻗치더니, 갑자기 팔로 내 다리를 후려쳤다. 당신이 하나, 둘, 셋을 미처 다 세기도 전에, 나는 의자에서 일어나 강대상 쪽으로 향하는 계단을 돌진하듯 뛰어 내려갔다. 루이지애나에서 온 한 목사님이 내 뒤를 바짝 따라오고 있었다. 그도 나만큼이나 제정신이 아니었다. 어린 시절에 받은 교육은 이 사건을 대면하는 일에 전혀 도움이 못되었다. 나는 감정에 완전히 압도당하고 말았다!

　매일같이 맹렬한 싸움의 연속이었다. 악한 영들은 어떻게 해서든 눌러 붙어 있으려 했고, 담임목사님은 귀신들에게 떠나가라고 계속 명령했다. 싸움이 지속되던 수주 동안, 우리는 매우 다양하게 드러나는 귀신의 현상들을 목격할 수 있었다. 이런 과정에서 모든 기도 사역 팀원들은 축사사역과 관련하여 아주 중요한 사실을 깨달았다. 제인에게는 거듭난 체험이 없었다! 벌써 몇 주 동안이나 우리는 싸우고, 싸우고, 또 싸웠다. 그러던 어느 날 그 복음전도자가 사역을 중단시켰다. 그리고 제인에게 구원받은 경험이 있느냐고 물었다.
　제인은 왼쪽 귀로 다음과 같은 이상한 소리를 들은 적이 있다고 말했다. "나로 네 주가 되게 하라." 그녀는 이 일을 마치 구원에 대한 체험인 양 묘사했다. 이 목소리의 주인공은 그녀 자신이 아니었다. 그녀는 이 음성을 하나님이 들려주신 것으로 판단하고 받아들였다. 그

포로들을 해방시키라

녀가 이 목소리에 순복한 뒤부터 인생 만사는 나쁜 쪽으로만 치닫기 시작했다. 이유 없이 갑자기 울화통이 치밀어 오르기도 했다. 죽음이나 피 등, 음울한 생각들에 빠져들기도 했다.

그 복음전도자와 담임목사님은 죄를 깨닫게 해주시는 성령님에 관해 그녀에게 설명해주었다. 주님이 그녀의 마음속에서 이미 작업을 시작하셨음이 분명했다. 즉각 그녀는 울음을 터뜨렸다. 죄를 회개했고 귀신과의 관계도 끊었다. 너무나도 귀한 순간이었다. 일단 제인이 마음을 그리스도께 순복시키자, 축사는 이전보다 훨씬 수월해졌다.

이 일을 통해 나는 중요한 교훈을 얻었다. 잃어버린 자라 할지라도 자원하는 심령으로 그리스도를 영접하지 않은 사람에게, 나는 결코 축사사역을 하지 않을 것이다. 친구이고 배우자이고 자녀이기에 자유케 해주고 싶은 당신의 마음은 십분 이해한다. 그러나 스스로 자유를 원하지 않는 사람에게 당신이 행하는 축사사역은 도리어 몹쓸 짓이 될 수도 있다. 예수님은 우리에게 다음과 같이 경고하셨다.

> 더러운 귀신이 사람에게서 나갔을 때에 물 없는 곳으로 다니며 쉬기를 구하되 얻지 못하고 이에 가로되 내가 나온 내 집으로 돌아가리라 하고 와 보니 그 집이 비고 소제되고 수리되었거늘 이에 가서 저보다 더 악한 귀신 일곱을 데리고 들어가서 거하니 그 사람의 나중 형편이 전보다 더욱 심하게 되느니라 이 악한 세대가 또한 이렇게 되리라(마 12:43-45)

본문에서 귀신의 말에 주목해보라. "내가 나온 내 집으로 돌아가리라." 집은 안식과 친밀을 위한 장소이다. 사람에게서 귀신들을 쫓아내는 일은 단지 50%를 성취한 것에 불과하다. 그리스도의 성령으로 충만케 될 때야 비로소 나머지 50%가 완성된다. 귀신만 쫓아내고 끝난다면, 빈 집은 될지 모르나 깨끗한 집은 아니다.

거듭남을 체험한 사람에게 무엇보다 중요한 것은 획득한 자유를 유지하는 일이다. 바울은 디모데에게 다음과 같이 당부했다. "너는 그리스도 예수 안에 있는 믿음과 사랑으로써 내게 들은바 바른 말을 본받아 지키고 우리 안에 거하시는 성령으로 말미암아 네게 부탁한 아름다운 것을 지키라"(딤후 1:13-14). 그렇다면 승리를 유지할 수 있는 전략들로는 무엇이 있을까? 당신이 다른 누군가를 사역할 경우, 그들이 아래에 소개하는 사항들을 지침으로 삼도록 가르쳐주어도 좋겠다.

승리를 유지하기 위한 지침들

(1) 자유를 갈망하라

축사된 상태를 유지하려면 당신의 생각이 늘 주님께만 고정되도록 내적 갈망을 창조해달라고 기도하라. 아무도 당신에게 선한 일을 하라거나 자유를 열망하라고 강요할 수는 없다. 기도와 성경공부를 통해 주님과 교제하는 거룩한 시간을 가지라. 경건한 사람들과의 교제를 통해 서로서로를 긍정적으로 강화해줄 수 있는 지원시스템을 마련하라.

자유 가운데 살아가기로 선택하라. 당신을 속박해온 옛 습관들이 자동적으로 떨어져나갈 것이라고 생각지 말라. 찰스 스윈돌(Charles Swindoll)의 말을 들어보자.

전쟁[남북전쟁]이 끝났다. 미국 역사상 가장 피비린내 나는 전쟁이었다. 대통령이 암살당했다. 헌법 수정안도 통과되었다. 한때 노예 신분이었던 남녀노소들이 이제는 법적으로 자유의 몸이 되었다. 그러나 놀라운 사실이 있다. 자유케 된 사람들 중 상당수가 아직도 두려움과 더러움 속에서 살아가고 있다. 마치 아무 일도 일어나지 않은 양 말이다. 어렵사리 자유를 쟁취하였음에도 불구하고 노예들은 계속해서 노예로 머물러 있기로 선택했다. Charles R. Swindoll, 『The Tale of the Tardy Oxcart』(Nashville: W, 1998), 155), 218.

일단 귀신의 억압에서 자유케 되었다면, 더 이상 여전히 속박 가운데 있는 사람처럼 살아가지 말라.

습관처럼 빠져들던 연약함을 극복하기 위해 치열하게 싸우고 있다고 해서, 이것이 곧 과거의 속박으로 되돌아갔음을 의미하지는 않는다. 문제와 싸우다가 절망하여 결국 문제 속에 빠져드는 일이 없도록 하라. 당신이 치르는 싸움에 대한 하나님의 관점을 기도를 통해 확보하라. 문제를 그리스도께 맡겨드리고, 당신은 평강을 유지하라.

(2) 단호한 자세를 취하라

자유를 갈망하는 것만으로는 충분치 못하다. 당신이 얻은 것을 잃지 않으려는 단호한 자세가 필요하다. 바울은 디모데에게 성경에 나타난 확실한 진리를 힘써 지키라고 권면한다. 선한 말씀에 동의하는 것만으로는 부족하다. 우리는 말씀을 사랑해야 한다. 기독교신앙은 우리에게 맡겨진 일종의 신용이다. 그 가치는 이루 다 말할 수 없다. 기독교신앙을 통해 우리가 누리는 유익은 엄청나다. 우리는 우리에게 맡겨진 하나님의 말씀을 순수하고 흠 없게 보존해야 한다. 이 일은 우리 자신의 힘으로는 불가능하다. 말씀을 지키며 살아가는 것은 우리 안에 거하시는 성령님의 능력을 통해서 가능하다. 자신의 마음을 믿고 자신의 총명만을 의지하는 사람은 하나님의 말씀을 제대로 지킬 수 없다.

(3) 경솔함을 피하라

당신이 일단 자유를 확보했다면, 마귀(devil)는 당신을 시험하기 위해 되돌아와 잃어버린 자신의 영토를 되찾으려 시도할 것이다. 사단(Satan)은 패배한 사실에 대해 몹시 분통해하고 섭섭해 한다. 부주의하게 가지 말아야 할 곳을 가거나, 하지 말아야 할 것을 하거나, 만나지 말아야 할 사람을 만남으로써, 하나님이 당신을 위해 닫아놓으신 문은 다시 열려질 수도 있다. 당신을 겁주려고 이런 말을 하는 게 아니다. 자유나 속박에 관한 한, 당신의 자유를 소홀히 취급할 이유가 무엇이겠는가. 사물이든 사람이든 당신을 타락으로 이끄는 모든 것으로부터 멀리 달아나기로 결심하라. 당신 안에 존재했던 견고한 진은 일종의 약점이다. 이는 계속해서 다뤄가야 하는 것일 수도 있다. 이 과정은 옛 생활의 기억이 빠져나가고 새로운 기억들이 입력될 때까지 지속되어야 한다.

에디가 술(속박의 영)에서 자유케 된 한 크리스천 남성을 지도해준 적이 있었다. 이 남성은 아주 짧은 기간 동안 매우 급격한 변화를 체험했다. 그는 자신이 이젠 술로 인해 넘어지지 않을 수 있다며 의기양양했다. 한번은 그들이 상담을 위해 만났다. 그는 에디에게 사무실 서랍 속에 술병을 넣어두고 있다고 자랑했다. 술은 더 이상 자기에게 필요치 않음을 스스로에게 상기시키기 위한 목적이라고 했다. 에디는 그에게 그런 위험한 행동은 하지 않는 게 좋다고 충고했다. 그의 행위에는 견고한 진을 위해 문을 열어놓을 가능성이 내포되어 있었다. 약해졌을 때는 언제라도 다시 빠져들 소지가 다분했다.

그는 자신을 테스트하는 일은 결코 해롭지도 않고 오히려 유익하기조차 하다고 확신했다. 나아가 자신의 견해를 에디에게 설득시키려 무척 애를 썼다. 몇 달 후 그의 부모님이 세상을 떠나셨다. 그는 상실감으로 매우 고통스러워했다. 연약해져 있는 사이 그는 그동안 손닿는 곳에 보관해 두었던 술을 다시 꺼내 마셨다. 물론 감사하게도 그는 그 상태로 계속 머물러 있지는 않았다. 자기의 죄를 곧 회개하고 술에는 두 번 다시 손도 대지 않았다.

우리가 잊지 말아야 할 것이 있다. 견고한 진은 우리에게 매우 친숙한 그 무엇이다. 견고한 진과 친밀하게 지내는 것이 신앙과 자유를 추구하고 유지하는 일보다 훨씬 더 자연스럽고 안전하게 느껴질 수 있다. 그러므로 늘 조심해야 한다.

(4) 하나님의 말씀 안에 머물라

"주의 말씀은 내 발에 등이요 내 길에 빛이니이다"(시 119:105). 우리가 하나님의 말씀을 받으면 그 말씀은 우리 마음에 접목된다. 여기에는 이유가 있다. 당신이 하나님의 말씀을 마음속에 숨겨둔다면, 타락하거나 과거의 견고한 진들의 미혹에 다시 빠져들 여지는 훨씬 줄어든다.

시편 23편으로 만들어진 '감미로운 P' 목록을 당신 자신을 위해 때마다 시마다 큰 소리로 읽어보기 바란다.

- 소유(Possession)−여호와는 나의 목자이시다.
- 공급(Provision)−내가 부족함이 없다.

- 위치(Position)-주님이 나를 누이신다.
- 진보(Progress)-주님이 나를 인도하신다.
- 사적인(Personal)-주님이 내 영혼을 소생시키신다.
- 목적(Purpose)-주님의 이름을 위하여.
- 평강(Peace)-나는 해를 두려워하지 않는다.
- 보호(Protection)-주님이 나와 함께 하신다.
- 순례(Pilgrimage)-주님의 지팡이와 막대기가 나를 안위하신다.
- 참여(Participation)-주님이 내게 상을 베푸신다.
- 준비(Preparation)-주님이 기름으로 내 머리에 바르신다.
- 풍부(Plenty)-내 잔이 넘친다.
- 보존(Preservation)-나의 평생에 선하심과 인자하심이 정녕 나를 따를 것이다.
- 장소(Place)-나는 여호와의 집에 영원히 거할 것이다. Paul Holdcraft, 『Cyclopedia of Bible Illustrations』 from Sermons in a Nutshell(New York: Abingdon-Cokesbury, 1957), 24에서 인용하여 현대어로 고침.

(5) 건강한 자기대화(self-talk)를 지속하라

시와 찬미와 신령한 노래들을 큰 소리로 부름으로써(엡 5:19) 영적 건강을 유지하라. 찬양은 내면의 상태를 외적으로 표현하는 일이다. 주님이 당신을 위해 베푸시는 놀라운 일들을 큰 소리로 선포하라. 건강한 사람들에게 당신의 삶에 관한 칭찬과 격려의 말을 해달라고 요청하라. 당신은 더 이상 과거의 당신이 아님을 반드시 상기하라. 당신이 얻은 자유를 즐거워하며 구체적으로 하나님을 찬미하라.

포로들을 해방시키라

　심리학자들에 의하면, 평범한 사람들은 하루에 4만 내지 5만 가지의 말을 자기 자신에게 한다고 한다. 그런데 이 중 70% 이상이 부정적인 말이다. 반면에, 가장 탁월한 전문 운동선수들의 자기대화는 2천 가지 미만에 불과하며, 이 중 부정적인 언어가 차지하는 비율도 50% 미만이라고 한다. Alice Smith, 『Beyond the Lie』(Minneapolis: Bethany House, 2006), 111.

　우리 크리스천들은 계절적인 존재이다. 예를 들어, 주님과 더불어 살아가는 '봄'은, 꽃들이 만발하고 태양은 밝게 빛나며 인생을 선한 것으로 느끼고 이해하는 시기이다. 머지않아 우리는 '가을'을 통과할 수도 있다. 가을에 주님은 우리의 죄를 깨닫게 해주신다. 이때는 여러 가지 문제들이 표면화되기 시작한다. 주님이 우리 인생에 박혀 있던 오물들을 제거해주신다. 이는 우리 안에 순결함을 성장시켜 주시고자 주님이 사용하시는 방식이다.
　여기서 우리가 특히 유의해야 할 사항이 있다. 이런 시기를 통과한다고 해서 우리가 과거의 견고한 진들에 다시 걸려 들어간 것이 분명하다고 생각해서는 안 된다. 당신이 벌이고 있는 투쟁은 당신의 실패를 의미하기보다, 오히려 치유와 성장으로 부르시는 주님의 초청의 메시지로 받아들이면 좋다. 그리스도의 형상을 닮는다는 것은 무슨 뜻일까. 이는 주님의 형상에 완전히 일치할 때까지 계속적으로 성장해가야 할 영역들이 남아있음을 뜻한다. 그 순간이 도래하기까지, 우리는 성장을 위한 기회들에 언제라도 직면해야 할 것이다.

(6) 늘 배우는 자세를 잃지 말라

언제든 배울 준비가 되어 있는 사람은 자신의 삶에 대해 들려오는 진리를 겸허히 받아들인다. 이러한 자세는 사물에 대한 협소한 시각에서 벗어나 계시를 통해 관점을 확장시켜 나가도록 만들어준다. 언젠가 한 고령의 설교자가 강단에서 이렇게 외치는 소리를 들은 적이 있다. "기독교 역사상 최악의 시기를 꼽으라면, 사람이 뭐든 다 아는 것처럼 잘난 척 하는 때이다." 그의 말은 정말 옳았다. 배움으로 향하는 문을 닫아버리는 순간, 우리는 자기중심적이고 자기 의에 가득 찬 율법주의자가 될 위험에 처한다. 교만에는 언제나 파멸이 따른다(잠 16:18). 늘 배우려는 자세를 잃지 말라. 교정의 말에 대해 언제나 마음을 열어두라. 자원하는 마음으로 항상 주님을 추구하라. 이럴 때 비로소 우리는 주님이 주신 것들을 잘 관리하여 열매 맺는 자가 될 수 있다. 우리는 "그 안에 뿌리를 박으며 세움을 입어 교훈을 받은 대로 믿음에 굳게 서서 감사함을 넘치게"(골 2:7) 해야 한다.

(7) 성령 충만을 받으라

성령으로 충만할 때 우리는 자기중심성에서 벗어날 수 있다. 무엇이든 안에 있는 것은 밖으로 드러나기 마련이다! 우리는 자기(self)를 비우고 성령으로 충만해져야 한다.

자, 내가 레몬 하나를 당신에게 보여주며 다음과 같이 물었다고 가정해보자. "이 레몬 안에 무엇이 있습니까?" 당신은 이렇게 대답할 것이다. "레몬주스요." 너무도 당연한 대답이다. 만약 내가 레몬 안에 레몬주스 대신 설탕물을 넣어놓았다면 어떻게 되겠는가? 껍질을 벗기거나 레몬을 짜면 반드시 그 안에 있던 것이 밖으로 나오게 되어 있다!

포로들을 해방시키라

　죄를 회개하라. 예수 그리스도의 주권에 복종하라. 당신에게 하나님의 거룩한 불세례를 내리시고 당신을 충만케 해주시도록 성령님을 초청하라.

　어떤 사람이 믿음이 독실한 한 여성에게 성령의 음성을 분별하는 방법에 관해 질문했다. 이때 그녀의 대답은 다음과 같았다. "당신은 계단을 올라오는 남편의 발자국 소리를 어떻게 아시죠? 혹은 자녀의 울음소리를 다른 아이들의 울음소리들과 어떻게 구별하세요? 음…, 성령님의 음성을 어떻게 분별하느냐고요? 저는 그 질문에 어떻게 대답해야 할지 모르겠습니다. 다만, 제가 남편의 발자국소리와 자녀의 울음소리를 분간해내듯, 성령님의 음성도 제게는 아주 실제적이랍니다." 우리가 '성령 충만하다면', '성령 안에서 살아간다면', '성령님과 동행한다면', 우리도 성령님과 친밀해질 것이다(엡 5:18; 갈 5:16, 25를 참조하시라). 그리스도 안에 머물 때, 우리는 마치 사랑하는 연인들의 관계와도 같이, 주님과의 영적인 친밀함이 무엇인지를 알게 될 것이다.

　깨끗이 청소는 되었는데 비어있는가? 그래서는 결코 안 된다! 깨끗이 청소된 집을 하나님으로 가득 채우자.

부록 1

식별 가능한 귀신집단의 목록

강단 사역 자료-귀신들의 그룹

벙어리와 귀머거리의 영 /162

가계의 영 / 163

거만의 영 / 166

거짓말의 영 / 168

미혹의 영 / 170

죽음의 그림자 / 170

적그리스도의 영 / 172

속박의 영 / 173

오류의 영 / 176

두려움의 영 / 176

무거움의 영 / 179

허약의 영 / 181

질투의 영 / 182

성도착 · 매춘의 영 / 184

졸음 · 불신의 영 / 186

포로들을 해방시키라

벙어리와 귀머거리의 영

여러 가지 사고들
눈멂-마 12:22
화상 관련 사고들-막 9:22
통제 불가능한 울부짖음-마 15:23; 막 9:26
혼란-약 3:16
경련
청각장애-시 38:13-14
죽음-잠 6:16-19
파괴-레 26:21-22
익사 관련 사고들-막 9:22
벙어리(헬라어로 '정신장애'에 해당함)-막 9:25
만성적 귀 질환-막 9:25-26
무감각
간질-마 17:15-18
눈 질환-레 26:16
두려움:
   불에 대한 두려움-사 4:4
   물에 대한 두려움
입에서 개거품을 흘림-눅 9:39; 막 9:18-20

이를 갊-막 9:18
만성적 감염들
정신병
무기력
광기어린 행동들-막9:20
정신착란-신 28:34; 요 10:20
부동의 혼수상태
수척해짐-사 38:12; 막 9:18
가난-잠 6:9-11
정신분열증
발작-막 9:18, 20, 26
자기연민
'임박한 죽음'을 감지함
졸음-잠 20:13; 마 25:5
말더듬이
인사불성
자살-막 9:22
사납게 날뜀-막 9:18, 26, 29
뚜렛증후군-욥 16:9; 막 9:18
불신앙-히 3:12
용서치 못함-눅 6:37
탐닉-벧후 2:22

묶 기	풀 기
▶벙어리의 영 & 귀머거리의 영-막 9:25; 마 17:15	▶치유-말 4:2; 행 10:38 ▶들음-롬 10:17 ▶담대함-엡 3:12

가계의 영- 주술; 점치는 영

점성술-사 47:13
자동 필사(automatic handwriting)
채널링
주문을 외는 자-신 18:11
마법(행운)
투시-삼상 28:7-8
요술(귀신들을 불러 모음)-사 44:25
신접한 자-신 18:11; 대상 10:13
사교(거짓 종교, 거짓 신념체제)
  벨리알(Belial)
  흑표범단
  천주교(비성경적인 관행들)
  크리스천사이언스
  유교
  프리메이슨
  힌두교

이슬람교
여호와의 증인
KKK
마인드컨트롤
몰몬교
장미십자회
사단숭배
사이언톨로지
신도
도교
접신학
유니테리언주의
  · 유니티파
  · 만인구원설
  · 주술
불순종-롬 1:30; 히 4:6

포로들을 해방시키라

점-렘 29:8; 호 4:12
교리적 오류-레 19:31
꿈꾸는 자(거짓 꿈) (꿈꾸는 자에 관해서는 '거짓말의 영과 무거움의 영' 부분에서도 다루었다.)-렘 23:32; 27:9-10
마약-레 21:8; 22:15; 갈 5:21
남의 말에 쉽게 넘어감-잠 2:12-13
요술쟁이-신 18:12; 사 19:3
거짓 예언자들 (거짓 예언자에 관해서는 '거짓말의 영' 부분에서도 다루었다.)-사 8:19; 29:4; 신 13:1-3
가계의 저주-창 4:11; 사 14:21; 렘 32:18
백일몽

두려움
  하나님에 대한 두려움(건전치 못하게 두려워함)
  지옥에 대한 두려움
  구원을 잃어버릴 수도 있다는 두려움

주물숭배(행운을 상징하는 물건들)
형식주의
운세를 봄-미 5:12; 사 2:6; 레 20:6
세대적인 죄악-사 1:4; 마 27:25;

요 9:1-3
망상-계 21:8; 22:15
필적 감정(handwriting analysis)
매춘-레 20:6
별점-마 16:2-4; 사 47:13; 레 19:26; 렘 10:2
최면술
우상숭배-호 4:12
마법
근친상간-삼하 13:14
인큐버스 혹은 서큐버스(눈에 보이지 않는 귀신들)-창 6:2-4
무법-요일 3:4; 살후 1:7-8
율법주의-갈 1:1-7; 딤전 4:1-3
권태-잠 20:4
공중부양
거짓말쟁이-딤전 1:10
흑마술/백마술-출 7:11, 22; 8:7; 레 19:26
조종-딛 1:9-10
영매-삼상 28:7
마인드컨트롤-렘 23:16, 25, 32
독심술
하나님을 도전, 조롱, 거부하는 음악
중얼거림

부록1 | 식별 가능한 귀신집단의 목록

강령술(귀신을 불러 물어봄)-신 18:11
뉴에이지 철학체계, 뉴에이지에 관여함
강박관념
신비사술-대하 33:6
위자보드
손금보기
수동성
진자를 이용한 점
가난-잠 6:6-11
거역-삼상 15:22
종교성
의식주의
악마교
강신술 집회
유혹-잠 9:13-18
고집-잠 1:25-30
역술가-미 5:12; 사 2:6; 렘 27:9-10
요술-미 5:12-15
영적 안내(spiritual guides)
심령술-삼상 28; 레 20:6
완고함-레 26:15
피상적인 영성-딤후 2:17-18
의심
타로 카드(tarot cards)

무아지경
마녀, 주술-레 19:26; 20:6; 신 18:10

※기타 참고 항목

마술
역경(易經)
힙합 뮤직
장신구, 신비사술
무술
정신감응
공포영화
과거에 일어난 일 알아맞히기
포켓몬
심령요법
영기(靈氣)요법
록뮤직
영적 간음(영적인 부정)
미신
차 잎맥
초월명상법
인신제물
부두교
요가

포로들을 해방시키라

묶 기	풀 기
▶가계의 영, 점치는 영-행 16:16-18; 신 18:11; 레 20:6, 27; 대상 10:13	▶진리-시 15:1-2; 잠 3:3; 요 8:32; 고후 13:8 ▶계시-갈 1:12; 엡 1:17

거만의 영- 교만한 영

동요함-딛 3:3
분노-잠 29:22
논쟁적임
오만함-렘 48:29; 사 2:11, 17; 5:15; 삼하 22:28
허풍을 떪-엡 2:8-9; 딤후 3:2
신랄함-약 3:14
허세-벧후 2:18
과도한 경쟁
생색냄
다투기 좋아함-잠 13:10
통제적임
탐욕스러움-벧후 2:18
비판적임-마 7:1
속임수-히 3:12-13
독재적임

횡포를 부림
교육: 남보다 먼저 누리는 것에 대한
교만-딛 3:9-11
이기적임-욥 41:34
독선적임
엘리트주의자
권리부여
거짓 겸손
좌절
탐욕-롬 1:29-30; 딤전 6:10
증오-잠 26:26
불손함-벧후 2:10
생색내는 태도
게으름-스 16:49-50
성급함
거드름

부록1 | 식별 가능한 귀신집단의 목록

건방짐-딤후 3:3
지성주의
옹졸함
화를 잘냄
비판주의-마 7:1
거짓말쟁이-잠 19:22; 딤전 1:9-10
거만한 표정
조롱하는 사람-시 35:16
강퍅함-잠 29:1; 단 5:20
위압적임
완전주의자
연극하기
겉치레
교만-잠 6:16-17; 16:18; 사 28:1
격노-잠 6:34; 갈 5:19
합리주의
반항-삼상 15:23; 잠 29:1
하나님을 거부함(무신론)-요일 2:22
종교의 영
원한-출 8:15

업신여김-잠 1:22; 3:34; 21:24; 29:8
자기중심성-약 3:14
자기기만-렘 49:16; 옵 1:3
자기망상-계 3:17
자만
자기연민
자기의-사 64:6; 눅 18:11-12
제멋대로 함-갈 5:19
독선적임-삼하 22:28; 렘 48:29
목이 곧음-출 32:9; 행 7:51
완강함-시 81:11
우월
연극조의 언행
무자비함
용서치 못함-마 18:35
불친절함
허황됨-시 119:113; 벧후 2:18
폭력적임-시 7:16
복수: 복수에 관해서는 '질투'의 항목을 참조하라.

묶 기	풀 기
▶거만/교만의 영-잠 6:16-18; 16:18; 21:24; 사 16:6; 전 7:8	▶겸손-벧전 5:5; 시 10:17; 잠 22:4; 29:23 ▶자비-약 2:13; 벧전 2:10; 유 1:2

거짓말의 영

고발-계 12:10; 시 31:18
간통-벧후 2:14; 잠 6:32
배교-벧후 2:1-3
논쟁-딤후 2:23-24
오만-사 2:11
속임수
울부짖음-마 15:23
저주-민 5:24
기만-시 101:7; 살후 2:9-13
강력한 미혹-사 66:4
저급한 욕구들
점-렘 29:8
거짓 교리들-딤전 4:1; 히 13:9
몽상가
지나치게 충동적임
마약류
감정주의
과장
거짓된
　부담감
　동정심
　교리들

맹세-시 *144:8*; 겔 *21:23*
예언자-사 *9:15*
예언 (거짓된 예언에 관해서는 '가계의 영'의 항목을 참조하라.)-렘 *23:16-17; 27:9-10*
책임감
영성
가르침
증언-잠 *19:5*; 마 *15:19*; 막 *10:19*
권위에 대한 두려움
재정적인 문제들(특히 십일조 관련)
아첨-잠 26:28; 29:5
험담-딤후 2:16; 잠 20:19
이단-고전 11:19; 갈 5:20
동성애 (동성애에 관해서는 '매춘과 성도착'의 항목을 참조하라.)-롬 1:26
위선-사 32:6; 딤전 4:2
풍자
이세벨의 영-계 2:20; 왕상 18:4-13; 19:1-2
거짓말-대하 18:22; 잠 6:16-19
정욕-시 81:12; 롬 1:27

부록1 | 식별 가능한 귀신집단의 목록

정신적 속박-롬 8:15; 히 2:15
마인드컨트롤
무절제한 열정-신 32:5
완전주의자
성취
가난-말 3:8-12; 시 34: 9-10
교만-잠 16:18; 사 28:3
신성모독
합리화
종교의 영-욥 8:3-7
도둑질-출 20:15; 잠 1:10-14
인정을 구함(불안)
자기이미지(무가치하고 못생기고 절망적이라고 느낌)
저주를 자초함-신 28:15; 왕상 18:28
성적인(sexual)
　불륜-고전 6:9-11
　공상-잠 23:26-28
　간음

동성애적인 행위-롬 1:26-27
여성간의 동성애-롬 1:26-27
마스터베이션-창 38:9
포르노그래피
수간: 수간에 관해서는 '매춘과 성도착'의 항목을 참조하라.
성도착적인 행위-고전 6:9
변태성욕자-롬1:26-27
중상모략-잠 10:18; 롬 12:17
미신-행 17:22
지나치게 수다스러움-딤전 6:20
더러움-엡 5:3-4
헛된 상상-신 29:19; 롬 1:21; 고후 10:5
허황한 것-욥 15:31
복수-롬 12:19
희생자
사악함-롬 1:29

묶 기	풀 기
▶거짓말의 영-대상 18:22; 왕상 22:22-23; 살후 2:7-12	▶정직-딤전 2:2; 잠 16:11; 빌 4:8 ▶선함-시 23:6; 살후 1:11; 엡 5:9

미혹의 영

거짓 예언자들, 거짓 표징, 거짓 기사들에 매료됨-렘 14:14; 마 24:24
기만당함-잠 24:28
쉽게 요동함-딤후 3:6
경쟁-갈 5:19-21
착취-잠 9:13-18
사악한 길, 사악한 물건, 사악한 사람들에게 홀림
사람을 두려워함
탐욕스러운-잠 1:19
잘 속음

위선적인 거짓말-마 6:2; 벧전 2:1
하나님을 도전하고 조롱하고 거부하는 음악
화인 맞은 양심-딤전 4:2
미혹 당함, 유혹 당함-딤후 3:6; 엡 4:14-16
관심을 끌고 싶어 함
옷이며 행동이 호색적임-잠 9:3-5
무아지경
하나님의 진리에서 벗어나 방황함-딤후 4:3-4

묶 기	풀 기
▶미혹의 영-딤전 4:1; 막 13:22; 딤후 3:13	▶진리의 영-요 14:17; 15:26; 요일 4:6 ▶거룩의 영-롬 1:4; 엡 4:24; 벧전 1:16

죽음의 그림자

친구들이나 가족을 버림-삼상 12:22
고통스런 마음

마음과 생각이 둔함-행 28:27
속임수-사 8:19

부록1 | 식별 가능한 귀신집단의 목록

우울-사 61:3
절망-사 61:1
낙담
공격받는 꿈
   짐승들의 공격
   귀신들의 공격
   죽음의 사자의 공격
꿈
   죽은 사람이 쫓아오는 꿈
   매 맞는 꿈
   운송수단에 치이는 꿈
   죽은 사람과 결혼하는 꿈
   총에 맞는 꿈
   구덩이에 빠져 헤어 나오지 못하는 꿈
   무덤 사이를 걷는 꿈
지나친 애도나 비탄-사 61:3
두려움-딤후 1:7
희망 없음
고립

혼수상태
정신적 고뇌
강박관념
   피에 대한 강박관념
   죽음에 대한 강박관념-잠 2:17-18
   폭력에 대한 강박관념
억압-욥 35:9; 잠 3:31
유혹-잠 2:16-18
유령 같이 검은 물체를 봄
스스로를 고통스럽게 함-왕상 18:28
찌르는 듯한 몸의 통증-잠 14:30
무엇인가가 그/그녀가 곧 죽을 것이라고 계속 속삭임
기도나 의료처방을 통해서도 낫지 않는 아픔이나 질병-잠 14:30
슬픔-사 35:10
갑자기 식욕을 상실함
자살
자살에 대한 생각-시 103:4

묶 기	풀 기
▶죽음의 그림자-사 28:15; 시 23:4; 44:19; 107:10-14	▶생명-롬 8:2, 11; 요 10:9-10 ▶빛-단 5:14; 시 112:4; 요일 2:8; 벧전 2:9; 엡 1:18

포로들을 해방시키라

적그리스도의 영

하나님이 베푸신 기적에 저항하는 행위
하나님의 말씀을 거스르는 행위-딛 2:5
그리스도와 그 가르침에 반대함-살후 2:4; 요일 4:3
크리스천들을 대적함-행 17:13
하나님을 대적함-사 52:5
성도들을 공격함-행 9:1
그리스도의 증거를 공격함
그리스도를 합리화하려는 시도들
그리스도의 자리를 대체하려는 시도들
성령을 훼방함-막 3:29; 눅 12:10; 딤전 1:20
배타적인 사고
혼란-약 3:16; 고전 14:33
비판적임-잠 16:28
사교(cults): 사교에 관해서는 '가계의 영'의 항목을 참조하라.
속이는 자-요일 2:18-26; 롬 7:11; 살후 2:4, 10; 요이 7

방어
예수 그리스도의 속죄를 부인함-요일 4:3; 요이 7-8
그리스도의 보혈을 부인함
그리스도의 신성을 부인함-마 26:63-64
성령님의 사역을 부인함
공공연히 불신앙을 드러냄
성도들의 친교와 모임을 방해함
교리적인 오류/ 교리를 왜곡시킴-사 19:14; 롬 1:22-23; 딤후 3:7-8; 행 13:10; 벧후 2:14
하나님의 기적을 풀어서 설명하려 함
성도들을 핍박하고 괴롭게 함
인본주의
그리스도의 보혈을 무시하고 대적함
비판주의
무법-살후 2:7
율법주의-딤전 4:3
비열함-잠 1:19

부록1 | 식별 가능한 귀신집단의 목록

조롱하는 듯한 태도
신비사술-행 16:16-21
반대함
  성경을 반대함
  그리스도의 보혈을 반대함
  그리스도의 신성을 반대함-요일 4:3
  그리스도에 관한 교리를 반대함-딤후 3:8
  그리스도의 친교를 반대함
  그리스도의 인성을 반대함
  기적을 반대함
  하나님의 사람들을 반대함-계 13:7; 단 7:21
  사역을 반대함
  그리스도의 승리를 반대함
성도들을 핍박함
하나님의 말씀을 합리화시킴-잠 3:7-8
자화자찬함-고후 10:12-13; 딤전 3:6
신자들 간에 다툼을 불러일으킴-고전 3:3
사역을 가로막음-마 23:13
폭력적임-잠 16:29
세속적임-요일 4:5

묶 기	풀 기
▶적그리스도의 영-요일 4:3; 살후 2:4	▶그리스도-행 15:11, 16:31; 벧전 4:16; 롬 1:16 ▶은혜-롬 1:5; 6:14; 갈 6:18; 엡 4:7

속박의 영

참소-계 12:10; 골 3:5
중독
술
카페인

포로들을 해방시키라

담배/니코틴
마약류(합법적인 마약 혹은 불법적인 마약)
음식
약물(처방전 이외의 목적으로 사용함)
섹스-겔 16:28-29
영이 곤고함-롬 2:9
거식증(拒食症)
염려-빌 4:6-7
악독-엡 4:31
속박됨
폭식증
상한 마음-시 51:17
상한 영-겔 23:3
강박적 행동-잠 5:22; 요 8:34
강제적인 복종과 통제
정죄-고후 3:9
쌓아둘 목적으로 물질을 탐냄-눅 12:16-21
비판의 영-벧전 2:1
죽음의 소원-사 8:19
지배
구원을 의심함-고후 13:5
지나치게 충동적임
당황스러움

거짓 부담감
거짓 동정심
거짓 죄책감
거짓 겸손-갈 6:3
거짓 책임감
흠잡기
죽음에 대한 두려움-히 2:14-15
두려움-롬 8:15
'잊혀진 존재'라는 느낌
좌절
무기력
절망-잠 13:12
과잉행동
자유가 속박됨-사 58:6
게으름-잠 19:15
폭식-고전 6:12-13; 딤후 3:3-4; 빌 3:19
비판주의-사 28:6; 롬 14:13
상실감
여러 형태의 질병들
　ADD(주의력 결핍 행동장애)
　ADHD(주의력 결핍 과잉 행동장애)
　만성피로증후군
　MPD(다중인격장애)
　편집증

부록1 | 식별 가능한 귀신집단의 목록

환상통(신체일부의 절단과는 상관없이 느껴지는 통증)
정신분열증
뚜렛증후군
약물치료에 중독됨
마인드컨트롤
신경질
구원에 대한 확신이 없음
압박감
완벽주의
소유욕
가난-시 34:9-10
거절-삿 11:2-3
원한: 원한에 관해서는 '질투의 영' 의 항목을 참조하라.
불안-사 28:12
악마교-행 26:18
자기정죄-욥 9:20-21

자기기만-갈 6:3
자기연민
자기보상(과식 등)
수치-계 3:18
예속-롬 6:15-16
영적 무지-고후 4:3-4
완고함-행 7:51
다툼-갈 5:19-20
자살-마 27:5
우월
무절제한 낭비
불경건한 혼의 묶임-마 5:27-28; 행 5:1-4
불의-벧전 2:12
유리방황의 영-시 109:10; 행 19:13; 딤전 5:13
주술-나 3:4; 갈 5:20
무가치함-시 4:2

묶 기	풀 기
▶속박의 영-롬 8:15; 갈 4:3; 5:1	▶자유-롬 8:21; 갈 5:13 ▶양자의 영-롬 8:15, 28

오류의 영

언제나 옳음-시 36:1
분노-시 29:22
논쟁적임-딤전 1:10
지나치게 경쟁적임
다투기 좋아함-딤전 5:13
사교/신비사술-행 16
방어
마귀의 가르침-딤전 4:1
"값싼 신앙"
오류-딤후 2:17-18; 요일 4:6

거짓 교리들-딤후 4:3
증오-벧전 2:1
분별력 결핍-엡 5:6
거짓말-딤전 4:2
뉴에이지 신념들
교만/거만-시 36:2-3
거역함-딤후 3:2
가르치기 어려움-딤전 6:20-21; 딤후 3:7

묶 기	풀 기
▶오류의 영-요일 4:6	▶진리의 영-요 14:17; 15:26; 16:13 ▶성령의 약속-엡 1:13; 갈 3:14

두려움의 영

유기-잠 19:7
학대-삿 19:25
고발-시 31:18
동요

불안-벧전 5:7
염려
하나님을 의지하지 못함
지나치게 꼼꼼함

부록1 | 식별 가능한 귀신집단의 목록

지나치게 신중함

타협

정죄

혼동-렘 3:25; 약 3:16

쉴 새 없이 소리 지름-마 15:23

백일몽

우울-시 42:5; 애 3:19-20

불신

의심-마 8:26; 계 21:8

구원의 확신을 의심함

공포-시 119:39

당황-스 9:6

현실도피-고후 10:4-5

과도하게 흥분함

불성실함-잠 14:4

공상: 공상에 관해서는 '매춘의 영'의 항목을 참조하라.-창 6:5

두려움

고발에 대한 두려움

권위에 대한 두려움

폐쇄공포증

정죄에 대한 두려움

직면에 대한 두려움-마 10:28

교정에 대한 두려움

위험에 대한 두려움-잠 16:4

어두움에 대한 두려움-사 59:9-10

죽음에 대한 두려움-시 55:4; 히 2:14-15

부정평가에 대한 두려움

실패에 대한 두려움-창 42:28

세균에 대한 두려움

사랑을 주고받는 것에 대한 두려움

하나님에 대한 두려움(불건전한 방식으로)

고소공포증

판단에 대한 두려움

구원을 잃을지도 모른다는 두려움

사람에 대한 두려움-잠 29:25

접촉에 대한 두려움

좌절

호르몬 불균형

두통: 두통에 관해서는 '허약의 영'의 항목을 참조하라.

심장마비-레 26:36; 시 55:4; 눅 21:26; 요 14:1

고혈압

건강염려증

히스테리

포로들을 해방시키라

불충분함	꾸밈
우유부단	뿌루퉁함
무관심	겉치레
서투름	미루기-잠 6:6
열등감	은둔
광기-마 17:15	원한: 원한에 관해서는 '질투의 영'의
불안정	항목을 참조하라.
불면증	산만함
고립	정신분열증-신 28:28
질투-민 5:14; 아 8:6	과도하거나 과장된 자기인식
비판주의	자기거부
신뢰 결핍	자기보상
고독-욥 28:4	과도하거나 과장된 예민함
낮은 자존감	질병-왕하 20:1
마인드컨트롤	회의론-벧후 3:3
변덕스러움	졸음증-살전 5:6-7
악몽-시 91:5-6	불면증-잠 4:16
소극성	궤변을 늘어놓음
하나님 아버지와의 교제가 없음	슬픔-시 13:2; 116:3
부모가 없음-렘 47:3	영적 소경-사 56:10; 호 9:7
공황	스트레스
중풍	말더듬이-사 32:4
편집증	혐의
수동성	이를 갊-시 112:10
공포증-사 13:7-8; 딤후 1:7	긴장

부록1 | 식별 가능한 귀신집단의 목록

공포-욥 31:23
연극
소심함-딤후 1:7
고통-시 55:5; 요일 4:18
떨림-욥 4:14; 시 55:5
신뢰 결핍
불신앙-마 13:58; 히 4:11

비현실성
무가치
속상함-전 1:14
걱정-마 6:25-28
회피
거짓된 부담감

묶 기	풀 기
▶두려움의 영-딤후 1:7; 시 55:5	▶평강-살전 5:23; 갈 5:22; 엡 4:3 ▶기쁨-시 5:11; 갈 5:22-23

무거움의 영

유기
사생아(소원해짐)-신 23:2; 슥 9:6
상심함-시 69:20; 잠 12:18; 15:3, 13; 18:14; 눅 4:18
부담스러움
정죄-고후 3:9
연속적인 슬픔-잠 15:13; 느 2:2
비판적임
잔인함-잠 6:34
울부짖음-마 15:23

죽음-욥 3:5; 사 8:19
패배주의-잠 7:26-27
절망-욥 7:15; 고후 1:8-9
의기소침-사 61:3
실의-고후 1:8-9
낙담
혐오스러움
무질서
무서움-신 1:29
지나친 충동성

포로들을 해방시키라

피로
침울
폭식
비탄-욥 6:2; 시 31:9
죄책감
두통
상심
소망 없음-고후 1:8-9
상처
과잉행동
무관심
내면의 아픔
불면증
자기반성
게으름-잠 19:15
혼수상태
나른함
고독
과도한 애도-눅 4:18; 사 6:13
고통-렘 6:24; 15:18; 눅 9:39

수동성-잠 10:4
가난-잠 13:18
압박감
거절
불안-요 14:1
자기연민-시 69:20
수치-시 44:15; 엡 5:12
졸음
슬픔-잠 15:13; 사 65:14
자살-시 18:5
피로-사 40:30; 57:10
고뇌-시 22:16; 요일 4:18
시달리는 영-눅 4:18; 잠 18:14; 26:22
무가치함
방랑자-창 4:12, 14; 행 19:13
방황하는 사람-유 1:13
싫증-시 109:22
상한 영-잠 15:4; 고전 8:12

묶 기	풀 기
▶무거움의 영-사 61:3; 시 69:20; 잠 12:25	▶위로자-히 13:15 ▶찬양-시 22:22; 42:11 ▶기쁨-사 61:5; 느 12:43; 욥 41:22

부록1 | 식별 가능한 귀신집단의 목록

허약의 영

ADD(주의력결핍장애)-마 8:16-17
ADHD(주의력결핍 과잉행동장애)-막 7:32
알레르기
관절염-신 28:35; 잠 14:30; 요 5:4
천식-요 5:4; 잠 16:24
몸이나 등이 구부러짐-눅 13:11
비통함-신 28:20; 삼상 5:6; 욥 7:11
출혈-마 9:20
소경-창 48:10; 레 26:16; 신 28:28; 눅 7:21
기관지염
암-눅 13:11; 요 5:4
만성적 질병들-욥 33:19-25; 시 102:5
만성피로증후군
감기
귀머거리
죽음-시 102:11
질병들-레 26;16
무질서
간질-삼상 21:15

기절-애 1:13
약함-잠 16:24
열병-마 8:15
곰팡이 감염증-눅 5:12
세대적인 저주-출 20:5; 레 26:39; 민 14:18; 신 5:9
환각-신 28:20
증오-신 28:22
꽃가루 알레르기
두통이나 편두통
심장발작-레 26:36; 시 102:4
임포텐스
감염-신 28:22
염증-대하 21:15
광기-신 28:28-29
절름발이-행 3:2; 4:9
정신이상-슥 12:4
정신착란-잠 17:22
조병-잠 26:21
정신장애-마 17:15; 막 5:5
억압: 억압에 관해서는 '무거움의 영'의 항목을 참조하라.-행 10:38

중풍-시 102:5; 잠 15:20; 마 4:24
편집증-신 28:67
신체장애 혹은 외상, 숙환-눅 13:11
전염병(저주)-눅 7:21
가난-신 28:20-33, 38
정신분열증-신 28:28-29
발작
치매
피부병-신 28:27

예속
죽음의 영-신 28:53
고통-마 4:24; 눅 16:28
뚜렛증후군
궤양-신 28:27; 눅 16:20
용서치 못함
성병-시 38
만성적 허약-눅 13:11; 요 5:5
상한 영-레 26:16; 잠 18:14

묶 기	풀 기
▶허약의 영-눅 13:11; 잠 18:14	▶온전함-마 6:22; 9:22 ▶건강-요삼 1:2; 렘 33:6

질투의 영

고발-딤전 5:19
분노-창 4:5-6; 잠 6:34; 14:29; 22:24-25; 29:22-23
논쟁적임
험담-잠 19:5
얕봄
말다툼
비통

신성모독
발끈함-시 79:5
이간질함
더러운 농담들(부적절하고 수치스런 언어)-엡 5:4
지나치게 경쟁적임-창 4:4-5
다투기 좋아함-잠 13:10
탐심-딤전 6:10

부록1 | 식별 가능한 귀신집단의 목록

비판적임
잔인함-잠 27:4; 아 8:6
무력감에 울부짖음
저주함-잠 18:21
논쟁거리를 애써 찾음
기만-딤전 6:5
파멸-욥 26:6
불평-딤전 5:13
언쟁
불만족
의혹
분열시킴-갈 5:19
몽상가
적개심-롬 8:7
시기-창 21:9
당쟁
트집 잡기
싸움-시 56:1
폭력단
뒷공론
탐욕-잠 15:27
무정한 마음-약 1:14; 딤전 4:1
상처
무관심
열등

불안감
판단하기
거짓말하기-딤전 4:1; 잠 12:22
악의-잠 4:16-17
물질주의-시 30:6
조롱하는-렘 15:17-18
살인-창 4:8
불화-골 3:13
격분-잠 6:34
거역-신 21:18
안절부절못함
보복
복수
가학성
자기중심성-눅 18:11
자기증오
이기심-벧후 2:10
중상모략-잠 10:18
심술-잠 6:34; 14:16-17
절도
투쟁-잠 10:12
자살-행 1:18
의혹
노여움-잠 6:34
용서치 못함

무가치함 사악함-잠 3:31

폭력-잠 16:29

묶 기	풀 기
▶질투의 영-민 5:14, 30; 겔 8:3	▶사랑-벧전 1:22; 갈 5:22; 잠 10:12

성도착/매춘의 영

낙태
간통-스 16:15, 28; 잠 5:1-14
불륜 공상-잠 12:26
오만-롬 1:29-30
무신론-잠 14:2; 롬 1:30
사생아(불경건한 계약)-신 23:2; 슥 9:6
양성애
아동학대
혼동(애굽의 영)-사 19:3
다투기를 좋아함-롬 1:29; 빌 2:14-16; 딤전 6:4-5; 딛 3:10-11
괴팍함
잔인함-시 74:20
기만-잠 28:18; 롬 1:30-31

만성적 불만족
점쟁이-호 4:12
어지럼증-사 19:14
교리적 오류(하나님의 말씀을 왜곡함)
의심-신 28:66
술고래-잠 23:21
정서적 불만족
정서적 연약
과잉활동
노출증
사악한 행동들-잠 17:20, 23
거짓된 가르침들-막 13:22; 딤후 3:13; 신 13:6-8
정욕적인 공상들
부정한 사고방식-잠 2:12; 23:33

부록1 | 식별 가능한 귀신집단의 목록

어리석음-잠 1:22; 19:1
간음-호 4:13-19; 롬 1:29; 히 13:14
불감증
탐욕-잠 22:22
죄책감
매춘-잠 23:27-28
증오-시 139:22; 잠 26:26
사재기
동성애-창 19:4-7; 롬 1:27
우상숭배-유 2:17; 호 4:12; 스 16
불법적인 방법으로 태어난 자녀들-창 19: 36-38
근친상간-창 19:31-33
인큐버스, 서큐버스-창 6:2-4
여성간의 동성애-롬 1:26
권력을 사랑함-욥 2:6; 시 10:15; 애 5:8
갈망
  권세에 대한 갈망
  (성적인)몸에 대한 갈망
  음식에 대한 갈망
  돈에 대한 갈망-잠 15:27; 딤전 6:7-14
  높은 신분에 대한 갈망
  왜곡된 성적 행위에 대한 갈망
  권력에 대한 갈망
  섹스에 대한 갈망
  사회적 지위에 대한 갈망
  세상에 대한 갈망
  세속에 대한 갈망
온갖 종류의 정욕-잠 23:31-35
몸에 무늬를 새기거나 신체를 절단함, 문신-레 19:28
마스터베이션
어린이를 대상으로 하는 성도착
포르노그래피
가난-레 26:18-20
(영·혼·몸의)매춘-잠 5:1-14; 22:14
강간-삼하 13:1-14
가학, 피학성 변태성욕
유혹-딤전 4:1; 딤후 3:13; 잠 1:10
자기노출
자기만족-잠 5:3-6
자기를 사랑함-잠 4:24
관능성-유 1:19
성적 일탈행위-창 19:8
성적 불만족
성도착-롬 1:17-32; 딤후 3:2
온갖 성적인 범죄-유 1:7-8

수치-시 44:15
고집
수간-창 19:5; 유 1:7
이성의 옷을 입고 좋아하는 변태
성욕자
불신앙-마 13:58
억제할 수 없는 성적 욕구-고전
6:13-16; 빌 3:19
부정(不貞)-잠 5:1-14
연약함-창 18:15-18
매춘-약 4:4
만성적 걱정-잠 19:3; 욥 30:27
상한 영-잠 15:4

묶 기	풀 기
▶성도착의 영-사 19:14; 롬 1:17-32 ▶매춘의 영-레 19:29; 겔 16:28-29; 사 19:14; 호 4:12;5:4; 렘 3:9	▶순결-벧전 3:2; 고후 11:2 ▶분별-욥 6:30; 겔 44:23; 히 5:14 ▶경건-딤전 4:8; 벧후 3:11 ▶정결-딤전 4:12

졸음/불신의 영

ADD(주의력 결핍 행동장애)
ADHD(주의력 결핍 과잉 행동장애)
신성모독자-딤후 3:2
소경-롬 2:19-20
하나님의 말씀을 듣지 못함
예배시간에 늘 졸고 있음-롬 13:11-12

혼동-욥 10:15
마음이 쉽게 산란해짐-시 88:15
어지럼증-약 3:16
두려움-요일 4:18
게으름-잠19:15
혼수상태
정신적으로 느림

부록1 | 식별 가능한 귀신집단의 목록

질병: 질병에 관해서는 '허약의 영'의 항목을 참조하라.

　빈혈증
　관절염-*잠 12:4; 14:30*
　천식
　순환계통 문제들
　만성피로증후군
　눈 관련 장애-*계 3:18*

청각 관련 문제(*귀가 둔함*)-*마 13:13-14*

　가슴이 두근거림
　졸음-욥 33:15
　불면-잠 4:16
　공포-욥 31:23
　고통-요일 4:18
　불신앙-히 3:12

묶 기	풀 기
▶불신앙, 무감각, 졸음의 영-롬 11:8; 사 6:9; 마 13:14	▶성령으로 충만해짐-행 2:4; 엡 5:18 ▶눈을 뜸-요 9:30; 시 119:18

부록 2

불경건한 혼의 묶임 파쇄하기

눈을 뜬 채 다음과 같이 고백하라.

나는 예수 그리스도의 이름으로 또한 주님이 주신 권세로써, 내가 과거에 학대적이고 불경건하고 불법적인 관계로 성관계한 사람들 혹은 과거의 남편/아내[이름을 거명하라]와의 모든 불경건한 혼의 묶임을 끊노라. ____[이제까지 당신과 친밀한 관계로 지내온 사람들의 이름을 거명하라]와의 육체적 묶임, 영적 묶임도 끊노라. 하나님의 말씀에 위배되는 모든 성적인 관계들을 취소하고 파쇄하노라. 내가 명령하노니 모든 강한 자들과 이들이 차지해온 귀신의 집들은 털리고 무너질지어다. 불경건한 혼의 묶임을 강화시켜온 악한 약탈자 귀신들 혹은 사악한 연합을 통해 나에게 달라붙었던 악한 영들을 묶고 끊고 제거하노라.

마귀야! 너는 이러한 혼의 묶임을 통해 이제 더 이상 내 몸과 혼과 영에 손을 대지 못한다. 문은 닫혔고 어린 양의 보혈로 봉해졌다!

포로들을 해방시키라

내가 예수 그리스도의 권세로 다시금 선포한다. 너 귀신의 세력들은 더 이상 내 가족에 대해 어떠한 능력도 행사할 수 없다! 혼의 묶임을 통해 나의 친척들과 그들의 자녀들을 향해 열려졌던 모든 통로들은 지금 이후로 차단되었다!

주 예수님! 주님의 온전하신 뜻에 따라 성령님을 통해 제 삶 가운데 경건한 관계와 언약들을 다시금 세워주옵소서. 나와 나의 가정을 향한 사단의 궤계와 책략을 물리칠 수 있도록 십자가와 보혈과 부활 승천하심의 충만한 능력을 요청합니다. 저의 선포와 기도를 들으신 주님께 감사합니다. 예수님의 이름으로 기도합니다. 아멘.

부록 2에 사용된 자료들은 다음 저서에서 저자의 허락 하에 인용하였다. Kanaan Bedieninge, 『Prayers of Renunciation』(Cape Town, South Africa: np., nd.), 87.

부록 3

프리메이슨 끊기

다음은 프리메이슨으로 인해 초래될 수 있는 현상들이다.

- 지도자들 간의 영적 혼란
- 성직자와 장로 간의 분열
- '루이스 저주(Lewis curse)': 최초로 태어난 남성(일/재정/가족/결혼/건강/키/신분)에게 악영향을 줌.
- 크리스천 리더들 및 그들의 가족들 중에 질병이 있거나 결혼생활이 깨짐.
- 부흥중이던 교회들이 '사멸함'
- 복음전도가 지연됨(지역사회 봉사활동, 친교, 비전, 관계가 가로막힘)
- 교회가 새로운 비전과 사역으로 나아가지 못함('전통'을 고수함)
- 크리스천 고용주들 간에 사업상의 성장과 돌파가 결여됨.
- 법조계 전문가, 사법계 전문가, 경찰, 건축전문가 등 특정 구성원들 간의 편애
- 종교와 철학적 사고를 결합시키려는 시도
- 프리메이슨에 기반을 둔 공동체(교회와는 거리가 멀고, 사교에 대해

서는 개방적임)
- 개인, 가정, 학교, 사업, 교회, 정부, 정치계로 회귀되는 순환적인 문제들.

프리메이슨에 속한 자 및 그 후손들을 자유케 하기 위한 기도

당신이 과거에 프리메이슨의 일원이었거나 프리메이슨에 속했던 자의 후손이라면, 다음에 소개하는 기도문으로 당신의 마음 깊은 곳에서부터 기도하시기를 권한다. 프리메이슨에 속해있는 비밀회원들처럼은 하지 말라. 그들은 내용이 무엇인지를 먼저 살펴보지도 않은 채 의무조항과 맹세들을 일방적으로 단번에 받아들인다. 이제부터 당신이 하려는 것이 무엇인지를 분명히 파악하기 위해, 우선 이 기도문을 처음부터 끝까지 꼼꼼히 읽어보시기 바란다. 상담자나 크리스천 한 명을 증인으로 삼아 옆에 두고 이 내용을 큰 소리로 아뢰는 것이 가장 바람직하다. 한 단락이 끝날 때마다 잠시 멈추라. 그리고 성령께서 추가적으로 주의사항들을 보여주실 수 있도록 내어드리라.

천지만물을 창조하신 하나님 아버지! 하나님의 아들 예수 그리스도의 이름으로 주님 앞에 나아옵니다. 나는 주님과 주님의 형상대로 지음 받은 사람들에게 죄를 지었습니다. 나의 모든 죄를 용서해주시고 정결케 하여 주옵소서. 저의 육신의 부모, 그리고 혈육으로 이어진 모든 조상들에게 감사합니다. 또한 입양관계를 통한 영과 대부모(godparents)로 인해서도 감사합니다. 그러나 나는 그들이 지은 죄악들은 철저히 끊어

부록3 | 프리메이슨 끊기

버리고 단절합니다. 나와 내 자녀들에게 죄의 영향력을 대물림해준 조상들을 모두 용서합니다. 내 자신이 지은 모든 죄악도 자백하며 끊습니다. 나와 나의 가정에 사악한 영향력을 끼친 사단과 악한 영들의 세력을 끊고 꾸짖습니다.

내가 주 예수 그리스도의 이름으로 내 조상들과 나 자신이 프리메이슨 및 프리메이슨 관련 집회 혹은 조합에 관여한 모든 일을 끊어버리고 포기합니다. 나는 주술과 프리메이슨 배후에 있는 정사급 귀신을 끊어버리고 단절합니다. 또한 바포메트(Baphomet), 적그리스도의 영, 죽음의 영, 기만의 영, 마귀적인 교리의 저주를 끊습니다. 우상숭배, 신성모독, 프리메이슨이 제시하는 모든 등급의 비밀과 속임수를 끊습니다. 특히 불안, 높은 위치와 권력에 대한 사랑, 돈에 대한 사랑, 탐심과 탐욕, 또한 내 조상들을 프리메이슨으로 이끌어간 교만들을 끊습니다. 프리메이슨에 속해있는 동안 내 조상들을 사로잡았던 모든 두려움들을 끊습니다. 특히 죽음에 대한 두려움, 사람에 대한 두려움, 신뢰에 대한 두려움을 끊습니다.

나는 프리메이슨이 강요한 비밀엄수 규정, 나와 나의 가정에 영향을 미친 신비사술을 끊고 파쇄합니다. 프리메이슨에 속박되고 예속되도록 문을 열어줌으로 나와 나의 가정을 괴롭게 한 온갖 교만과 오만을 끊어버리고 회개합니다. 나는 지금 나의 삶 가운데 역사하던 모든 주술과 속임수의 문을 닫고, 이를 그리스도의 보혈로 인봉합니다. 나와 나의 가정이 프리메이슨 혹은 그 배후에 있는 귀신의 세력들과 맺은 모든 언약, 모든 피의 언약, 모든 동맹들을 끊어버립니다.

나는 나의 조상들이 프리메이슨 조합에서 받은 '타일러(Tyler),' '마스터(Master),' '친애하는 마스터(Worshipful Master)' 등의 칭호들을 모두 끊습니다. 사람을 가리켜 '주님'이라 부르는 것도 끊습니다. 예수 그리스도만이 나의 주님이시고 주인이십니다. 주님은 어느 누구든 사람에게 주님이라는 칭호를 붙이는 일을 금하셨습니다. 나는 다른 사람들을 유혹하여 프리메이슨에 들어오게 하고, 프리메이슨 안에서 의식이 행해지는 동안 사람들의 무기력한 모습을 잠자코 지켜보고 있었던 것을 끊습니다.

나는 여자 조상들을 통해 나에게 대물림되어 내려온 프리메이슨의 영향력들을 끊습니다. 이들의 남편들은 프리메이슨의 지회에 소속되어 비밀행위에 가담한 사실을 자신들의 아내들에게 숨김으로써, 아내들에게 불신감과 거절감을 안겨 주었습니다. 또한 나의 여성 조상들이 온갖 프리메이슨 여성 조직들, 동방 별단(Estern Star) 조직, 기타 프리메이슨 조직이나 신비사술 단체에 속함으로써 성립된 저주들과 의무조항들과 맹세들을 끊습니다.

1도(Blue Lodge: 청색 랏지)

나는 예수 그리스도의 이름으로 프리메이슨 1도 혹은 초심자로 입문한 일과 관련된 맹세들과 저주들과 죄악들, 특히 이 것들이 목과 혀에 끼친 영향력들을 끊습니다. 나는 프리메이슨의 속임수 및, 영과 정서와 눈에 대한 그 영향력들을 끊습니다. 모든 혼동, 어두움에 대한 두려움, 빛에 대한 두려움, 갑작스런 소음에 대한 두려움도 끊습니다. 나는 이 등급에서 행해진 의식으로 말미암아 초래된 가난의 영, 영적 진리에 대한 무지, 혼의 어두움, 거짓 상상들, 생색내는 태도 등을 끊습니다. 결혼반지를 박탈함으로써 결혼언약을 침해한 것을 끊습니다. 비밀 암호인 '보아스(BOAZ)'와 이 단어가 프리메이슨 내에서 지니는 의미를 끊습니다. 나는 나의 영적인 생명을 고갈시킨 프리메이슨의 앞치마에 달린 뱀 모양의 버클과 비단뱀(Python)의 영을 끊습니다.

나는 바빌론과 이집트에서 유래된 고대 이교도의 가르침과 첫 번째 트레이싱 보드(Tracing Board)의 상징적인 의미를 끊습니다. 나는 진리와 오류의 혼합물, 신화, 허구, 진리로 가르쳐진 거짓말, 의식의 진정한 의미에 대한 지도자들의 부정직한 태도 등을 끊습니다. 나는 컴퍼스(compass)가 가리키는 모든 방향이 표상하는 바를 끊습니다. 왜냐하면 온 세상과 그 안에 있는 만물이 주님의 것이기 때문입니다.

나는 목에 두르는 올가미 밧줄, 숨 막힘에 대한 두려움, 천식, 꽃가루 알레르기, 폐기종, 기타 호흡장애를 불러일으키는 모든 영들을 끊습니다. 나는 의식에 사용된 단도나 컴퍼스의 뾰족한 끝, 칼, 혹은 가슴을 향해 겨누어진 창, 찔려죽을 것만 같은 두려움 및, 이 등급으로 말미암은 심장 발작에 대한 두려움, 주술적인 맹세를 통한 절대적 비밀엄수 요구, 프리메이슨의 신성한 법전에 입맞춤으로써 맹세를 확증한 일을 끊습니다. 나는 또한 위대한 조물주(the Great Architect of Universe)로 알려진 거짓 신에게 무릎 꿇은 것을 끊으며, 유일무이하고 참되신 하나님께 나의 우상숭배의 죄악을 용서해주시기를 겸손히 간구합니다.

나는 프리메이슨에 들어가기 위한 선결조건으로서 입증된 인격과 훌륭한 신분을 내세우는 교만을 끊습니다. 이로 인해 자신은 구세주가 없이도 하나님 앞에 설 수 있을 만큼 선한 사람이라는 자기의가 생겨났습니다. 나는 지금 언어영역의 치유를 위해 (인후, 성대, 비도, 공동, 기관지 등)을 고쳐주시기를 간구합니다. 나를 위해, 또한 나와 나의 가정을 통해, 하나님의 말씀을 풀어주옵소서.

2도(Craft Lodge: 장인 랏지)

나는 예수 그리스도의 이름으로 프리메이슨 2도 혹은 장인 등급에 참여한 일과 관련된 맹세들과 저주들과 죄악들, 특히 이것들이 심장과 가슴에 초래한 저주들을 끊습니다. 나는 비밀 암호인 '십볼렛(SHIBBOLETH)'과 '야긴(JACHIN)' 및 이 단어들이 프리메이슨 내에서 지니는 의미를 끊습니다. 나는 고대 이교도의 가르침과 두 번째 트레이싱 보드의 상징적인

부록 3 | 프리메이슨 끊기

의미를 끊습니다. 나는 생성원리에 대해 경외감을 표현한 것을 끊습니다.

나는 나와 내 가정으로부터 정서적인 완고함, 무감동, 무관심, 불신앙, 깊은 분노를 단절합니다. 예수 그리스도의 이름으로 (가슴, 폐, 심장부위)와 나의 감정들을 치유해 주시기를 간구합니다. 제가 성령님께 민감한 사람이 되게 하여 주옵소서.

3도(Ancient Craft Lodge: 고대장인 랏지)

나는 예수 그리스도의 이름으로 프리메이슨 3도 혹은 '숙련된 석공(Master Mason)' 등급에 참여한 일과 관련된 맹세들과 저주들과 죄악들, 특히 이것들이 위와 자궁 부위에 초래한 저주들을 끊습니다. 나는 비밀 암호인 '마하본(MAHA BONE),' '마차벤(MACHABEN),' '마치빈나(MACHBINNA),' '두발가인(TUBAL CAIN)' 및 이러한 단어들이 프리메이슨 내에서 지니는 의미를 끊습니다. 나는 고대 이교도의 가르침 및 이 의식에 사용된 세 번째 트레이싱 보드의 상징적인 의미를 끊습니다. 나는 의식의 하나로 머리에 총알을 관통시켜 죽이는 살인에서 비롯된 죽음의 영, 죽음에 대한 두려움, 거짓 순교, 강간, 급습, 난폭한 폭도의 공격에 대한 두려움 및 이 등급에서 말미암은 무력감을 끊습니다. 나는 살인 의식과 관련하여 관속에 빠지거나 들것에 실린 일을 끊습니다.

나는 이 등급에서 가르치는 거짓 부활을 끊습니다. 오직 예수 그리스도만이 부활이요 생명이십니다! 나는 주술적인 맹세를 하기 위해 성경에 입 맞추는 신성모독적인 행위를 끊습니다. 나는 모든 죽음의 영, 주술의 영, 속임수의 영을 예수님의 이름으로 단절합니다. 나는 주님께서 (위, 쓸개, 자궁, 간, 기타 프리메이슨의 영향을 받은 나의 신체기관들)을 치유해 주시기를 간구합니다. 나와 나의 가정에 동정심과 이해력을 풀어주옵소서.

홀리 로열 아치 등급(Holy royal arch degree)

나는 프리메이슨의 '홀리 로열 아치' 등급과 관련된 맹세들과 저주들을 끊고 취소합니다. 특히 몸에서 머리를 잘라내고 뇌를 뜨거운 태양에 노출시키는 일에 관한 맹세를 끊습니다. 나는 마크 랏지(Mark Lodge) 및, 한 사람을 사각형과 천사 모양으로 평생 낙인찍어 놓는 일을 끊습니다. 또한 이 마크 모양으로 장신구나 부적을 만들고 이를 랏지 모임 때마다 착용한 일도 거부합니다. 나는 하나님에 대한 거짓된 비밀호칭인 '야불론(JAHBULON)'을 끊습니다. 또한 '불(Bul)' 혹은 '바알(Baal),' '온(On)' 혹은 '오시리스(Osiris)' 등, 온갖 거짓 이방신에 대한 경배를 철저히 배격함을 선포합니다. 나는 비밀 암호인 '암미 루하마(AMMI RUHAMAH)' 및 프리메이슨 내에서 통용되는 이 단어의 의미를 끊습니다. 나는 이 등급에서 행해진 거짓 친교 혹은 거짓 성찬식, 갈보리 십자가상에서

부록3 | 프리메이슨 끊기

이루신 예수 그리스도의 구속적 사역에 대한 온갖 조롱과 회의주의, 불신앙 등을 끊습니다. 나는 예수 그리스도의 이름으로 나와 나의 가정에 임한 저주들과 그 영향력들을 단절합니다. 주님께서 (뇌와 생각 등)을 치유해 주시기를 간구합니다.

18도(eighteenth degree)

나는 예수 그리스도의 이름으로 프리메이슨 18도 혹은 '최고로 지혜로운 주권자인 펠리칸 기사(Most Wise Sovereign Knight of the Pelican)'와 '독수리'와 '헤레돔의 장미 십자 왕자(Sovereign Prince Rose Croix of Heredom)' 등급에 참여한 일과 관련된 맹세들과 저주들, 죄악들, 형벌들을 끊습니다. 나는 펠리칸 주술의 영과, 이 등급과 관련된 장미십자회원과 카발라(Kabbala)로부터 받은 신비사술적인 영향력들을 모두 끊고 거부합니다.

나는 예수 그리스도의 죽으심을 '끔찍한 불행'이라 주장하는 것을 끊습니다. 속죄에 관한 기독교 교리를 고의적으로 조롱하고 왜곡한 것과, 예수 그리스도의 신성을 거부하고 모독한 것을 끊습니다. 나는 '이그네 나츄라 레노바토르 인테그라(IGNE NATURA RENOVATUR INTEGRA)'라는 비밀 암호와 그 타오르는 불꽃을 끊습니다. 비스킷과 소금, 백포도주를 포함하여 이 등급에서 성찬식을 흉내 낸 일도 끊습니다.

30도(thirtieth degree)

나는 예수 그리스도의 이름으로 프리메이슨 30도 혹은 '그랜드 나이트 카도쉬(Grand Knight Kadosh)'와 '흑기사'와 '흰 독수리' 등급에 참여한 일과 관련된 맹세들과 저주들과 죄악들을 끊습니다. 나는 비밀 암호인 '스티비움 알카바(STIBIUM ALKABAR),' '파라쉬-코(PHARASH-KOH)'및 이 단어들의 모든 의미를 끊습니다.

31도(thirty-first degree)

나는 예수 그리스도의 이름으로 프리메이슨 31도 혹은 '대 감찰 재판관 사령관(Grand Inspector Inquisitor Commander)' 등급에 참여한 일과 관련된 맹세들과 저주들을 끊습니다. 나는 '아누비스(Anubis)'와 숫양의 머리, 태양신인 '오시리스(Osiris),' 오시리스의 아내이자 누이인 '이시스(Isis),' 달의 여신 등, 이 등급에서 칭송되는 이집트의 모든 신들과 여신들을 끊습니다. 영혼불멸에 대한 거짓된 상징인 '체레스(Cheres)'의 영혼, 죽은 자의 방, 환생에 대한 거짓된 가르침을 끊습니다.

32도(thirty-second degree)

나는 예수 그리스도의 이름으로 프리메이슨 32도 혹은 '왕실 비밀의 숭고한 왕자(Sublime Prince of the Royal Secret)' 등급에 참여한 일과 관련된 맹세들과 저주들을 끊습니다. 나는 비밀 암호인 '파알/파라쉬-콜(PHAAL/PHARASH-KOL)' 및 이 단어들의 모든 의미를 끊습니다. 나는 프리메이슨의 거짓된 삼위일체 신인 '옴(AUM)'과, 그 세 구성원인 창조자 '브라마(Brahma),' 보존자 '비쉬누(Vishnu),' 파괴자 '쉬바(Shiva)'를 끊습니다. 나는 모든 빛들의 영 혹은 원천이라 일컬어지는 '아후라마즈다(AHURA-MAZDA),' 하나님이 싫어하시는 불에 대한 숭배, 수많은 의식을 행하면서 사람의 해골 안에 있는 물을 마시는 것 등을 끊습니다.

요크 의식(York rites)

나는 프리메이슨의 요크 의식 등급과 관련된 맹세들과 저주들과 죄악들을 끊고 버립니다. 나는 마크 랏지(Mark Lodge) 및, 사각형과 천사 모양으로 한 사람을 평생 낙인찍어 놓는 일을 끊습니다. 또한 이 마크의 모양으로 장신구나 신비사술적인 부적을 만들고 이를 랏지 모임 때마다 착용한 일, '마크 마스터(Mark Master)' 등급과 그 비밀 암호인 '욥바(JOPPA)'도 끊습니다. 거짓말로 속였다는 이유로 오른손을 베어내거

포로들을 해방시키라

나 영구히 귀머거리로 만들어버리는 저주, 오른쪽 귀를 세차게 내리치는 형벌도 끊습니다.

나는 또 다른 요크 의식 등급인 '패스트 마스터(Past Master)'와 관련된 맹세들과 저주들, 혀를 혀끝부터 뿌리까지 절단하는 형벌을 끊습니다. 또한 '가장 훌륭한 마스터(Most Excellent Master)' 등급 및 이 등급에서 행해지는 형벌, 곧 가슴을 절개한 후 심장을 비롯한 살아있는 장기들을 떼어내어 똥 더미 위에 올려놓고 부패하게 만드는 형벌을 끊습니다.

나는 또 다른 요크 의식인 '왕실 마스터(Royal Master)'와 관련된 맹세들과 저주들을 끊고 버립니다. 나는 '정선된 마스터(Select Master)' 등급 및 이 등급에서 행해지는 형벌, 곧 양팔을 잘라버리고, 안구를 빼내고, 몸을 4등분하여 신전의 쓰레기더미 위로 던져버리는 형벌을 끊습니다.

나는 '슈퍼 엑셀런트 마스터(Super Excellent Master)' 등급 및 이 등급에서 행해지는 형벌, 곧 양 엄지손가락을 절단하고, 두 안구를 빼버리고, 몸에 족쇄를 채우고, 포로를 낯선 땅으로 보내버리는 형벌을 끊습니다. 또한 '적십자 기사단(Knights Order of the Red Cross)'과 이곳에서 행해지는 형벌, 곧 집을 부숴버린 후 흩어진 잔재들을 그대로 방치해두는 형벌을 끊습니다.

나는 '템플 기사단(Knights Templar)' 등급과 그 비밀 암호인

'케브 라이오쓰/ 케프라이오쓰(KEB RAIOTH/KEPRAIOTH),' '몰타 기사단(Knights of Malta)' 등급과 그 암호인 '마헬 살랄 하스 바스(MAHER-SHALAL-HASH-BAZ)'를 끊습니다.

나는 사람의 해골과 교차시켜 놓은 칼을 앞에 두고 하는 맹세와, 목을 베어 교회의 첨탑 끝에 매달아놓는 '유다(Judas)의 죽음의 소원' 및 저주를 끊습니다. 나는 불경건한 성찬식, 특히 수많은 의식을 행하면서 사람의 해골 안에 있는 물을 마시는 일을 끊습니다.

33도-최고등급(Thirty-third(supreme) degree)

나는 예수 그리스도의 이름으로 프리메이슨의 최고등급인 33도 혹은 '군주 대 검사자 장군(Grand Sovereign Inspector General)'과 관련된 맹세들과 저주들과 죄악들을 끊습니다. 나는 비밀 암호인 '드몰레-히룸 아비프-프로이센의 프리드리히-미가-마차-베알림-아도나이(DEMOLAY-HIRUM ABIFF, FREDERICK OF PRUSSIA, MICHA, MACHA, BEALIM, ADONAI)' 및, 프리메이슨 내에서 통용되는 이 단어들의 의미를 끊습니다. 나는 프리메이슨의 모든 등급이 요구하는 의무 사항들 및 관련된 모든 형벌들을 끊습니다. 나는 이 등급에서 루시퍼(Lucifer)로 정체가 밝혀진 위대한 조물주(the Great Architect of Universe)와, 이를 우주의 아버지인 하나님으로 거짓 사칭하는 일을 철저히 끊어버립니다. 나는 목에 두르는 올가미 밧줄을 끊습니다. 나는 이 등급에서 서약을 어긴 자는 사람의 해골에 담긴 포도주를 마셨을 때 몸속에서 독으로 변하게 된다거나, 팔이 차디찬 해골이 된다는 식의 죽음의 소원을 끊습니다. 나는 '그랜드 마스터(Grand Master)'의 악명 높은 세 암살자인 법과 재산과 종교를 끊습니다. 나는 모든 인류를 조종하고 통제하기 위해 자행되는 탐욕과 주술도 끊습니다.

성부 하나님, 성자 예수 그리스도, 거룩하신 성령님의 이름으로 나는 프리메이슨의 모든 등급에서 자행된 우상숭배, 신성모독, 비밀엄수, 속임수 등에 관련된 저주들과 범죄들을 끊고 파쇄합니다. 또한 이 모든 것들이 나의 삶에 끼친 영향력들을 깨끗이 씻어내기 위해 예수 그리스도의 보혈을 적용합니다.

그 밖의 모든 등급들(All other degrees)

영연방 메이슨(British Commonwealth Masonry)과 미국 & 프린스 홀 메이슨(America and Prince Hall Masonry)은 높은 등급들에서 여러 가지 차이점을 지닌다(영연방에서는 오직 18도, 30도, 31도, 32도, 33도만 기능한다). 미국에서만 기능하고 있는 등급들에는 단락머리에 (***)표를 붙여 표시하였다.

나는 기타 모든 맹세들과, 다른 모든 등급들에서 치러진 의식

부록3 | 프리메이슨 끊기

들 및 이와 관련된 저주들을 끊습니다. 나는 프린스 홀 프리메이슨, 몰몬교, 아마란스 단(the Order of Amaranth), 오드펠로우(Oddfellow-18세기 영국에 창립된 비밀 공제 조합의 회원: 역주), 버팔로즈(Buffalos), 드루이즈(Druids), 포레스터즈(Foresters), 오렌지(Orange), 엘크스(Elks), 무스(Moose), 독수리 랏지(Eagles Lodge), KKK단(Ku Klux Klan), 그레인지(the Grange), 우드맨 어브 더 월드(Woodmen of the World), 라이더스 어브 더 레드로브(Riders of the Red Robe), 우애공제회(Knights of Pythias), 마법세계의 숨겨진 예언자들의 신비조직(the Mystic Order of the Veiled Prophets of the Enchanted Realm), 여성들로 구성된 동방별단(women's Orders of the Eastern Star)과 예루살렘의 흰색 전당(White Shrine of Jerusalem), 소녀들로 구성된 동방별의 딸들(girl's order of the Daughters of the Eastern Star), 국제 직업소녀단(International Orders of Job's Daughters), 무지개단(the Rainbow), 소년들로 구성된 드몰레단(the boy's Order of DeMolay) 및, 이것들이 나와 나의 가정에 끼친 영향력들을 끊습니다.

쉬라이너(Shriners)

***나는 '고대 아랍단(Ancient Arabic Order of the Nobles of the Mystic Shrine)'에 관련된 맹세들과 저주들과 죄악들과 형벌들을 끊습니다. 나는 세 날 칼로 안구에 구멍을 뚫는 것, 발의 살가죽을 벗겨내는 것, 광기, 거짓 우상인 알라(Allah)를

포로들을 해방시키라

우리 조상들의 신으로 경배한 것 등을 끊습니다. 나는 눈가림, 모의사형, 모의참수형, 희생자의 피를 마시는 모양을 흉내 낸 일, 신입회원을 향해 마치 개가 오줌 누는 모양을 흉내 내는 일, 축하의 의미로 소변을 헌납하는 일 등을 끊습니다.

***나는 '비밀 마스터(Secret Master)' 등급을 비롯하여 '미국인과 그랜드 오리엔트 랏지(American and Grand Orient Lodge)'에 참여한 것과 관련된 맹세들과 저주들과 죄악들과 형벌들을 끊습니다. 또한 비밀 암호인 '아도나이(ADONAI)'와 프리메이슨 내에서 통용되는 이 단어의 신비사술적인 의미를 끊습니다.

***나는 '완벽한 마스터(Perfect Master)' 등급 및, 그 비밀 암호인 '마-하-본(MAH-HAH-BONE),' 또한 나무망치로 바닥에 세게 내동댕이치는 형벌을 끊습니다.

***나는 '친밀한 비서관(Intimate Secretary)' 등급 및, 신성모독을 목적으로 사용된 비밀 암호인 '여호와(JEHOVAH),' 또한 몸을 절개하고 살아있는 내장들을 꺼내어 조각낸 뒤 들판의 짐승들에게 던져버리는 형벌 등을 끊습니다.

***나는 '감독관과 심판관(Provost and Judge)' 등급과 그 비밀 암호인 '히룸-티토-시비-키(HIRUM-TITO-CIVI-KY),' 또한 코를 베어버리는 형벌을 끊습니다.

***나는 '건축의 지사(Intendant of the Building)' 등급과 그 비밀 암호인 '아카르-야이-야(AKAR-JAI-JAH),' 또한 안구를 빼버리고 몸을 두 동강낸 뒤 내장들을 노출시킨 채 그대로 방치해두는 형벌을 끊습니다.

***나는 '선임된 9인 기사단(Elected Knights of the Nine)' 등급과 그 비밀 암호인 '네캄 나카(NEKAM NAKAH),' 또한 머리를 베어내어 동쪽에서 제일 높은 막대기 위에 걸어두는 형벌을 끊습니다.

***나는 '빛나는 15인의 선임(Illustrious Elect of Fifteen)' 등급과 그 비밀 암호인 '엘리그남(ELIGNAM),' 또한 몸을 십자 모양으로 절개한 뒤 8시간 동안 대기 중에 노출시켜 놓음으로 파리들이 뜯어먹게 하고, 머리를 베어내어 높은 첨탑 끝에 매달아놓는 형벌을 끊습니다.

***나는 '12인의 고귀한 선임 기사단(Sublime Knights elect of the Twelve)' 등급과 그 비밀 암호인 '스톨킨-아도나이(STOLKIN-ADONAI),' 또한 손을 둘로 절단시키는 형벌을 끊습니다.

***나는 '건축의 달인(Grand Master Architect)' 등급과 그 비밀 암호인 '랍바나임(RABBANAIM),' 또한 그 형벌들을 끊습니다.

***나는 '솔로몬의 9번째 아치 기사단(Knight of the Ninth Arch of Solomon)' 등급과 그 비밀 암호인 '여호와(JEHOVAH),' 또한 몸을 숲속 짐승들에게 먹이로 내어주는 형벌을 끊습니다.

***나는 '위엄 있는 선임 메이슨, 완벽하고 숭고한 메이슨(Grand Elect, Perfect and Sublime Mason)' 등급과 그 비밀 암호, 또한 몸을 절개하여 내장들을 독수리의 먹이로 내어주는 형벌을 끊습니다.

예루살렘의 왕자 협의회(Council of princes of Jerusalem)

***나는 '동방 기사단(Knights of the East)' 등급과 그 비밀 암호인 '라프-오-돔(RAPH-O-DOM),' 또한 그 형벌들을 끊습니다.

***나는 '예루살렘의 왕자(Prince of Jerusalem)' 등급과 그 비밀 암호인 '테벳-아다르(TEBET-ADAR),' 또한 옷을 모두 벗긴 뒤 의식용 단검으로 심장을 찌르는 형벌을 끊습니다.

장미 십자 총회(Chapter of the rose croix)

***나는 '동방과 서방의 기사(Knight of the East and West)'

등급과 그 비밀 암호인 '아바돈(ABADDON),' 또한 전능한 천지만물의 창조자의 혹독한 분노를 불러일으키는 형벌을 끊습니다.

카도쉬 협의회(Council of kadosh)

***나는 '위엄있는 제사장(Grand Pontiff)' 등급에 참여한 일에 관련된 맹세들과 저주들과 죄악들과 형벌들을 끊습니다. 또한 비밀 암호인 '임마누엘(EMMANUEL)'과 그 형벌들을 끊습니다.

*** 나는 '심볼릭 랏지의 그랜드 마스터(Grand Master of Symbolic Lodges)' 등급과 그 비밀 암호인 '젝슨(JEKSON)'과 '스톨킨(STOLKIN),' 또한 그 형벌을 끊습니다.

*** 나는 '노아카이트 프로이센 나이트(Noachite of Prussian Knight)' 등급과 그 비밀 암호인 '펠레그(PELEG),' 또한 그 형벌을 끊습니다.

*** 나는 '왕실 도끼 기사단(Knight of the Royal Axe)' 등급과 그 비밀암호인 '노아-베잘릴-소도니아스(NOAH-BEZALEEL-SODONIAS),' 또한 그 형벌을 끊습니다.

*** 나는 '장막의 족장(Chief of the Tabernacle)' 등급과 그 비

밀 암호인 '우리엘-여호와(URIEL-JEHOVAH),' 또한 땅이 갈라져서 목을 삼켜버리므로 내가 비명횡사할 것이라는 데 동의하는 형벌을 끊습니다.

*** 나는 '장막의 왕자(Prince of the Tabernacle)' 등급과, 돌로 맞아죽고 시체는 썩을 때까지 그대로 땅에 방치시켜 놓는 형벌을 끊습니다.

*** 나는 '놋 뱀의 기사(Knight of the Brazen Serpent)' 등급과 그 비밀 암호인 '모세-요하네스(MOSES-JOHANNES),' 또한 심장을 독뱀들의 먹이로 내어주는 형벌을 끊습니다.

*** 나는 '자비의 왕자(Prince of Mercy)' 등급과 그 비밀 암호인 '고멜, 여호와, 야긴(GOMEL, JEHOVAH, JACHIN),' 또한 온 우주로부터 괴롭힘과 정죄를 당하는 형벌을 끊습니다.

*** 나는 '신전의 기사 사령관(Knight Commander of the Temple)' 등급과 그 비밀 암호인 '솔로몬(SOLOMON),' 또한 전능하신 하나님의 가장 가혹한 분노가 임하게 된다는 형벌을 끊습니다.

*** 나는 '태양의 기사 사령관(Knight Commander of the Sun)' 혹은 '숙련된 왕자(Prince Adept)' 등급과 그 비밀 암호인 '스티비움(STIBIUM)'을 끊습니다. 또한 붉게 달아오른 인두를 혀 안으로 쑥 집어넣고, 두 안구를 빼어내고, 후각기능

과 청각기능을 제거하고, 양손을 절단한 채, 굶주린 짐승들의 먹이가 되도록 방치하거나, 하늘에서 내리는 번개에 맞아 죽게 만드는 형벌을 끊습니다.

*** 나는 '그랜드 스코틀랜드의 성자 앤드류 기사(Grand Scottish Knight of Saint Andrew)' 등급과 그 비밀 암호인 '느카마-풀락(NEKAMAH-FURLAC),' 또한 그 형벌들을 끊습니다.

*** 나는 '위엄 있는 제사장의 카도쉬 협의회(Council of Kadosh Grand Pontiff)' 등급과 그 비밀 암호인 '임마누엘(EMMANUEL),' 또한 그 형벌들을 끊습니다.

나는 청색 랏지의 의식에 사용되는 첫 번째 트레이싱 보드, 두 번째 트레이싱 보드, 세 번째 트레이싱 보드의 상징적인 의미와 고대 이교도의 가르침을 끊습니다. 나는 이교도 의식인 '원 내의 점(Point Within a Circle)'과 이 의식에 수반되는 온갖 속박들과 남근숭배를 끊습니다. 나는 바둑판 모양의 가장자리에 다섯 꼭짓점의 '블레이징 스타(blazing star)'가 있는 흑백의 모자이크 식 바닥에서 행해지는 신비사술적인 신비주의를 끊습니다. 나는 'G' 심볼과 이 심볼이 지닌 은밀한 이교적 상징 및 속박들을 끊습니다. 나는 높은 등급들에서 루시퍼(Lucifer)로 정체가 드러난 위대한 조물주(the Great Architect of Universe)와, 이를 우주의 아버지인 하나님으로 거짓 사칭하는 일을 철저히 끊습니다. 나는 루시퍼를 새벽별이자 광명한 하나님이라 사칭하는 일을 끊어버립니다. 나는 예수 그리스도야말로 요한계시록 22장 16절에 언급된 광명한 새벽별이심을 선포합니다.

나는 이마에 붙어있어 모든 것을 본다는 프리메이슨의 제3의 눈, 혹은 '호루스(Horus),' 및 그 이교적이고 신비사술적인 상징을 끊습니다. 지금 나는 예수 그리스도의 이름으로 영적 세계를 볼 수 있는 제3의 눈과 모든 신비사술적인 능력을 닫습니다. 또한 내가 알아야할 모든 영적인 사실들에 관하여 오직 예수 그리스도께서 보내신 성령님만을 신뢰하겠습니다. 나는 거짓 친교 혹은 거짓 성찬식 및, 갈보리 십자가 상에서 이루신 예수 그리스도의 구속적 사역에 대한 온갖 조롱과 불신앙과 혼동(어지럼증의 영), 우울(무거움의 영), 또한 루시퍼를 하나님으로 숭배하는 것을 모두 끊습니다. 나는 인간은 죄인이 아니라 단지 불완전한 존재일 뿐이기에 선행을 통해 스스로를 구원할 수 있다는 프리메이슨의 거짓말을 끊어버립니다. 나는 내가 구원받기 위해 할 수 있는 일은 전혀 없다는 성경의 가르침을 기뻐합니다. 나는 오직 예수 그리스도께서 갈보리 십자가상에서 성취하신 사역과 예수 그리스도 안에 있는 믿음을 통한 은혜로써만 구원받을 수 있습니다.

나는 예수 그리스도의 이름으로 프리메이슨의 거짓 구원자 '히람 아비프(Hiram Abiff)'를 끊습니다. 나는 거짓된 부활을 끊습니다. 오직 예수 그리스도만이 부활이요 생명이십니다!

부록3 | 프리메이슨 끊기

나는 예수 그리스도의 이름으로 광기와 고뇌와 죽음의 소원과 자살과 죽음에 대한 온갖 두려움들을 끊습니다. 예수 그리스도는 죽음을 이기셨습니다. 오직 예수 그리스도만이 죽음과 지옥의 열쇠를 쥐고 계십니다. 지금 이 순간도 주님의 팔로 나의 생명을 지켜주고 계시기에 나는 기쁩니다. 주님은 나에게 풍성하고 영원한 생명을 주시려 오셨습니다. 나는 주님의 약속들을 믿습니다.

나는 모든 분노, 증오, 살인적인 생각들, 복수, 앙갚음, 영적 무감동, 거짓 종교, 특히 거룩한 성경과 하나님의 말씀에 대한 온갖 불신앙들, 하나님의 말씀에 대한 온갖 타협들을 끊습니다. 나는 거짓 종교들을 영적으로 추구하는 행위들, 하나님을 기쁘시게 하려는 모든 인간적인 노력들을 끊습니다. 나는 예수 그리스도를 나의 주님이자 구세주로 발견하였고 또한 주님도 나를 발견하셨다는 지식 안에서 안식을 얻습니다.

나는 나의 소유물 중, 프리메이슨, 주술, 몰몬교, 모든 종류의 예복들, 앞치마, 의식관련 서적들, 증명서들, 상패들, 반지들, 기타 장신구 등, 모든 랏지들 및 신비사술적인 조직들과 연관된 물건들을 불태워 버리겠습니다. 나는 컴퍼스와 직각자, 올가미와 눈가리개 등, 프리메이슨과 관련된 모든 물건들이 나와 나의 가정에 미치는 영향력들을 끊습니다.

이제 프리메이슨과 연관을 갖고 있는 사람들은 모두 아래에 언급하는 사항들을 성실한 자세로 수행해야 한다.

포로들을 해방시키라

1. 상징적으로 눈가리개를 제거하고 이를 주님의 처분에 맡겨드리라.
2. 1번과 동일하게, 상징적으로 애도용 베일을 제거하라.
3. 상징적으로 목에 두르는 올가미를 절단하여 제거하고, 이를 몸에 걸쳐 늘어뜨린 밧줄과 한데 모아서, 주님의 처분에 맡겨드리라.
4. 프리메이슨의 거짓된 혼인서약을 끊고, 이 거짓된 혼인서약을 위해 오른손 약지에 끼고 있던 반지를 빼어 주님의 처분에 맡겨드리라.
5. 상징적으로 당신의 몸에서 프리메이슨의 사슬과 속박들을 제거하라.
6. 상징적으로 프리메이슨에 속한 모든 예복과 갑옷, 특히 앞치마를 제거하라.
7. 프리메이슨의 랏지들과 신전들을 비롯하여, 몰몬교나 기타 신비사술/프리메이슨에 속한 온갖 조직들이 있는 불경건한 땅을 밟고 다닌 일에 대하여, 회개하고 주님의 용서를 구하라.
8. 상징적으로 발목에서 금속구가 달린 족쇄를 제거하라.
9. 사단과 그의 졸개 귀신들은 더 이상 당신을 나쁜 방향으로 끌고 가고 조종할 아무런 합법적 권한이 없음을 선포하라.
10. 기타 프리메이슨과의 불경건한 혼의 묶임을 회개하라. 가족이나 동료 크리스천들보다 그들과 더 깊은 언약관계에 있기로 선택한 일을 회개하라.

성령님! 이 외에도 제가 반드시 시행하거나 기도해야 할 사항이 있다면 알려주옵소서. 저와 제 가정은 프리메이슨, 주술, 몰몬교, 이교도의 영향에서 온전히 자유케 되기를 원합니다. (여기서 잠시 멈추고 주님의 음성에 귀를 기울이라. 성령께서 당신을 인도해가 주시도록 기도하라.)

사랑하는 하나님 아버지! 저는 겸손히 하나님의 아들 예수 그리스도의 보혈을 청구합니다. 고백하고 끊어버린 모든 죄악들로부터 저를 정결케 해 주옵소서. 이런 죄악들로 인해 더러워진 제 영과 혼, 생각, 감정, 모든 신체 부위들을 깨끗케 해 주옵소서. 예수님의 이름으로 기도합니다. 아멘.

내가 예수 그리스도의 이름으로 명하노니, 내 몸의 모든 세포들은 하나님이 만드신 원래의 질서대로 복원되며 치유되고 온전해질지어다. 모든 화학적 불균형과 신경기능들은 회복될지어다. 모든 암세포들은 활동을 중단하고 모든 퇴행성 질병들은 역전될지어다.

예수 그리스도의 이름으로 간구합니다. 성경에 언급된 수많은 약속의 말씀에 따라 저를 모든 악한 영들로부터 구원하여 주옵소서. 제가 이제까지 고백하고 끊어버린 죄악들과 연관된 온갖 허약의 영, 모든 저주들, 중독들, 질병들이나 알레르기로부터 저를 구원하여 주옵소서.

주님! 주님의 성령으로 제게 세례를 베풀어 주옵소서. 저는 에베소서 6장의 말씀을 따라 하나님의 전신갑주를 취하고 그 보호막 안에 거하겠습니다. 주 예수님이야말로 저의 주님이시요 저의 구원자이십니다. 주님의 자비와 용서, 사랑을 인하여 감사드립니다. 예수님의 이름으로 기도합니다. 아멘.

포로들을 해방시키라

부록 3에 사용된 자료들은 다음 저서에서 저자의 허락 하에 인용하였다. Dr. Selwyn Stevens,「Unmasking Freemasonry-Removing the Hoodwink」 (www.jubilee-resources.com):P.O. BOX 36-044, Wellington 6330, New Zealand (ISBN 1877203-48-3)

부록 4

노예의 뿌리 끊기

사랑하는 하나님! 예수 그리스도께서 갈보리에서 이루신 온전한 사역으로 말미암아 은혜와 자비의 보좌를 베풀어주심에 감사드립니다. 주님! 조상들로부터 세대적으로 내려오는 모든 저주와 멍에와 거짓 언약과 죄악으로부터 저를 끊어주시고 자유케 해주시기를 간구합니다. 제게 대물림되어 내려온 모든 죄악들과 범죄들에 대한 모든 책임을 전적으로 제가 떠안고 회개합니다. 저에게 새로운 자유를 허락하여 주시니 감사합니다.

나는 우리를 팔아넘긴 자들, 우리를 사들인 자들, 우리를 학대하고 혹사시킨 자들에 대해 죄악된 반응을 하였음을 고백하며, 그들을 용서합니다. 나는 나사렛 예수 그리스도의 이름으로, 분노, 증오, 부인, 비통, 가난, 거부, 자기거절, 보복, 살인, 폭력, 저주의 말들, 복수하겠다는 맹세 등을 용서함으로 해제합니다.

포로들을 해방시키라

나는 죄악된 감정들과 반응들을 해제하기로 선택합니다. 예수님의 이름으로 나는 나를 노예로 만드는 일에 연관된 사람들을 용서하기로 선택합니다.

주님! 주님이 제게 베풀어주시는 자비로 말미암아, 저도 제 손발을 쇠사슬로 묶고 저(제 가족)를 천박한 존재로 만들어놓은 이들에게 자비를 베풀 수 있습니다. 그들이 저와 동일한 인종이든 아니든 저는 예수님의 이름으로 그들을 용서합니다!

나는 내 조상들과 나에게 행해진 온갖 구체적인 일들을 예수님의 십자가에 못 박고, 이를 주님의 보혈로 덮습니다.

나는 과거의 고통으로부터 벗어나기로 선택합니다. 나는 최초의 조상들이 살던 나라에서부터 활동하면서 내 안에 지배력을 행사하고 있었을 악한 영들을 단절시키며, 조상으로부터 물려받은 것 중 귀신과 관련된 모든 것들을 끊습니다.

예수님의 이름으로 나는 모든 가계의 영들을 끊어내며 지금 당장 내게서 떠나가라고 명령합니다!

나는 귀신이 개입된 모든 뿌리들, 부족의 상징적인 마크들, 신비사술과 관련된 모든 직업들과 신분들, 은사들, 재능들, 능력들을 끊고 파쇄합니다. 나는 나와 내 가정 안에 반복적으로 발생한 아래와 같은 패턴과 주기가 행사하는 지배력을 파쇄합니다.

부록4 | 노예의 뿌리 끊기

굶주림에 대한 두려움
유랑자(방랑자)
온갖 종류의 섭식장애
아버지 없는 세대들
진리와는 상관없이 인종을 최우선적으로 고려하는 것
음식에 대한 강박관념
진리를 부인함
알코올중독과 마약들
모든 형태의 중독
돈을 다룰 줄 모름
절도, 도박, 낭비
부동산 소유에 대한 집착
모든 형태의 가난
　　믿음결핍
　　자기가치 부족
　　관계의 가난
　　가정생활의 가난
난잡한 성생활
　　불법적인 성생활
　　강간
　　학대
　　온갖 형태의 자위행위

나는 노예의 뿌리를 통해 내 삶에 초래된 결과를 끊어버립니다. 내가 예수 그리스도의 이름으로, 속박의 영, 무거움의

포로들을 해방시키라

영, 두려움의 영, 질투의 영, 주술의 영, 거짓말의 영, 기타 나와 나의 가정을 세대적으로 괴롭혀온 견고한 진 안의 모든 귀신들에게 명령한다. 내가 너를 묶고 꾸짖노라. 지금 당장 내게서 떠나가라! (돌파를 위해 잠시 기다리라.)

하나님 아버지, 감사합니다. 저는 주님의 자녀입니다. 주님께서 저를 주님의 양자로 삼아주셨습니다. 더 이상 제 안에는 노예(속박)의 영이 있지 않습니다. 저는 양자의 영을 흔쾌히 받아들임으로 주님께 아바 아버지라 부르짖습니다. 제 몸과 혼과 영에서 노예의 표시를 제거해주시니 감사합니다. 사랑합니다, 주님! 저는 가장 높으신 하나님의 자녀입니다. 예수님의 이름으로 기도합니다. 아멘.

부록 4에 사용된 자료들은 다음 저서에서 저자의 허락 하에 인용하였다. Kanaan Bedieninge,『Prayers of Renunciation』(Cape Town, South Africa: np., nd.), 199-203.

부록 5

힌두교 끊기

사랑하는 하나님 아버지! 예수 그리스도의 이름으로 제가 힌두교의 속임수와 거짓된 교리에 관여한 죄악을 고백합니다. 우상숭배는 주님이 매우 싫어하시는 것임을 인정하오니, 우상을 숭배한 저와 제 가정을 용서해 주옵소서.

• 나는 아래에 열거된 거짓되고 불경건하며 하나님의 말씀에 상반된 힌두교의 경전들을 끊습니다.

1. 우파니샤드(베다에 기초한 것. 윤회에 관한 교리와 철학이 중심을 이루고 있음.)
2. 베다(리그베다: 신들을 찬미하는 찬양들)
3. 푸라나(고대의 신화들)
4. 바가바드기타(힌두 신들의 노래들)
5. 사마베다(리그베다에서 인용한 노랫말. 의식과 희생제사에 사용됨.)
6. 야주르베다(희생제사와 관련된 의식을 위한 가르침들)
7. 아타르바베다(병자를 치유하고 전쟁의 승리를 기원하기 위한 주문

포로들을 해방시키라

들과 노랫말)
8. 브라마나스(희생제사와 의식들에 관한 추가 규정들)
9. 법전(힌두교 공동체를 다스림.)
10. 서사시적 이야기들
    a. 마하바라타(바가바드기타에서 인용)
    b. 라마야나(영웅/라마 신 이야기)

주님! 불경건한 희생제사와 의식에 참여하고 이를 행한 저를 용서해 주옵소서. 주님이 요구하시는 제사는 상한 심령과 통회하는 마음입니다. 제가 지금 이러한 제사를 주님께 올려드립니다. 하나님 아버지! 저의 몸을 주님께서 받으실만한 거룩한 산제사로 드립니다.

• 나는 거짓되고 사악한 힌두교의 우상들을 거부합니다. 나는 그들을 배격하며 나에게 전가된 모든 저주들을 파쇄 합니다.

1. 브라만(창조의 신)
2. 비슈누(유지의 신)
3. 크리슈미(비슈누의 환생)
4. 샤크티(모신; 척주에 연결된 쿤달리니 뱀을 상징함)
5. 가네쉬(코끼리 신)
6. 라마(비슈누의 환생)
7. 칼리(사악한 형태의 또 다른 샤크티)
8. 시바/시반(파괴의 신)
9. 기타 등등.

부록5 | 힌두교 끊기

• 나는 아래에 열거된 힌두교의 가르침들을 기타 철학들이나 교리들과 함께 끊습니다.

1. 일종의 철학이자 신앙고백으로서의 힌두교
2. 신비주의적인 통찰을 받는 통로로서의 힌두교
3. 영원한 구원의 기초인 환생(니르바나-열반); "나는 윤회의 순환적 고리를 끊습니다."(삼사라-윤회)
4. 인과응보의 법칙(이 세상에서의 운명을 결정지음)
5. 일련의 챠크라 혹은 로터스의 위치 혹은 윤회(a.k.a. 인생윤전); "나는 척주의 여러 지점과 연결되어있는 이 윤회를 끊습니다."
6. 신체의 바깥 영역에 있는 에테르 계 내의 일곱 중심부들 및 이 중심부들이 담당하는 기능들; 예를 들어, 심리적인 능력을 사용하는 것.
7. 요가와 명상, 기타 모든 우주적 경전들과 관련된 비밀 교리들.
8. 힌두교가 기원을 두고 있는 아리안 족 및 이들이 신봉하는 신들을 위한 제의와 찬미에 사용된 모든 노래들(리그베다); "나는 피부색이 사람의 가치를 결정짓는다는 사상을 끊습니다. 나는 나 자신이 최하층계급인 불가촉천민(不可觸賤民)들보다 낫다고 생각하는 교만을 끊습니다."
9. 윤회의 수레바퀴를 대표하는 세 가지 주요 흐름들; 예를 들어,
   a. 지식 철학
   b. 종교적 관찰 행위들

포로들을 해방시키라

c. 헌신

• 나는 환생과 현신(現身)을 끊습니다. 나는 힌두교의 우상들을 배격하며 불경건한 제단들로부터 돌아섭니다. 나는 힌두교의 사제들 및 힌두교의 은둔자와 요가 수행자들과의 불경건한 혼의 묶임을 끊습니다. 나는 힌두교가 거짓되고 기만적인 종교임을 고백합니다.

• 나는 샤비비즘(Shavivism)과 관련하여 짐승이나 사람을 희생 제물로 바치는 일을 끊습니다. 살해하는 일에 사용된 나의 손을 정결케 해주옵소서. 우상들을 기쁘게 하기 위해 나의 몸을 화상들과 상처들로 괴롭게 한 것을 용서해 주옵소서.

• 나는 아래에 열거하는 힌두교의 뿌리들을 끊습니다.

1. 고행주의
2. 명상
3. 호흡기법들
4. 아스트랄 프로젝션(astral projection)

• 나는 브라만(Brahman-하위계급 신들의 도움으로 세상을 통치하는 최고의 신)을 끊습니다. 나는 귀신들과 그의 강한 자들이 빼앗아간 모든 영토들을 되찾으며, 이들에게 열려있던 모든 문들을 닫습니다.

- 나는 오라(aura), 진자(pendulum), 방울들(bells), 소위 '공(gong)' 등을 통한 치유를 끊고 파쇄합니다.

- 나는 아래에 열거하는 사항들이 비성경적이고 거짓임을 선포합니다.

  모든 인간은 결빙된 에너지로 이루어진 존재라는 신념
  오실로스코프(oscilloscope)로 사람의 오라(aura)를 평가함
  챠크라의 색깔과 빛이 사람의 오라(aura)를 결정함

- 나는 챠크라를 끊고 이것이 나에게 행사하는 권세를 파쇄합니다.

  빨강(땅 챠크라): 유전 암호, 본능들
  주황(달 챠크라): 성적 추동, 다산
  노랑(해 챠크라): 개인적인 힘
  초록: 아스트랄 빛(astral light)의 중심부
  파랑: 시간을 지배함
  보라: 예술, 음악, 시, 춤, 드라마, 문학, 과학
  하양: 아스트랄 프로젝션에서 혼이 몸을 떠나가는 중심통로

- 나는 아래에 열거된 힌두교의 가르침들을 끊습니다.
인간의 자아(ego)는 초월적인 동시에 내재적이며, 시작과 끝도 없고, 출생과 죽음도 없다. 요가(yoga)는 형이하학과 형이상학의 통합체이다. 기타 온갖 형태의 신비주의, 신비사술,

포로들을 해방시키라

요술 등.

요가의 모든 단계들; 예를 들어, 무의식과 몸을 통제함. 무의식과 혈액순환을 통제함. 모든 자연적인 힘들을 주관함. 마술과 요술 등을 지배함.

초월적 명상, 요가, 만트라(mantras), 호흡기법, 마인드컨트롤, 자기최면, 환생요법, 최면술, 초능력, 영적인 행위들, 투시, 심상과 명상, 아스트랄 프로젝션 등, 온갖 종류의 실바 방법(Silva method).

• 나는 샤크티와 시바 및 이들의 합일을 통해 쿤달리니 에너지를 각성시킨다는 가르침을 끊습니다. 이제 나는 샤크티와 시바, 쿤달리니 뱀을 나와 분리시키고 단절하며, 지금 당장 나로부터 떠나갈 것을 명령합니다. 나는 그들의 문지기들(gatekeepers)을 쫓아내며, 모든 위임장들을 찢어버리고, 그들의 모든 가르침들을 취소합니다.

어두움의 영들아, 나는 예수 그리스도의 이름으로 너를 제압할 권세를 가지고 있다. 내가 쿤달리니 뱀에 붙어있는 성도착의 영, 거짓 교리들에 붙어있는 주술의 영, 거짓 신들에 붙어있는 적그리스도의 영들을 묶고 그 입에 재갈을 물리노라. 내가 명하노니 너희들은 잠잠하고 무기력해질지어다. 이 견고한 진들 안에 숨어있던 모든 마귀들은 떠나갈지어다. 예수 그리스도의 이름으로 명하노니 내 생각과 척추골과 내장들과 몸에서 떠나가라! 내가 너희들을 나에게서 쫓아낸다. (돌파가 감지될 때까지 권세를 가지고 이 내용을 반복하라.)

부록5 | 힌두교 끊기

강한 자들아! 너희는 나에게서 떠나갈지어다. 나는 네 속임수들과 거짓말들을 금지하며 거부한다. 묶임을 풀고 떠나가라. 나의 가정, 소유물, 가족들로부터 손을 놓고 지금 당장 떠나갈지어다!

하나님 아버지! 요가 동작을 연습함으로써 제 몸에 대한 주권을 쿤달리니 세력에 내어준 죄악을 용서하여 주옵소서. 제가 지금 성령의 검을 취하여 저와 제 가정에 대한 쿤달리니의 세력을 끊습니다. 그리고 열려진 모든 문들을 닫고 이를 예수님의 보혈로 인봉합니다.

오늘 저는 제 영과 혼과 몸을 나사렛 예수 그리스도의 이름 안에 있는 진리의 왕국의 통치권에 복종시킵니다. 이 복종은 철회할 수도 되돌릴 수도 없습니다. 예수님의 이름으로 기도합니다. 아멘.

부록 5에 사용된 자료들은 다음 저서에서 저자의 허락 하에 인용하였다. Kanaan Bedieninge,『Prayers of Renunciation』(Cape Town, South Africa: np., nd.), 89-110.

부록 6

몰몬교 끊기

사랑하는 하나님 아버지! 예수 그리스도의 이름으로 주님 앞에 나아옵니다. 제가 거짓된 교리에 관여하였음을 인정하며 주님의 용서를 구합니다. 주님의 보혈로 저를 깨끗하고 거룩하게 해주시고, 주님의 말씀으로 저를 자유케 해주시니 감사합니다.

• 나는 조셉 스미스(Joseph Smith)가 천사 모로나이(Moroni)와의 만남을 근거로 하여 만든 몰몬경의 모든 신념들을 끊습니다. 나는 하나님의 기록된 말씀에 몰몬경을 첨부하는 죄를 범했음을 인정합니다.

• 나는 몰몬경이 성경을 검증해주고 확증시키는 책이라는 신념을 끊습니다. 나는 조셉 스미스의 온갖 거짓된 가르침들을 끊고 파쇄합니다.

• 나는 몰몬 교회를 다스리는 통치자급의 두 영들, 소위 '모

포로들을 해방시키라

로나이(Moroni)'와 '므낫세(Manasseh)'를 끊습니다. 예수 그리스도의 이름으로 명하노니 이 두 귀신들은 나와 분리될지어다.

• 나는 아래에 열거하는 가르침들을 끊습니다.

   1. 하나님은 육신의 몸을 가지고 있으므로 시간과 공간에 제한을 받는다.
   2. 예수님이 이루신 화해의 사역은 영혼구원을 위한 것이 아니라 지구를 죽음에서 구원하기 위한 것이다.
   3. 예수님은 오직 아담(Adam)의 죄 때문에 죽으셨다.
   4. 우리의 죄는 오직 세례[침례]를 통해서만 정결케 될 수 있다.
   5. 성령님은 시공의 제한을 받으므로 한 번에 한 곳에만 존재할 수 있다.
   6. 성령님은 모든 물질 중 가장 순수하고 정련된 일종의 거룩한 액체이다.
   7. 모든 사람은 자기보다 영적으로 열등한 존재들을 지배하는 신(god)이다.

• 나는 아담의 타락은 인류에게 아무런 영향을 주지 않았으며 모든 사람은 각자 자신의 죄 값을 치러야 하는 것뿐이라는 가르침을 끊습니다.

• 나는 살아있는 사람이 죽음에서 구원받으려면 세례[침례]

를 받아야 한다는 거짓말을 끊습니다. 나는 세례[침례]란 다만 구원받은 사실에 대한 간증일 뿐 구원의 필수조건이 아님을 고백합니다.

• 나는 아래에 열거된 가르침들을 끊습니다.

    최고 높은 하늘(highest heaven)이 존재하는데, 이곳은 가장 훌륭한 신자들이 다른 신자들을 다스리며 살아가게 된다. 다스리고 다스림을 받는 이들의 관계는 하나님 아버지와 우리가 누리고 있는 관계와도 동일하다.
    두 번째 지상천국(earth-heaven)이 존재하는데, 이곳은 하나님을 받아들이지 않고 율법을 준수하지 않은 타락한 신자들이 살아가게 된다.
    오직 사단(Satan)과 그의 타락한 천사들, 용서받지 못할 죄악을 저지른 이들을 위해 마련된 장소(지옥)가 있다.

• 나는 중혼/일부다처제 및, 한 남성이 거느린 아내의 수가 그 사람의 영성수준을 표시한다는 은근한 암시를 끊습니다.

• 나는 남편이 없는 여자는 결코 천국의 영광을 소유할 수 없다는 가르침, 최소한 한 명의 아내가 없는 남자도 천국의 영광을 소유할 수 없다는 가르침을 끊습니다.

• 나는 몰몬 교회를 형성하는 두 개의 주요협의회, 이른바 '아론의 제사장직(Aaron's Priesthood)'과 '멜기세덱의 반차

포로들을 해방시키라

(Order of Melchizedek)'를 끊습니다. 나는 모든 신자는 하나님 앞에서 왕이요 제사장이라고 가르치는 하나님의 말씀을 인정합니다.

내가 예수 그리스도의 이름으로 적그리스도의 영, 거짓말의 영, 오류의 영에게 명령한다. 나는 너희를 더 이상 힘을 쓰지 못하도록 꽁꽁 묶는다. 거짓말, 적그리스도, 오류의 견고한 진 안에 있던 모든 마귀들은 지금 당장 떠나갈지어다. 내가 너희의 묶임을 파쇄하고 너희의 모든 능력을 박탈하며 너희의 전략을 무효케 한다. 지금 당장 내게서 떠나갈지어다. 나의 머리와 생각과 어깨와 배와 가정과 소유물로부터 분리되어 떠나갈지어다. (여기서 돌파가 감지될 때까지 잠시 기다리라.) 너희 강한 자들 셋에게 명령하노니, 지금 당장 내게서 떠나가고 다시는 돌아오지 말지어다. 나는 이제 몰몬 교회와의 관계를 영원히 끊는다.

- 나는 성부 하나님과 성자 예수님과 성령 하나님은 서로 구별된 인격으로 기능하시는 한분이심을 고백합니다.

- 나는 예수 그리스도의 보혈이 나를 모든 죄에서 깨끗케 해주심을 고백합니다. 주님의 희생은 완벽하고 완전한 것입니다!

- 나는 사단과 그의 타락한 천사들, 그리고 예수 그리스도를 영접하지 않은 사람들이 영원히 살게 될 지옥이 존재함을 고백합니다.

부록6 | 몰몬교 끊기

• 나는 하나님이 새 땅과 새 예루살렘을 창조하실 때까지 구원받은 영혼들이 살게 될 천국이 존재함을 고백합니다. 아멘.

부록 6에 사용된 자료들은 다음 저서에서 저자의 허락 하에 인용하였다. Kanaan Bedieninge, 『Prayers of Renunciation』(Cape Town, South Africa: np., nd.), 87.

부록 7

파수대(여호와의 증인) 끊기

사랑하는 하나님 아버지! 예수 그리스도의 이름으로 주님 앞에 나아옵니다. 제가 잘못된 가르침을 신봉하였음을 깨닫게 해주시니 감사합니다. 거짓을 믿은 죄악을 용서해주옵소서. 예수님의 보혈을 통한 주님의 용서를 받아들입니다. 이제 제가 거짓 종교를 끊어낼 수 있도록 힘을 더해 주옵소서.

- 나는 오직 한 사람인 찰스 테이즈 러셀(Charles Taze Russell)만이 성경을 해석할 수 있다는 거짓된 가르침을 끊습니다. 그가 만들어낸 모든 해석들도 끊습니다.

- 나는 아래에 열거된 교리들을 끊습니다.

　　예수 그리스도는 삼위일체의 일부가 아니다.
　　하나님은 예수님을 최초로 창조하셨다.
　　미가엘 천사장이야말로 유일한 하나님의 독생자이다.

마리아에게서 태어난 미가엘이 하나님의 맏아들이다.
성령님은 인격이 아니라, 단지 앞으로 하나님의 뜻이 이루어
질 것을 확증하기 위한 일종의 활동적인 힘이다.
삼위일체의 개념은 사단(Satan)에게서 유래되었다.

• 나는 아래에 열거된 러더포드(Rutherford) 판사(조셉 프랭클린:Joseph Franklin)의 가르침들을 끊습니다.

지옥은 존재하지 않는다.
인간은 오직 혼(soul)으로만 구성되어 있다(살전 5:23의 내용에 위배됨).
만일 내가 죽으면 혼이 활동을 멈추어 죽은 상태가 되므로 지옥에도 갈 수 없다—나는 더 이상 존재하지 않게 되는 것이다.
부활 시에 두 번째 기회가 찾아온다.

• 나는 아래에 열거된 여호와의 증인의 가르침들을 끊습니다.

예수님은 평범한 한 신(a god)일뿐 하나님(God)은 아니다. 예수님이 완전한 중재자 되심을 부인함.
예수님이 목숨을 버리신 것은 죄나 심판 때문이 아니라, 나에게 두 번째 기회를 주시기 위함이었다.
예수님은 굳이 죄 때문에 피를 흘리실 필요가 없었다.
예수님의 고난과 십자가상에서의 죽으심은 부적절한 일이다. 반면에 주님이 한 인간으로서 철저하게 죽임 당하

신 사실만은 적절하다.

• 나는 아래에 열거된 가르침들을 끊습니다.

   오직 144,000명의 신자들만이 하늘로 올라가는 축복을 경험할 것이다. 나머지 신자들은 선행과 믿음, 충성스런 봉사를 통해 성실성이 입증된 자들에 한해, 이 땅에서 영생을 누릴 것이다.
   인간은 범죄로 인해 천국을 상실한 것이 아니다. 다만 지상천국을 잃었을 뿐이다.

• 나는 하나님의 심판이 1천년 동안 계속될 것이며 심판이란 단지 살아있는 동안 겪게 될 시련의 기간을 의미한다는 가르침을 끊습니다.

• 나는 그리스도가 1874년도에 이 땅에 오셨고 1914년도에 승천하셨으며 현재 우리는 수천 년 간 지속될 평화의 시기를 살아가고 있다는 해석을 끊습니다.

• 나는 파수대의 신입회원은 반드시 일을 해야 한다는 방침을 끊습니다. 나는 예수 그리스도의 이름으로 이 노예의 멍에를 내려놓습니다.

• 나는 여호와의 증인들만이 옳으며 나머지 모든 교회들은 바빌론으로서 사단의 통치하에 놓여있다는 신념을 끊습니다.

포로들을 해방시키라

• 나는 성경은 읽으면서 '성서연구(Studies in the Scriptures)'는 소홀히 하는 자는 2년 내에 암흑 속에 처하게 된다는 찰스 테이즈 러셀(Charles Taze Russell)의 저주를 끊습니다.

• 나는 러셀의 모든 가르침들을 끊으며 이것들로 인해 내 영과 혼(생각, 의지, 정서), 몸에 전가된 모든 저주들을 파쇄합니다.

• 나는 여호와의 증인들이 성경을 문맥에 상관없이 사용하고 있으며 자기 파괴적인 방식으로 성경을 왜곡하고 있음을 인정합니다.

내가 예수 그리스도의 이름 안에 있는 권세로, 주술의 영, 적그리스도의 영, 거짓말의 영을 묶노라. 이 강한 자들이 차지해온 견고한 진 안의 모든 것들은 지금 내게서 떠나갈지어다. 이 강한 자들을 섬기던 모든 마귀는 지금 당장 내게서 떠나가라. 내가 너를 거절하고 거부한다! 지금 떠나가라! (돌파가 감지될 때까지 반복하라.) 강한 자인 주술의 영, 적그리스도의 영, 거짓말의 영아! 내가 너희들의 굴레를 끊는다. 내게서 떠나가고 다시는 되돌아오지 말지어다!

내가 내 주 예수 그리스도의 이름으로 다음 사항들을 고백합니다.

• 예수님은 하나님이시며 하나님 아버지께로 갈 수 있는 유일한 길이십니다.

- 예수님은 육신적으로(몸으로) 무덤에서 부활하셨습니다. 나는 주님의 몸이 연기로 사라졌다거나 혹은 무덤 속에 남아있다는 거짓말을 끊습니다.

- 모든 사람이 심판하실 하나님 앞에 서게 될 날은 반드시 올 것입니다.

- 나는 다음을 고백합니다.
  예수님은 나를 죄와 죽음의 법에서 해방시켜 주시려고 저주가 되셨습니다.
  예수님을 구주로 영접하지 않는 자는 결단코 하나님 아버지께로 갈 수 없습니다.

- 나는 영생을 얻기 위해 반드시 거듭나야 합니다.

- 예수님은 나를 위해 십자가상에서 온전한 값을 치루셨습니다.
  나의 허물-주님이 나를 위해 보혈을 흘리셨습니다.
  나의 질병-주님이 채찍에 맞으심으로 내가 나음을 입었습니다.
  나의 죄악-주님이 상하심은 나의 죄악을 인함입니다.

- 성부 하나님과 성자 예수님과 성령 하나님은 서로 구별된 인격으로 기능하시는 한분이십니다.

- 나는 영생을 소유했으며 은혜로 구원받았습니다. 나의 구

포로들을 해방시키라

원은 행위가 아니라 믿음으로 말미암습니다. 구원은 하나님의 선물입니다.

• 나는 다음 사항을 고백합니다.

천국과 지옥은 존재합니다. 하나님은 의로운 자들을 위해 새 땅과 새 예루살렘을 창조하실 것입니다.
그리스도를 거부하는 불의한 자들은 영원한 지옥의 고통을 맛볼 것입니다.

하나님 아버지! 저의 (의식적, 잠재의식적, 무의식적) 생각을 이 모든 거짓으로부터 정결케 하여 주옵소서. 저를 진리 가운데로 인도해주실 성령님의 새로운 계시를 받아들입니다. 나의 영과 혼과 몸을 온갖 더러움에서 깨끗케 해주옵소서. 하나님의 말씀과 예수님의 보혈로 인해 감사드립니다. 예수님의 이름으로 기도합니다. 아멘.

부록 7에 사용된 자료들은 다음 저서에서 저자의 허락 하에 인용하였다. Kanaan Bedieninge,『Prayers of Renunciation』(Cape Town, South Africa: np., nd.), 5-10.

부록 8

사이언톨로지 끊기

사랑하는 하나님 아버지! 사교(cult) 사이언톨로지의 정체를 밝혀주시니 감사합니다. 제가 거짓을 믿었음을 용서해 주옵소서. 저의 죄에 대한 주님의 용서를 받아들입니다.

나는 나사렛 예수 그리스도의 이름으로 아래에 열거된 사이언톨로지 교회의 교리들을 거부하며 끊습니다.

1. 인간은 외계에서 지구로 옮겨왔다. 인간은 네 부분으로 구성된다.

    테탄(Thetan- 'THAY-ten'), 환생 가능한 불멸의 영
    물리적인 몸
    분석적 지성(mind)
    무의식적 지성(테탄은 온전한 사람을 철저히 통제하고 있으며, 엄청난 능력을 산출할 수 있다.)

2. 테탄은 우주창조를 책임진다. 테탄은 줄곧 창조물에만 너무 골몰한 나머지 자신이 진정 위대한 자임을 망각했다. 테탄이 다시금 자신의 잠재능력을 자각할 수 있는 유일한 비결은 바로 사이언톨로지의 가르침에 있다.

3. 테탄은 생각(conception)을 통해 인간의 물리적인 몸 안으로 들어갈 수 있다.

4. 인간에게는 무의식적 지성이 있다. 이 무의식적 지성은 충격, 상처들, 고통 등을 통해 분석적 지성을 역기능적으로 만들 수 있다. 이렇게 되면 무의식적 지성은 사건을 일종의 '엔그램(engram:기억의 흔적)'으로 받아들여 입력시켜두며, 이는 후일 신경증이나 정신장애들의 형태로 표출된다.

5. 테탄이 몸 안으로 들어가면, 수천 년의 진화과정 동안 보존되어온 모든 엔그램들은 출생과 동시에 받아들여진다는 적그리스도의 교리.

6. 인생은 생존 원리(principle of survival)에 근거한다.

- 나는 사람의 지적 능력과 자신에 대한 지식이 사이언톨로지에 의해 향상된다는 교리를 거부하고 끊습니다.

- 나는 다이아네틱스(dianetics: 심리치료법, 영적 건강에 관한 현

대과학)를 통해 질병을 치유하는 것을 거부하고 끊습니다.

• 나는 사이언톨로지의 목표인 '청명한 상태(Clear-지능지수는 최소한 135이상, 최고조에 달한 창조적 활력 및 심오한 휴식, 기억이 새로워진 상태)'로 되는 일을 거부하고 끊습니다.

• 나는 점진적인 과정을 거쳐 청명한 상태를 획득하는 일곱 단계들을 거부합니다. 나는 이 모든 등급들을 배격하며 나에 대한 이것들의 지배력을 파쇄합니다.

• 나는 '활성적인 테탄(Operating Thetan)'으로 알려진 등급들을 거부하고 끊습니다.

나는 성령의 검으로 나의 모든 상담자들이나 조언자들과의 혼의 묶임을 끊으며, 나의 상처받기 쉬운 내면의 부분들을 극복하기 위해 마련된 모든 강습회들을 거부하고 끊습니다.

나는 상담자가 이 미터(E-meter: 전자 심리측정기)로 나의 스트레스 지수를 측정하는 것을 거부하고 끊습니다.
나는 인간은 근본적으로 선한 존재이며 인생에서 발생하는 모든 문제들은 과거의 경험에서 말미암는다는 이론을 거부하고 끊습니다.

나는 인간이 가진 모든 문제의 해결책은 오직 사이언톨

로지에 있다는 이론을 거부합니다.

나는 내가 사이언톨로지 조언자와 함께 한 강습회의 회비를 완납해야만 비로소 구원을 받는다는 믿음을 거부하고 끊습니다.

나는 사이언톨로지의 창시자 론 허바드(L. Ron Hubbard)와의 불경건한 혼의 묶임을 파쇄하며, 그에게 배당된 친밀의 영들을 끊어버립니다. 나는 나의 영과 혼과 몸이 예수 그리스도와 하나님 아버지와 성령님께 속해 있음을 선포합니다.

나는 내가 잘 알지도 못하는 불경건한 세례[침례], 결혼, 장례식, 기타 의식들과 신조를 거부하고 끊습니다. 나는 나와 사이언톨로지와의 분리를 선포하며, 내가 성취한 모든 불경건한 수준들, 등급들, 위치들을 비롯하여 모든 반지, 장신구, 외투 등을 파기합니다.

나는 오류의 영, 미혹의 영들, 적그리스도의 영, 기타 사이언톨로지와 관련이 있는 모든 귀신들을 묶고 그 입에 재갈을 물리노라. 내가 명령하노니 모든 귀신들은 각각의 견고한 진으로부터 떠나갈지어다. 지금 당장 떠나가라! 너희 주인이 없으니 더 이상 너희들은 집에 남아있을 힘을 상실했다. 나는 모든 광기와 거짓 언약들과 두마음과 혼동의 저주들을 파쇄하노라. 모든 악한 영들은 떠나갈지어다! (여기서 돌파가 감지될 때까지 잠시 기다리라.) 이제 내가 명령하노니 '3인 1조'를 이룬 강한 자들은 내게서 떠나가고 다시는 돌아오지 말지어다.

예수님, 감사합니다. 주님이 저를 자유케 하셨습니다.
아멘! 아멘!

부록 8에 사용된 자료들은 다음 저서에서 저자의 허락 하에 인용하였다. Kanaan Bedieninge, 『Prayers of Renunciation』(Cape Town, South Africa: np., nd.), 74-77.

부록 9

신비사술과 뉴에이지 관행들 끊기

하나님 아버지! 저는 그동안 신비사술과 뉴에이지의 영향력에 대해 관심을 두고 살아왔습니다. 이로써 저는 주님께 죄를 범했습니다. 저의 무지와 신비사술/뉴에이지에 빠져 어두움에 동참한 죄악을 용서해주옵소서. 저의 모든 죄를 깨끗케 해주시니 감사합니다. 아멘.

나는 뉴에이지 운동에 관여한 것을 끊습니다. 또한 나는 거역은 사술이며 하나님이 매우 싫어하시는 것임을 시인합니다.
나는 최면술, 심상(visualization), 자기암시, 최면요법, 이미지 유도(controlled imagery) 등, 귀신의 억압으로 귀결되는 수많은 출입구들을 끊습니다.
나는 모든 심리요법들, 명상들, '바이오 리퍼럴(bio-referral),' 긍정적인 고백하기, 최면술, 전인의학(holistic medicines), 자기계발요법, 성공기법 혹은 동기부여기법 등을 끊습니다.
나는 성공심리학, '마인드심리학(mind-psychology),' 의지력 강화훈련, 형이상학, 기타 온갖 자기개발방법(예를 들어, 요가)

포로들을 해방시키라

들을 끊습니다.

나는 대안적 치유법에 해당하는 모든 뉴에이지 치유기법들을 끊습니다. 이 치유법의 원천은 사단(Satan)으로 하나님이 보시기에 매우 가증스런 것입니다. 나는 아래에 열거하는 사항에 관여함으로써 악한 영들에게 빼앗긴 모든 영토들에 대해 반환을 요구합니다.

침술
바람요법(aired-치유와 장수를 위한 힌두교 요법)
예술작품(포스터, 신상 등)
아스트랄 프로젝션(astral projection)/ 아스트랄 플라이트(astral flight)
점성술
오라(auras)
자동기술(automatic writing)
생물에너지학
바이오피드백
바이오리듬
흑마술 및 백마술
두뇌 및 정신(mind) 계발
카발라(cabbala-유대 신비교)
센터링(centering)
차크라(chakras)
채널링(channeling)

부록9 | 신비사술과 뉴에이지 관행들 끊기

챈팅(chanting)
그리스도 체험/ 육체이탈 체험
색채요법(chromo therapy)
의식 확장 기법들
칸투머시(contumacy-카드 읽기)
수정구슬
수정
다이어네틱스(dienetics)
점(혹은 수맥 찾기)
꿈 치료법
던전드래곤(dungeons & dragons)
전자장 치유(elector-magnetic healing)
펠덴크라이스법(Feldenkrais method-움직임의 자각; 영적인 의미가 부여되면 위험함)
운세(fortune-telling)
게슈탈트 의식훈련(Gestalt awareness)
영지주의(Gnosticism)
최면술
역경(易經)
심상(imagery)
홍채진단법(iridology-홍채의 상태를 파악함으로써 진단함)
신체운동학(kinesiology-에너지 경락에서 방해물을 제거함)
크로닝(kroning)
공중부양(levitation)
장수식품학(macrobiotics)

포로들을 해방시키라

무술(martial arts)

마사지(영기: 靈氣-우주적인 기 에너지를 사용하는 방사선 요법)

명상

형이상학(영(spirit)이 아닌 정신(mind)을 통해 '신(God)'에 접촉하려는 시도)

근사체험(near-death experience)

뉴에이지 허벌리즘(New Age Herbalism)

수점술(numerology)

이교주의(paganism)

손금보기(수상학)

초심리학(parapsychology)

진자(pendulum)

식물들의 의사소통(plant communication)

양극치유법(polarity therapy)

심리적 유산(psychic abortion)

인공두뇌심리학(psycho cybernetics)

심령수술(psychic surgery)

피라미드 파워(pyramid power)

리버싱(rebirthing-인간의 오라(aura)를 정화시키고 심령력을 해방시키며 의식을 확장시키기 위한 호흡 기법)

룬 문자(runes-마술적 의미를 지니는 것으로 믿어지는 상징들)

강신술 모임(seance)

자기실현(self-actualization)

자가치유(self-healing)

자기최면(self-hypnosis)

샤머니즘

부록9 | 신비사술과 뉴에이지 관행들 끊기

실바방법(silva method-마인드컨트롤, 유체이탈 프로젝션, 비전과학(esoteric sciences))
요술
정령숭배(spiritism)
탄트릭 섹스(tantric sex)
타로카드(tarot)
교류분석(transactional analysis)
초월명상법(Transcendental Meditation-TM)
3각 그룹들(셋으로 이루어진 그룹들: 시각화, 명상, 뉴에이지의 영역으로 들어가는 문)
베단타 철학(Vedanta-고전적 일원론적 힌두교)
시각화(visualization)
수맥탐사(water witching)
마술숭배(Wicca)
주술(witchcraft)
요가(yoga)
선(禪)

나는 뉴에이지의 신비사술적인 상징들이 지닌 능력을 끊고 거부하며 거절합니다. 나는 아래에 열거된 것들을 부적으로 사용하고, 능력의 근원으로 삼아 관심을 쏟고, 묵상하고, 정신을 집중해왔으며, 여러 의식에서 사용하였음을 고백합니다.

모든 것을 보는 눈(all-seeing eyes)
블레이징 스타(blazing star)

포로들을 해방시키라

켄타우르스(Centaur)
원(circle)
둘로 나뉜 원(circle divided into two)
넷으로 나뉜 원(circle divided into four)
수정(crystal)
다이아몬드(diamond)
용(dragon)/뱀(serpents)
에니어그램(enneagram)
헥사그램(hexagram-다윗의 별(Star of David))
초승달(horned moon)
이탈리안 호른(Italian horn)
로터스(lotus)
인어(mermaid)
달(moon)
샛별(morning star)
페가수스(Pegasus)
펜타그램(pentagram)
무지개(rainbow)
빛의 광선(rays of light-일곱 광선(seven rays)을 대표함)
갑충석(scarab)
666
태양
만(卍)자
삼각형(triangle)
유니콘(unicorn)

부록9 | 신비사술과 뉴에이지 관행들 끊기

수레바퀴(wheel)
음양
별자리(zodiac signs)

주님을 찬양합니다. 주님은 성경말씀, 곧 "진리를 알찌니 진리가 너희를 자유케 하리라"(요 8:32)에 근거하여 저를 뉴에이지와 신비사술의 모든 세력의 억압으로부터 해방시켜 주셨습니다. 예수님의 이름으로 기도합니다. 아멘.

부록 9에 사용된 자료들은 다음 저서에서 저자의 허락 하에 인용하였다. Kanaan Bedieninge, 『Prayers of Renunciation』(Cape Town, South Africa: np., nd.), 145-171.

부 록 10

이슬람교 끊기

사랑하는 하나님 아버지! 저는 나사렛 예수 그리스도가 여자의 후손(창 3:15)으로 태어나셨음을 믿습니다. 주님은 성령의 능력으로 잉태되시어 처녀인 마리아의 몸을 통해 출생하셨습니다. 나는 하나님께서 노예의 아들 이스마엘이 아니라 아브라함의 합법적인 아들 이삭과 더불어 영원한 언약을 세우셨음을 믿습니다(갈 3:16; 창 17:1-2). 나는 한 아기(예수 그리스도)가 우리에게 났고, 그 어깨에는 정사를 메었으며, 그 이름은 기묘자요 모사요 전능하신 하나님이요 영존하시는 아버지요 평강의 왕이심을(사 9:6) 믿습니다.

나는 예수 그리스도가 하나님의 유일한 독생자이시며, 예수님을 믿는 자는 누구든지 멸망치 않고 영생을 얻게 됨을 믿습니다(요 3:16; 요일 4:10). 오직 나사렛 예수 그리스도만이 유일한 길이자 온전한 진리이고 영원한 생명이며, 예수님을 통하지 않고서는 아무도 하나님 아버지께로 갈 수 없음을 믿습니다(요 14:6).

나는 예수 그리스도가 골고다의 십자가 위에서 내 죄를 위해 죽으셨으며, 예수님의 죽음을 대신한 자는 아무도 없음을 믿습니다. 하나님의 아들이신 예수 그리스도의 보혈이 저를 모든 죄에서 깨끗케 해주십니다(요일 1:7).

나는 성경이 오직 하나님의 감동으로 된 것으로 교훈과 책망과 바르게 함과 의로 교육하기에 유익한 것임을 믿습니다(딤후 3:14-16). 하나님의 말씀은 결코 사라지지 않을 것이며, 그 어떤 책이나 말도 성경을 대체할 수 없습니다. 천지는 없어지더라도 하나님의 말씀은 영원히 남아있을 것입니다(마 5:18; 24:35; 사 40:8; 딤후 3:16) (벧전 1:25; 벧후 1:21). 나는 하나님의 말씀이 가브리엘 천사가 아닌 성령의 감동하심으로 된 것임을 믿습니다(벧전 1:25; 벧후 1:21). 나는 마호메트(Muhammad)에게 나타난 가브리엘(Gabriel)은 정체를 숨긴 사단(Satan)이었음을 선포합니다.

나는 삼위일체의 하나님과 성부 성자 성령의 이름으로 행해지는 침례[세례]를 믿습니다(마 28:19). 하나님이 우리에게 보내주신 분은 보혜사 성령님(헬라어로 '파라클레토스')이시지 결코 '파라클레타스(아라비아어로 '남성됨')'가 아닙니다.

나는 가룟 유다가 은 삼십에 예수 그리스도를 배반한 사실을 믿습니다. 이후에 가룟 유다는 스스로 목매달아 죽었습니다. 그는 결코 십자가상에서 그리스도를 대신하여 죽은 것이 아닙니다(마 27:5; 행 1:18-19). 나는 십자가에서 죽으신 분은 예수 그리스도이심을 믿습니다. 그 누구도 예수님을 대신하여 십자가에 못 박히지 않았습니다.

하나님 아버지! 하나님의 아들 예수 그리스도의 이름으로 주님께 나아옵니다. 제가 이슬람교를 유일하고 참된 종교로 믿은 것을 회개합니다.

내가 명하노니 오류의 영, 거짓말의 영, 두려움의 영, 적그리스도의 영, 주술의 영, 속박의 영들은 모두 묶임을 받고 패배 당할지어다.

나는 아래에 열거된 이슬람교의 가르침들을 끊습니다.

- 기독교는 잘못되었다.
- 기독교가 부패했기 때문에 이슬람교가 대두되었다.
- 기독교로 개종하는 것은 이슬람교에 대한 반역행위이다. 이는 죽임을 당해 마땅하다.
- 모든 크리스천들은 신성모독자들이며 기만당한 자들이다.
- 코란은 성경보다 탁월하다.
- 성경은 번역으로 인해 변개되었으므로 더 이상 하나님의 참된 말씀으로서의 신빙성이 없다.
- 하나님은 신뢰할 수 없는 성경을 대신하여 또 하나의 참된 말씀인 코란을 주셨다.
- 마호메트는 하나님의 가장 위대한 마지막 예언자이다. 나는 예수님이 수많은 예언자들 중 한 평범한 예언자였다는 거

포로들을 해방시키라

짓말을 끊습니다.
• 하나님은 예수 그리스도를 보내시어 기독교를 세우셨다. 그러나 기독교가 심히 부패한 연고로 하나님은 마호메트를 보내어 이슬람교를 세우셨다. 따라서 이슬람교는 하나님의 마지막 계시이다.
• 예수 그리스도가 하나님께 갈 수 있는 유일한 길은 아니다.
• 예수 그리스도는 하나님의 아들이 아니다. 하나님이 마리아와 동침하지 않고서야 육신적인 아들을 두실 수 없다.
• 골고다 십자가 위에서 우리 죄를 위해 죽으신 것은 예수 그리스도가 아니다. 다만 예수님을 닮은 가롯 유다가 예수님을 배신한 것에 대한 형벌로 예수님을 대신하여 죽었다.
• 하나님은 성부 성자 성령으로 이루어진 삼위일체의 하나님이 아니다.
• 아브라함은 이삭 대신 이스마엘을 희생 제물로 바쳐야 했다(창 22:2, 9의 내용에 위배됨).
• 메카(Mecca)는 마호메트의 선포에 의해 성스러운 도시가 되었다.
• 검은 돌(black stone)을 소지하고 있는 카바(Kaaba-메카에 있음)는 거룩한 장소이다(검은 돌은 알라를 위한 거룩한 제단이다).
• 여성들은 개들에 불과하므로 회교 예배에는 참석할 수 없다. 여성들은 다만 남성들의 성적 노리개일 뿐이다.
• 코란은 절대무오하며 결코 변개할 수 없는 하나님의 말씀이다. 코란의 모든 말씀은 마호메트가 가브리엘 천사로부터 계시 받은 진리이다.

• 코란의 구절들은 비록 뜻에 대한 깨달음이 없어도 암송하는 것만으로도 은혜를 가져온다.

※상담자를 위한 참고사항:
코란에는 성경이 변개되어왔다는 내용은 언급되고 있지 않다. 반면에 코란은 토라(Torah)와 성경에 순종하지 않아도 아무 문제가 없다고 진술한다. 코란은 몇 군데에서 토라, 자부르(Zabur-구약성경), 시편, 인질(Injil-신약성경) 등을 다룬다. 코란이 처음 기록될 당시, 성경의 진정성은 조금도 의심되지 않았다. 속임수는 훨씬 나중에 등장했다. 성경은 이슬람교가 출현하기 오백여년 전에 이미 점토판과 양피지 두루마리에 모두 기록된 상태였다. [런던 박물관이나 로마 교황청에는 성경의 몇몇 고대 사본들이 소장되어 있다.]

나는 그동안 내가 직접 행했거나 참여한 피의 제사들을 끊으며, 이 의식들을 통해 영적인 영역에 형성된 온갖 저주들과 속박들을 예수님의 보혈로 파쇄합니다.

나는 알라를 위해 죽고 죽이는 일을 영광으로 생각하는 이른바 성전(聖戰)이라 불리는 '지하드(Jihad)'를 끊습니다.

나는 마호메트의 삶을 기록한 '하디스(Hadith)' 및 모든 이슬람교도들을 위해 마호메트가 세워놓은 규범들을 끊습니다.

나는 모든 이슬람교도들이 따라야할 지침으로서 마호메트가 정해놓은 선례집인 '순나(Sunna)'를 끊습니다.

포로들을 해방시키라

나는 끊임없이 되풀이하여 암송하는 이슬람 신의 아흔아홉 가지 칭호들과 이때 사용되는 염주(각 염주 알마다 명칭을 지니고 있음)를 끊습니다.

나는 메카 쪽을 향하여 알라에게 하는 기도문, 엎드려 경배하는 횟수에 관한 모든 규정들, 온갖 신앙고백들, 의식, 찬미 등을 끊습니다.

나는 이슬람교도들이 여전히 대망하고 있는 숨어있는 '이맘(imam)'(혹은 '마디(Mahdi)')을 끊습니다. 나는 숨어있는 이맘의 모든 대변인들(Mujtahids: 무즈타이드)을 끊습니다. 나는 예수님의 이름으로 그들뿐 아니라 물라(mullah)나 아야톨라(ayatollah)와의 혼의 묶임을 끊습니다.
나는 이슬람교의 모든 성일(holy days)과 그것들과의 속박 및 의식들을 거부하고 끊습니다.
나는 이슬람교도들이 반드시 지켜야 할 다섯 가지 기둥들(five pillars)을 끊습니다.

1. 신앙고백(샤하다: Shahada): "알라 외에 다른 신은 없고, 마호메트는 알라의 예언자이다."
2. 기도(살라트: Salat): 하루에 다섯 번
3. 금식(라마단: Ramadan)
4. 구제(자카트: Zakat): 수입의 2.5%를 가난한 자에게 주기
5. 성지순례(하즈: Hajj): 일생에 최소한 한 번은 메카에 다녀가기

부록10 | 이슬람교 끊기

나는 마호메트가 소위 가브리엘로부터 계시를 받았다는 히라(Hira)동굴과 빛의 산(Mountain of Light)을 끊습니다. 나는 예수 그리스도의 이름으로 나와 내 가정을 이 거짓된 계시들로부터 차단합니다.

나는 거짓된 이슬람력과 '권능의 밤(Lailatul-Qadr: 마호메트가 계시를 받았다고 하는 날)'을 끊습니다.

나는 알라(Allah), 바빌론의 달 신(아라비아의 쿠라이(Quarish) 부족의 364개나 되는 부족신들 중의 하나)을 거부하고 끊습니다.

나는 나와 내 가정을 이슬람교의 모든 단체와 당파로부터 차단합니다. 나는 예수 그리스도의 이름으로 이슬람교의 교사들, 이맘(imam)들, 구루(guru)들과의 혼의 묶임을 끊습니다.

나는 이슬람교와 관련된 모든 것들을 이번을 마지막으로 영원히 끊습니다. 나사렛 예수 그리스도의 이름으로 나는 내 소유물들을 되찾고, 귀신들이 활동하던 어두움의 견고한 진들과의 모든 계약을 파쇄합니다.

하나님 아버지, 감사합니다. 하나님의 아들 예수님이 저를 자유케 해주셨습니다. 예수 그리스도가 제 삶의 주님이심을 고백합니다. 주님의 성육신과 보혈, 부활의 승리를 통해 저의 죄가 속죄된 사실을 받아들입니다. 예수님의 이름으로 기도합니다. 아멘.

포로들을 해방시키라

부록 10에 사용된 자료들은 다음 저서에서 저자의 허락 하에 인용하였다. Kanaan Bedieninge,『Prayers of Renunciation』(Cape Town, South Africa: np., nd.), 111-124.

부록 11

무술 끊기

- 나는 이교 신들에 기원을 두면서 스포츠로서 행해지고 있는 아시아의 격투술 혹은 호신술(예를 들어, 합기도, 가라테(空手), 유도, 태권도)을 끊습니다.
- 나는 가라테의 두 원류인, 이른바 중국 무술(쿵후를 포함)과 오키나와 무술을 끊습니다.
- 나는 보리다르마(Bhodidiharma-인도의 선불교도)를 끊습니다.
- 나는 가라테가 유래하고 발전되어온 소림사와의 모든 연관을 끊습니다.
- 나는 부처 및 그에 대한 온갖 형태의 경배와 찬미를 끊습니다. 나는 이 일이 우상숭배임을 고백합니다.
- 나는 명상의 수단으로 사용되는 선(禪-네 안에서 '하나님'을 발견하라. 내면에서 '깨달음'을 발견하라)의 가르침들과 모든 '카타(型-자세)'들을 끊습니다.
- 나는 통달할 목적으로 수행하는 모든 정신(mind)수련을 끊습니다.

포로들을 해방시키라

• 나는 도교의 가르침, 초자연적인 에너지가 만물에 생기를 주고 그 생명체를 유지시킨다는 가르침을 끊습니다.
• 나는 '기(氣)'에너지 및 기술면에서 향상된 결과를 도출시키기 위해 큰 소리를 외치는 '기합(氣合)'을 끊습니다.
• 나는 선(禪)을 실천적인 생활방식으로 만들기 위해 가라테를 개발시킨 후나코시('가라테'의 아버지)를 끊습니다.
• 나는 새로운 차원의 의식수준에 도달하기 위해 몸과 정신(mind)을 훈련시키는 가라테의 '마음(mind) 비움'에 관한 가르침을 끊습니다.
• 나는 모든 형태의 명상을 끊습니다.
    무코소(mukoso-딴 곳에 관심을 둠. 예를 들면, 로터스(Lotus))
    운동하는 것 자체가 명상인 경우('움직이는 선(禪)')
    가라테의 기본 원리들을 반복함으로써 수행하는 명상

• 나는 가라테의 목표를 끊습니다.
    내면의 인격 수양하기
    자기중심성 제거하기
    몸과 정신 단련하기
    명상('움직이는 선')
    배우는 자가 자신을 극복하고, 자아(ego)를 비우며, 선(禪)에 기초한 사고방식을 배양함.

• 나는 가라테를 생명으로 인도하는 여러 길 중의 하나로 믿는 것을 끊습니다. 또한 참된 헌신을 통해 가라테를 받아들인 것을 끊습니다.

- 나는 '카타(型-자세)' 곧 온갖 종류의 '걸어차기(kick)'와, 능력을 얻기 위해 귀신들을 불러들일 때 사용하는 공격 시의 모든 함성(war cry)들을 끊습니다. 나는 이를 죄악으로 인정하며 예수님의 이름으로 버립니다.
- 나는 과거에 사용한 특별한 무기들(다과 젓가락을 포함)을 끊습니다. 나는 이것들을 예수님의 이름으로 버립니다.
- 나는 나를 통해 드러난 교만과 우쭐함과 나를 당할 자가 없다는 믿음을 끊습니다.
- 나는 예수님의 이름으로 자멸의 영, 파괴의 영, 살인의 영, 죽음의 영을 끊습니다.
- 나는 나의 스승(____선생님)과 나 사이의 불경건한 혼의 묶임을 끊습니다. 나는 내 생각을 통제해온 그의 권세를 예수님의 이름으로 파쇄합니다.
- 나는 내가 받은 모든 격투 등급들(띠들(belts); 모든 표창장과 특별상들)을 물리적으로 영적으로 파기합니다.

교만의 영, 죽음의 영, 주술의 영들아! 내가 예수 그리스도의 이름으로 너희들의 권세를 묶는다. 이들 강한 자들의 부림을 받는 졸개마귀야! 내가 명하노니 너는 나와 내 가정과 가족들과 소유물에서 손을 떼고 지금 당장 떠나갈지어다. (축사된 것이 감지될 때까지 여기서 잠시 기다리라.)

교만과 죽음과 주술, 이 강한 자들아! 이제는 너희 차례다. 지금 당장 떠나가라. 떠나가고 영원히 되돌아오지 말지어다!

포로들을 해방시키라

하나님 아버지, 예수 그리스도는 길이요 진리요 생명이십니다. 누구든지 예수님으로 말미암지 않고서는 하나님 아버지께로 나아갈 수 없습니다(요 14:6). 이제 저는 제 주님이요 구원자이신 주님 앞에 마음을 다하여 엎드립니다. 저의 모든 죄를 깨끗케 하여 주시니 감사합니다. 예수님의 이름으로 기도합니다. 아멘.

부록 11에 사용된 자료들은 다음 저서에서 저자의 허락 하에 인용하였다. Kanaan Bedieninge,『Prayers of Renunciation』(Cape Town, South Africa: np., nd.), 51-54.

부록 12

로마 가톨릭의 비성경적 관행들 끊기

※ 참고사항:

'비성경적'인가 아니면 '성경 외의 내용'에 관한 것인가. 이 둘 사이에는 커다란 차이점이 존재한다. 예를 들어, 냉방완비가 된 교회들은 성경 외의 내용이다(성경에는 이러한 언급이 없다). 그러나 이런 교회들을 가리켜 비성경적이라고 말할 수는 없다. 비성경적이란, 성경이 분명히 언급하고 있는 사실에 어긋나는 것을 의미한다. 아래에 소개하는 사항은 단순히 '성경 외의 내용'이 아니다. 이것들은 명백히 비성경적이다. 나의 동료 목사 중에는 이러한 내용들 때문에 로마 가톨릭을 나온 이도 있다.

나는 구원받은 가톨릭 신자들을 개인적으로 많이 알고 있다. 이들은 가톨릭의 비성경적 관행에는 동참하지 않는다. 나는 구원받기 전까지만 해도 가톨릭의 정체에 관해 제대로 알지 못했다. 처음으로 그리스도를 영접한 순간은 마치 눈가리개를 떼어낸 것과도 마찬가지였다. 그러나 그동안 관여해온 가톨릭의 특정 비성경적인 행위들을 끊어냈을 때, 비로소 나는 계시와 깨달음을 얻기 시작했다. 이후로는 나 스스로 영적인 집안청소를 해나가야 했다. 아마도 이는 2단계 과정 혹은 다단계 과정이 될 수도 있다. 그리스도를 영접하면서 눈가리개가 벗어지고 성화의 과정에 들어서면서 점차 비늘들이 벗겨지기 시작한다.

-캘리포니아 헤스페리아의 생명샘 공동체 교회
(Living Springs Community Church) 담임목사,
르네 들라 크루스(Rene de la Cruz).

나는 유아세례(baptism of children)라는 비성경적 성례전 및, 세례[침례]를 구원받는 일곱 가지 은혜의 수단 중의 하나로 믿는 것을 끊습니다.

나는 세례[침례]를 통해 나의 모든 원죄가 깨끗케 되며 이로써 하나님의 자녀로서 영생을 얻는다는 비성경적 믿음을 끊습니다.

나는 영세(infant baptism)의 행위를 통해 거듭난다는 비성경적 신념을 끊습니다. 또한 나는 로마 가톨릭 조직의 회원자격과 로마 가톨릭 교회법에 대한 충성을 끊습니다.
나는 로마교황청에 대한 비성경적 충성과 로마 가톨릭 교회를 통해 나에게 전가된 속박의 멍에를 끊습니다.
나는 비성경적 고해성사 및 용서를 얻을 목적으로 사제가 지시한 내용에 순종하여 행한 모든 행위들을 끊습니다. 또한

은혜가 아니라 행위로 구원받는다는 비성경적인 믿음도 끊습니다. 나는 이 관행의 뿌리들인 이른바 바빌론의 태양신과 바알숭배를 배격합니다.

나는 교황, 추기경, 주교, 수도사, 수녀 등, 비성경적 교회구조와 모든 조각상, 양초, 성수(聖水), 종교적인 복장 등을 끊습니다. 나는 '거룩한 성찬예식(Sacrament of the Holy Eucharist)'으로 알려진 성만찬의 비성경적인 용도를 끊습니다.

나는 성체(wafer)가 그리스도의 몸과 피와 신성으로 변하므로 성체를 마치 하나님처럼 숭배해야 한다는 비성경적 믿음을 끊습니다.

나는 바빌론의 바알숭배에 기원을 둔 이 관행의 비성경적 뿌리들을 끊습니다. (이후에는 이집트의 태양신 오시리스가 이런 식으로 숭배되었다; 사제는 누룩을 넣지 않은 둥근 빵이 초자연적으로 그들의 신의 몸으로 변화되도록 축복하였다.)

나는 사제에게는 미사가 진행되는 동안 예수님을 천국에서 나오게 하여 다시금 십자가에 못 박히시게 만들 만한 능력이 있다는 비성경적 믿음을 끊습니다.

나는 성체 위에 'I. H. S'라는 글자를 새겨 넣은 비성경적 관행을 끊습니다. (이집트에는 이시스(Isis), 호루스(Horus), 셉(Seb)이라는 3신이 존재한다.)

포로들을 해방시키라

나는 성체가 마치 하나님인양 성체 앞에 머리를 숙이고 이를 경배하는 비성경적 관행을 끊습니다.

나는 트렌트 종교회의에서 제정된 바, 성찬식에 사용된 성체가 하나님의 몸으로 변했음을 믿지 않는 사람은 죽임을 당해야 한다는 비성경적 법안을 끊습니다. 또한 그 저주도 예수님의 이름으로 끊어버립니다. 나는 성찬식의 빵은 기념과 상징의 의미로 사용되는 것임을 고백합니다.

나는 성찬식을 행하는 동안 내가 우주의 창조주를 먹고 마시는 것이라는 비성경적 믿음을 끊습니다. 또한 나도 이런 식으로 예수를 받아들였다는 거짓된 가르침도 끊습니다.

나는 성찬식을 행하는 동안 예수님은 십자가상에서 계속 희생을 당하고 계신다는 비성경적 믿음을 끊습니다. 나는 예수님이 단번에 그리고 영원히 완벽하고 완전한 희생제물이 되셨음을 고백합니다.

나는 이상과 같이 행함으로써 예수님을 거짓말쟁이로 만들었음을 고백하며, 주님께 용서를 구합니다.

나는 견진성사(sacrament of confirmation)를 통해 성령세례를 받는다는 비성경적 가르침을 끊습니다.

나는 견진성사 시에 성인의 이름을 선택하거나 부여받는 비

부록12 | 로마 가톨릭의 비성경적 관행들 끊기

성경적 관행을 끊습니다.

나는 가톨릭교회의 회원자격을 포기하며 가톨릭에 충성하겠다는 온갖 비성경적인 맹세들을 파쇄합니다.

나는 구원의 확신을 고백하는 모든 사람들을 저주하는 트렌트회의의 비성경적 방침을 끊습니다. 나는 이 저주를 예수님의 이름으로 파쇄합니다.

나는 영혼들이 천국으로 들어가기 전에 연옥에 가서 고통을 받는다는 비성경적 관행을 끊습니다. 나는 돈을 지불하면 누군가를 연옥에서 구속해낼 수 있다는 거짓말을 믿었음을 고백하며, 예수님의 이름으로 용서를 구합니다. 나는 죽은 자를 위해 기도하는 것이 죄악임을 고백합니다.

나는 마리아에 대한 비성경적인 믿음을 끊습니다. (마리아는 원래 세미라미스(Semiramis)라 불렸고, 이후에는 이시스(Isis)와 비너스(Venus)로 불렸다.) 나는 마리아에게 드린 모든 기도를 끊습니다(※참고사항: 여기서 말하는 마리아는 성경에 나오는 마리아가 아니다).

나는 단어를 반복적으로 암송하는 것, 거룩한 성인들(Holy Saints)에게 기도하는 것, 조각상 앞에 무릎 꿇는 것, 양초에 불붙이는 것, 십자성호(성수를 찍든 찍지 않든 상관없이), 성수(聖水)를 뿌리는 것, 제단 앞에서 한쪽 무릎을 꿇는 것 등이 죄악

포로들을 해방시키라

임을 고백합니다.

나는 죽은 성인(saint)을 나의 수호자로 지정하는 비성경적 관행을 끊으며(히 9:27), 예수님의 이름으로 이를 배격합니다. 나는 중보자는 오직 한분이시며 그분의 이름은 나사렛 예수 그리스도이심을 고백합니다. 나는 예수 그리스도는 하나님 아버지께로 갈 수 있는 유일한 길임을 고백합니다(요 14:6).

나는 삶과 죽음의 결정권이 교황에게 있다는 비성경적 믿음을 끊습니다. 나는 삶과 죽음은 오직 예수 그리스도께 속하였음을 고백합니다.

나는 교황을 이 땅에 존재하는 절대무오한 하나님 나라의 머리로 믿는 비성경적인 관행을 끊습니다.

나는 베드로를 주님의 몸 된 교회가 세워진 기초석으로 믿는 비성경적 관행을 끊습니다. 나는 예수 그리스도를 믿으며, 예수 그리스도야말로 참된 반석(Rock)이심을 고백합니다.

나는 교회가 두 기둥, 곧 '사도적 계승(베드로부터 출발)'과 '교황권(temporal power-교황은 세상의 왕들을 다스릴 권세를 가지고 있다)'에 의지하고 있다는 비성경적 믿음을 끊습니다.

나는 사단의 질서가 이 땅에 실현되기를 염원하는 비성경적인 여성숭배(세미라미스, '마리아')를 끊습니다.

부록12 | 로마 가톨릭의 비성경적 관행들 끊기

나는 하나님이 아닌 사단에 의해 나에게 부가된 모든 비성경적이고 불경건한 부담들과 멍에들을 거부합니다.

나는 '로사리오(rosary) 기도'라는 명목으로 드린 모든 비성경적인 기도를 끊습니다.

나는 사제가 묵주를 축복하면 각각의 모든 묵주 알이 면죄(이 세상에서건 연옥에서건 죄에 대해 일시적으로 형벌을 사면해줌)를 획득한다는 비성경적인 믿음을 끊습니다.

나는 이 땅에서 마리아의 기쁨과 고통을 동일시하는 것이 삼위일체의 하나님 혹은 마리아에게 더욱 가까이 나아가는 길이라는 비성경적인 믿음을 끊습니다.

나는 비성경적인 묵주기도와 관련하여 아래에 열거된 '신비들'의 사용방식을 끊습니다.

• 나는 마리아를 전지전능한 존재, 곧 마리아는 언제 어디서 누가 드리는 기도라도 모두 들을 수 있다고 믿는 비성경적인 관행을 끊습니다.
• 나는 마리아는 신적인 존재로서 육신적인 아버지를 갖고 있지 않다는 비성경적인 '무원죄 잉태설(immaculate conception)'을 끊습니다.
• 나는 마리아를 '공동 구속자(co-redemptrix)'라 일컫는 비성경적인 관행을 끊습니다. 오직 그리스도만이 유일한 구속

자이십니다.
• 나는 '십자가의 길(Stations of the Cross)'을 통해 마리아에게 돌려진 모든 비성경적인 경배와 찬미를 끊습니다.
• 나는 성모 마리아에 대한 온갖 비성경적인 숭배와 마리아를 하나님과 동일하게 대우하는 비성경적 관행을 끊습니다.
• 나는 비성경적인 '하늘의 여왕(Queen of Heaven)'에 대한 온갖 충성과 혼의 묶임을 끊습니다. 나는 오직 성부, 성자, 성령으로 이루어진 거룩한 삼위일체 하나님의 권세와 위치만을 인정합니다.

나는 선행을 통해 주님의 은총을 얻고자 사순절에 행하는 비성경적 '금욕행위들'을 끊습니다.

나는 세례 받지 않은 아기들은 그들을 위한 기도의 양이 충분히 쌓일 때까지 '림보(limbo)'에 가있게 된다는 비성경적인 믿음을 끊습니다.

나는 이제까지 드려온 모든 '노베나(novena-9일간의 기도)'를 끊습니다.

나는 예수 그리스도에 대한 믿음 안에서 내가 온전한 구원의 확신을 가지고 있음을 고백합니다(요일 5:11-13). 나는 성찬식에 사용된 요소들은 오직 예수 그리스도의 살과 피에 대한 상징에 불과함을 고백합니다. 나를 자유케 해주신 주님께 감

부록12 | 로마 가톨릭의 비성경적 관행들 끊기

사드립니다. 예수님의 보혈이 지금 이 시간에 저를 깨끗케 해주시니 감사합니다. 성령의 검으로 로마 가톨릭의 비성경적 관행들을 끊게 해주시니 감사합니다. 주님의 이름을 찬양합니다. 진리가 저를 자유케 하셨습니다. 예수님의 이름으로 기도합니다. 아멘.

부록 12에 사용된 자료들은 다음 저서에서 저자의 허락 하에 인용하였다. Kanaan Bedieninge,『Prayers of Renunciation』(Cape Town, South Africa: np., nd.), 15-23.

부록 13

불교 끊기

사랑하는 하나님 아버지! 주님은 우리에게 우상들을 의지하지 말며 어떤 모양이나 신상들도 부어 만들지 말라고 성경을 통해 말씀하셨습니다(레 19:4). 또한 그것들에게 절하거나 섬기지 말라고 하셨습니다. 주님은 질투하는 하나님이시므로, 주님을 미워하는 자의 죄를 갚되 아비로부터 아들에게로 삼사 대까지 이르게 하신다고 하셨습니다(출 20:4-5).

주님은 부어 만든 우상은 거짓 것이요 그 속에 생기가 없으며 헛것이요 망령되이 만든 것이라고 말씀하셨습니다(렘 10:14-15). 무릇 사람을 믿으며 혈육으로 그 권력을 삼고 마음이 주님을 떠난 사람은 저주를 받을 것이라고도 말씀하셨습니다(렘 17:5).

하나님 아버지! 이제 제가 예수님의 이름으로 용서를 구합니다. 저뿐 아니라 제 가정의 죄악을 용서해 주옵소서. 저희는 사람이 만들어낸 우상을 창조주 하나님보다 더 높이 숭배하는 불교에 관여한 죄악을 저질렀습니다.

이제 나는 불교의 창시자인 고타마 싯다르타 붓다(Siddhartha Gautama Buddha)를 끊습니다. 나는 그와의 모든 불경건한 혼의 묶임 및 이후의 다른 모든 부처들과의 불경건한 혼의 묶임을 예수님의 이름으로 끊습니다.

나는 불교의 양 분파 및 기타 불교 내에 존재하는 모든 운동들을 끊습니다.

1. 테라바다(Theravada-소승불교: little vehicle)
2. 마하야나(Mahayana-대승불교: great vehicle)

나는 사단에게 빼앗겼던 영토들에 대해 반환을 요구하며, 불교와 사단과 맺은 모든 계약들을 파기합니다. 나는 적그리스도의 영을 묶고 꾸짖으며 내 삶으로부터 쫓아냅니다. 나는 불교가 마치 인생 고해(苦海)를 가로질러 지복(至福)과 구원의 상태로 사람을 인도해주는 배와도 같다는 믿음을 끊습니다. 나는 예수 그리스도의 이름으로 영적인 세계에서 이 불교라는 배를 떠나며, 이를 배격하고 멀리합니다.

나는 아래에 열거된 불교의 가르침들을 끊으며, 이것들을 신봉한 죄악을 용서해 주시기를 간구합니다. 내가 예수 그리스도의 이름으로 모든 종교의 영들, 거짓말의 영들, 거짓된 교리들을 묶노라.

- 삼장(Tripitaka-'세 광주리')과 관련된 모든 교리들
- 율장(Vinaya Pitaka-수도회들 및 수양을 위해 제정된 법칙과 규정들)
- 경장(Sutra Dharma Pitaka-자기(self)와 윤회/환생에 관한 부처의 가르침들 및 부처의 생애에 관한 이야기와 이론들. '삼보(three jewels),' '계(械: precepts)')
- 논장(Abhirdharma Pitaka-고급 교리들과 철학들을 다룬 내용)
- 담파다(Dhammpada) 혹은 '자연의 길(path of nature)'(사성제(Four Noble Truths)와 팔정도(Eightfold Path), 기타 도덕과 자기 수양에 관한 가르침들이 담긴 가장 오래된 불교문서)
- 윤회(불교의 핵심)
- 극단적인 명상
- 신을 믿지 않음(이미지나 신상들을 숭배함. 사람도 숭배함)
- 열반이란 윤회를 완전히 벗어나는 것이다.
- '팔정도(Noble Eightfold Path)'를 엄격하게 고수하는 자만이 구원에 이를 수 있다.
- 명상(내면의 자기와 조화를 이루는 것을 목적으로 함. 마인드컨트롤을 훈련하고, 감각적 경험들을 절제함.)

나는 '니르바나(Nirvana-열반)'에 이르기 위해 지켜야 할 의무법칙들인 '팔정도'를 끊습니다.

1. 정사유(正思惟): 올바른 생각
2. 정어(正語): 올바른 말
3. 정업(正業): 올바른 행동
4. 정정(正定): 올바른 수행과 명상

5. 정명(正命): 올바른 생활
6. 정정진(正精進): 올바른 노력
7. 정견(正見): 올바른 견해
8. 정념(正念): 올바른 기억

나는 법칙들과 규정들에 순종하는 것으로는 결코 구원에 이를 수 없음을 인정합니다. 나사렛 예수 그리스도만이 나의 유일한 구원이십니다. 행위가 나를 구원할 수 없습니다. 나의 구원은 오직 예수님의 은혜로써 가능합니다. 나는 예수님이 골고다 십자가상에서 나를 위해 온전한 값을 치러주셨으므로 구원받았습니다(행 4:12).

나는 구원(열반)에 이르기 위해 '담파다('자연의 길')'를 열심히 수행하였던 것을 끊습니다.

나는 '사성도' 및 기타 열반에 이르기 위해 자기덕행과 자기수양을 가르치는 불교의 교리들을 끊습니다.

1. 열반에 이르려면 자원하여 고통을 받아야 한다. 모든 인간의 특징은 고통에 있다.
2. 열반에 이르려면 고통의 진정한 원인이 무엇인지 찾아내야 한다. 고통의 원인을 발견한 후에는 반드시 이에 맞서야 한다(고통은 자기의 욕구들과 충동에서 비롯된다). 열반에 이르기 전에, 온갖 내면적 충동들과 욕구들은 규정된 방법들이나 의무적인 자기수양, 훈련, 염송(chanting), 명상 등

을 통해 제거되어야 한다.
3. 모든 충동들과 욕구들에 종지부를 찍으라. 온갖 강한 충동들과 욕구들을 중단시키는 자는 모든 고통을 종식시킬 수 있다.
4. 충동들과 욕구들을 자제할 수 있는 길을 추구하라. (이를 위한 유일한 방법은, '사성제'에 전념하고 '팔정도' 및 기타 부처가 규정한 법칙들과 규정들을 열심히 추구하는 것이다.)

나는 구원에 이르기 위해 사용하는 모든 법칙, 명상, 염송, 자기수양, 훈련들을 끊습니다. 하나님의 말씀인 성경은 행위로는 구원받을 수 없다고 가르치고 있습니다. 구원은 오직 은혜로써만 가능합니다. 만일 행위로써 구원을 받는다면 은혜는 이미 은혜가 아닙니다(롬 11:6).

나는 예수님의 이름으로 모든 중이나 라마승들과의 어떠한 혼의 묶임도 파쇄합니다. 나는 예수님의 이름으로 내 영토의 반환을 요구하며, 사단과 불교와 맺은 모든 계약들을 파기합니다. 나는 온갖 형상의 부처 숭배와 찬양을 끊습니다. 예를 들면,

- 일본에서 제일 큰 불상인 '대불(大佛)'—청동으로 주조된 불상.
- 미륵불: '웃고 있는 부처,' 번영과 재물을 준다는 불상.
- 아미타불: '정토(淨土: virginal land)' 혹은 중국의 서쪽 산악지대의 맞은편에 있는 서방극락(western paradise)을 다스림. 극락에 이르기 위해 고통/슬픔의 바다를 가로질러 항해하는

포로들을 해방시키라

구조선(vessel of salvation)을 통제함.
• 부처를 기념하기 위해 세워진 모든 탑(pagoda)이나 사리탑(dagoba)/와트(wat)들. 소위 '신성한' 물건들이 소장되어 있음(예를 들어, 금과 다이아몬드로 아로새긴 지붕).

나는 예를 들어, 철저한 육욕과 은둔자의 삶 사이에서 중도를 추구함으로 모든 충동들과 욕구들을 억압하고 붓다처럼 되고 싶어 한 모든 야망을 끊습니다. 나는 완전한 상태에 이른 '아라한(arhat)'이 되려 한 야망을 끊습니다. 또한 완전한 상태(열반)에 이르렀음에도 불구하고 고통당하는 동료 인간들에 대한 연민으로 이를 연기한 '보살(bodhisattva)'이 되려 한 야망도 끊습니다.

나는 '법륜(法輪: Wheel of Dharma)'에 참여한 것을 끊으며, 이 죄악에 대해 주님의 용서를 구합니다.

나는 붓다의 미간 중앙에 있는 '혜안(eye of wisdom)'을 끊습니다. (※상담자를 위한 참고사항: 제 3의 눈(the third eye)을 닫고 봉쇄한다.)

하나님 아버지, 예수님의 이름으로 간구합니다. 저의 영과 혼 사이의 결합을 끊어주시고, 예수님의 보혈로 저에게 있는 제 3의 눈을 닫고 봉쇄시켜 주옵소서. (불교도들은 영과 혼이 하나로 융합될 때 열반에 이르게 된다고 믿는다. 기독교인들은 행위가 아닌 은혜로 구원받음을 믿는다.)

하나님은 기쁨으로 주님을 섬기라고 하셨습니다. 또한 주님의 기쁨이 우리의 힘이며 주님의 기쁨이 우리 안에 머물게 하라고 성경을 통해 말씀하셨습니다(요 15:11; 느 8:10). 주의 말씀은 나에게 기쁨이요 내 마음의 즐거움입니다(렘 15:16). 주님 앞에는 기쁨이 충만하고, 주님은 즐거움으로 내게 옷 입혀 주셨습니다. 의인의 소망은 즐거움을 이룹니다(잠 10:28; 시 16:11; 30:12). 또한 예수님은 고난을 통해 순종을 배웠으며, 우리를 하나님 아버지의 영원한 기쁨 안에 들어가게 하시려고 우리 죄를 위해 갈보리 십자가상에서 고난당하셨습니다.

나는 자기수양, 명상, 금욕, 염송 등을 통한 변화(change)가 업(業:karma-인과응보에 관한 미지의 법칙)을 만들며, '업'은 윤회를 결정짓고, 모든 새 생명들은 나를 열반에 보다 가까이 다가가도록 해주며, 열반의 상태에 온전히 도달해야만 비로소 윤회의 업이 끝난다는 거짓말을 끊습니다.

나는 아래에 열거된 열반에 이르기 위한 금욕법칙들을 끊습니다.

• 살아있는 피조물들을 의도적으로 살생하지 말라.
• 남의 것을 절대 훔치지 말라.
• 성적 부도덕을 멀리하라.
• 거짓이나 속임수를 멀리하라.
• 독주나 술을 자제하라.

- 소위 성일에는 음식을 자제하라.
- 춤/노래 혹은 쾌락을 자제하라.
- 개인적인 보석이나 탈취제를 자제하라.
- 침상을 사치스럽게 꾸미지 말라.
- 어떤 은이나 금도 받지 말라.

나는 소위 '삼보(三寶: three jewels)'로 일컬어지는 불교의 삼위일체, 곧 불(佛), 법(法: Dharma-부처의 교리들), 승(僧: Sangha-승려들의 등급)을 끊습니다. 나는 예수님의 이름으로 이 거짓된 삼위일체의 뿌리를 끊고 단절합니다.

나는 모든 불당과 부처의 형상 앞에서 다음과 같은 '거룩한 공식(holy formula)'을 암송하는 일을 끊습니다.

    저는 부처를 피난처로 삼겠습니다.
    저는 가르침을 피난처로 삼겠습니다.
    저는 승려들을 피난처로 삼겠습니다.

나는 소위 '지성소(holy of holies)'라 불리는 탑(pagoda)을 끊으며, '거룩한 땅(holy ground)' 위에 서있는 증거로 신발을 벗은 것에 대해 주님의 용서를 구합니다.

※**상담자를 위한 참고사항**: 탑을 순례하러 온 사람들은 불상 앞에 바칠 목적으로 온갖 종류의 금으로 된 물품들을 구매할 수 있다. 예를 들면, 잎사귀, 꽃, 향, 제등, 염주, 종, 인형, 법고, 빗, 단추 등.

부록13 | 불교 끊기

어떤 이들은 이런 물건들을 집으로 가져와 계속 보관해두고 있을 수도 있다.

하나님 아버지! 저와 제 가족이 부처 앞에 헌물을 드린 죄악을 용서해 주옵소서. 주님의 소멸하는 불로 이러한 예물들을 영의 세계에서 태워주시기를 간구합니다.

제가 그동안 부처 모양의 신상이나 장신구, 혹은 미륵보살(Laughing Buddha)을 소지하여 온 죄악을 용서해 주옵소서. 이것들은 모두 거짓 우상들입니다. 나는 내 집 안에 존재하며 내 삶에 영향을 끼쳐온 모든 저주들과 멍에들 혹은 거짓 계약들을 거부합니다. 나는 나의 구원자요 주님이신 예수 그리스도의 보혈로 정결케 되었음을 선포합니다.

나는 우리가 겸손한 행위를 할 때마다 매번 큰 종을 쳐서 하늘과 땅으로 증거를 삼으려 한 죄악에 대해서도 주님의 용서를 구합니다. 나는 나와 내 가정을 땅과 하늘(이 맥락과 관련하여)로부터 단절시킵니다. 또한 우리에 대한 땅과 하늘의 증거를 주님의 소멸하는 불로 태워 주옵소서.

나는 이상의 모든 관행들 및, 부처 앞에서 손으로 얼굴을 가리고 절하고 무릎을 꿇고 엎드려 경배하는 의식들을 모두 끊고 배격합니다. 또한 온갖 기도문이나 불경을 왼 것, 향을 피운 것, 마음으로 기도를 드린 것, 불공을 드리는 최초의 자세를 부처의 형상으로 시작한 것 등을 용서해 주시기를 간구합니다.

포로들을 해방시키라

염주를 쥐고 염불을 왼 죄악도 용서해 주옵소서. 불교도의 상징으로서 머리를 삭발한 죄악도 용서해 주옵소서. 나의 승복과 동냥그릇, 기타 관련 소지품들을 반환합니다. 제가 영의 세계에서 어떠한 영적인 '수준'에 도달했다면, 주님께서 그 수준을 파쇄해 주시기를 간구합니다.

나는 승려 직분을 시작하는 것과 관련된 모든 의식들을 끊습니다. 나는 '로터스 수트라 석가모니(Lotus Sutra Sakyamuni-미화된 중국의 부처)'를 끊습니다. 나는 예수님의 이름으로 그와의 모든 혼의 묶임을 파쇄합니다.

나는 열반에 도달하여 부처처럼 되고 싶어 한 야망을 모두 끊습니다. 나는 이제부터 무슨 일을 하든 무엇을 소유하든 무엇을 말하든, 오직 나의 주님이요 주인이신 나사렛 예수 그리스도만을 닮고 싶은 야망을 가지기로 선포합니다.

나는 부처를 기념하는 모든 형태의 명상을 끊습니다(예를 들어, 선(禪)). 나는 불교와 관계된 모든 것을 배격하며, 예수님의 이름으로 불교를 멀리합니다.

하나님 아버지, 감사합니다. 저는 오늘에야 비로소 주님이 자비로우시며 용서해주시는 분이심을 깨달았습니다. 주님은 마치 동이 서에서 먼 것같이 저의 죄를 깨끗케 해주셨고, 제가 범한 우상숭배의 죄악과 거짓된 동양종교들을 신봉한 죄악에서 영원히 자유케 해주셨습니다. 하나님 아버지의 무한

부록13 I 불교 끊기

하신 자비와 사랑에 감사합니다. 이 모든 말씀을 거룩하신 예수님의 이름으로 기도합니다. 아멘.

부록 13에 사용된 자료들은 다음 저서에서 저자의 허락 하에 인용하였다. Kanaan Bedieninge,『Prayers of Renunciation』(Cape Town, South Africa: np., nd.), 132-143.

부록 14

기억치유를 위한 기도문

아래의 기도문을 가지고 개인적으로 주님께 기도하시기 바란다.

예수님! 감사합니다. 주님은 저의 죄와 상처, 두려움들을 위하여 십자가에서 죽으셨습니다. 주님은 어제나 오늘이나 영원토록 동일한 분이시며, 저의 영(spirit)과 혼(soul)과 몸(body)과 정신(mind)이 온전케 되기를 간절히 바라시는 분이십니다. 주님! 지난날의 제 삶의 모든 순간 속으로 들어가시어 모든 상처들을 치유해 주옵소서. 저의 삼사 대 조상들, 나아가 최초의 인간으로까지 거슬러 올라가시어 온갖 해로운 세대적인 죄악들을 제거해 주옵소서.

예수님! 주님은 제가 태어나기도 전에 이미 저에 관한 모든 것을 알고 계셨습니다. 나의 생명이 시작되는 순간에 나와 함께 해주셨음을 인하여 감사합니다. 혹여 두려움이나 외상이 어머니의 자궁 안에 있을 동안 전가되었다면, 지금 이 시간 주님의 나라를 위하여 그 모든 것을 제거해 주옵소서. 주

포로들을 해방시키라

님은 이 세상의 기반이 놓이기도 전에 저를 선택하셨습니다. 또한 이 땅에서 주님을 사랑하고 주님을 찬양하며 살아가도록 저를 구별시켜 주셨습니다.

주님! 학령기 이전의 기간 동안 혹시 제가 경험했을 수 있는 모든 상처나 거절, 버림받음과 학대들을 치유해 주옵소서. 어두움에 대한 두려움, 넘어짐에 대한 두려움, 권위에 대한 두려움, 배반에 대한 두려움 등을 제거하여 주옵소서. 예수님, 저를 이 모든 영역에서 자유케 해주시니 감사합니다.

주님, 학교를 다닐 때 저는 스스로를 못났고 부적격자에 외톨이라고 느낀 적이 있었습니다. 이 모든 슬프고 고통스런 기억들을 주님께 맡겨드립니다. 저의 상처들을 치유해 주시고, 이제는 저의 고통이 다른 사람들을 향한 동정의 마음으로 변화되게 하옵소서. 이 고통스런 시기를 지나는 동안 제 안에 들어온 두려움들을 처리하는 일에 주님을 신뢰할 수 있도록 저를 도우시옵소서. 저를 만져주시고 자유케 하신 주님을 찬양합니다!

예수님! 저의 어머니[혹은 계모, 할머니, 후견인, 이모, 고모, 친구 등. 만일 당신이 어머니를 사랑하지 않고 있다면, 주님께 그 이유가 무엇인지 여쭤보라. 당신의 분노나 실망들을 주님께 지금 곧 올려드리라.]로 인해 주님께 감사합니다. 저와 제 어머니 사이에 주님이 서주셔서, 주님의 무조건적인 사랑이 우리 두 사람 사이로 흐르게 하옵소서. 어떤 식으로든 어머니에게 상처를 주거나 거역하고 어머니를 실망시켜 드린 잘못들을 용서해 주옵소서. 제가 어머니와 함께 사는 동안 겪었을 모든 상처로부터 어머니를 용서함으로 풀어놓습니다.

주님, 저의 아버지[혹은 계부, 할아버지, 후견인, 삼촌, 친구 등. 만일 당신이 아버지를 사랑하지 않고 있다면, 주님께 그 이유가 무엇인지 여쭤보라. 당신의 분노나 실망들을 주님께 지금 곧 올려드리라.]로 인해 주님께 감사합니다. 저와 제 아버지 사이에 주님이 서주옵소서. 또한 주님의 무조건적인 사랑으로 모든 상처들을 치유해 주옵소서. 제가 아버지를 거역하거나 배신하고 아버지를 수치스럽게 한 모든 잘못들을 용서해 주옵소서. 아버지가 저에게 상처를 주고 실망스럽게 하고 제 기대를 저버린 순간에 겪었을 죄책감과 수치로부터 아버지를 용서함으로 풀어놓습니다.

저의 형제자매들도 주님께 올려드립니다. 경쟁심, 시기심, 질투, 분노가 자리한 곳에 주님의 치유의 능력으로 함께 하여 주시어, 모든 상처와 깨어진 관계들을 바로잡아 주옵소서. 그들이 나에게 준 상처가 무엇이든 나는 그들을 용서합니다. 나는 지금 그들 한 명 한 명을 모두 축복합니다. [여기서 형제자매들의 이름을 한사람씩 부르며 축복하라.] 나를 통해 우리 가운데 화해가 임하게 하여 주옵소서.

주님, 나의 십대 시절에도 함께 하여 주심을 감사합니다. 저는 점차 나이가 들면서 새로운 감정들을 처리해야 했습니다.

포로들을 해방시키라

고통스런 기억들이 떠오를 때마다 주님께서 모든 고통들을 제 생각에서 깨끗이 지워주시고 치유해 주옵소서. 십대 시절에 저는 위험하기 짝이 없는 불경건한 일들도 저질렀습니다. [당신이 행한 일들을 솔직하게 시인하고 주님의 치유와 회복을 간구하라.] 제가 어리석었던 순간에도 주님의 손길이 저를 보호하여 주셨음에 감사합니다. 제 자신의 행위로 인한 것이든 다른 이가 나에게 저지른 행위로 인한 것이든, 온갖 굴욕, 당황스러움, 죄책감, 수치, 두려움들을 제거해 주옵소서. [만일 당신이 놀림을 받거나 조롱당하거나 기타 어떤 형태로든 학대당한 경험이 있다면, 그것을 지금 주님 앞에 가져가시기 바란다.] 주님은 우리를 구속해 주시는 분이십니다. 감사합니다!

성년이 되어 집을 떠난 후, 저는 여러 가지 좌절과 상처를 경험하였습니다. [당신은 원하던 대학에 갔을 수도 있지만 못 갔을 수도 있다. 혹은 꿈꾸던 직장에 들어가지 못하여 실망감으로 열정의 불을 꺼버렸을 수도 있다. 당신에게 해당되는 일들이 있다면 함께 나누라.] 예수님! 모든 상처와 실망감을 치유하여 주옵소서.

주님! 제가 결혼생활을 할 수 있도록 도와주심을 감사합니다. [결혼은 당신에게 인생의 멋진 새 출발이었을 수도 있고, 꿈이 산산조각나는 순간이었을 수도 있다.] 예수님, 실망으로 인한 고통이나 거짓 기대감들을 제거하여 주옵소서. 저와 제 배우자 사이에 주님께서 서주셔서, 사랑과 용서 가운데 성장할 수 있었던 기회들을 상실한 일과 모든 상처들을 치유해 주옵소서. 실제든 상상이든 나를 오해하거나 혼자 내버려두거나 욕으로 상처를 주었거나 온갖 종류의 고통을 준 것에 대해 나의 배우자를 용서합니다. 예수님, 깨어진 관계를 수리해주시고 결혼언약을 지속할 수 있도록 힘을 주시니 감사합니다. 나는 내 안의 모든 쓴 뿌리들과 후회들을 내어 보내기로 선택합니다.

저에게 주신 자녀들로 인하여 감사합니다. 부모로서 잘못한 부분들을 용서해 주옵소서. 지혜롭지 못하게 벌주었거나, 애정을 과도하게 독차지하려 했거나, 화가 난다고 비난조로 말함으로써 자녀에게 준 모든 상처들을 치유해 주옵소서. 저도 자녀들로부터 의도적이건 비의도적이건 무슨 상처를 받았든지 그들을 용서합니다. 지금 이 순간 이후로 우리의 관계가 과거 어느 때보다 훨씬 개선되기를 간구합니다.

주님! 제가 슬픔에 잠겨있는 동안에도 함께 하여 주심을 감사합니다. 골짜기를 지날 때에도 제 손을 꼭 붙들어 주시니 감사합니다. 제 모든 짐을 벗겨주시는 주님을 찬양합니다. 주님의 기쁨과 평강을 받아들입니다.

옛 것은 모두 지났고 이제 저는 새로운 출발을 바라봅니다. 저는 예수님의 이름으로 이를 선포합니다. 아멘.

부록 14에 사용된 자료들은 다음 저서에서 저자의 허락 하에 인용하였다. Kanaan Bedieninge, 『Prayers of Renunciation』(Cape Town, South Africa: np., nd.), 82-86.

포로들을 해방시키라

추천도서 목록

Neil Anderson, Victory Over the Darkness, Ventura, CA: Regal, 1990

John Bevere, The Devil's Door, Lake Mary, FL: Charisma House, 1996

Mary Ann Collins, Unmasking Catholicism, New York: Universe, Inc., 2003

Kimberly Daniels, Clean House, Strong House, Lake Mary, 리: 2003

Francis Frangipane, This Day We Fight, Grand Rapids: Chosen, 2005

Rebecca Greenwood, Breaking the Bonds of Evil, Grand Rapids: Revell, 2006

Jack Harris, Freemasonry, New Kensington, PA.: Whitaker House, 1983

Chris Hayward, God's Cleansing Stream, Ventura, CA: Regal, 2004

Peter Horrobin, Healing Through Deliverance(Vol. 1&2), Grand Rapids: Chosen, 2003

Cindy Jacobs, Deliver Us From Evil, Ventura, CA: Regal,

추천도서 목록

2004

Vito Rallo, Breaking Generational Curses and Pulling Down Strongholds, St. Louis: Free Indeed Ministries, 1999

Don Richardson, Secrets of the Koran, Ventura, CA: Regal, 2003

John Sandford and Mark Sandford, Deliverance and Inner Healing, Grand Radips: Chosen, 1992

William J. Schnoebellen and James R. Spencer, Mormonism's Temple of Doom, Boise: Through the Maze, 1987

Alice Smith, Beyond the Lie, Minneapolis: Bethany House, 2006

_____, Beyond the Veil, Ventura, CA: Regal, 1997

_____, 40 Days Beyond the Veil, Ventura, CA: Regal, 2004

Alice and Eddie Smith, Spiritual Housecleaning, Ventura, CA: Regal, 2003

Eddie Smith, Breaking the Enemy's Grip, Minneapolis: Bethany House, 2004

William and Janet Sudduth, Deliverance Training Manual, Pensacola, FL: Righteous Acts Ministry, Inc., 2000

Doris Wagner, How to Minister Freedom, Ventura, CA: Regal, 2005

순전한 나드 도서안내   02-574-6702

No.	도서명	저자	정가
1	존 비비어의 승리〈개정판〉	존 비비어	12,000
2	교회를 뒤흔드는 악령을 대적하라	프랜시스 프랜지팬	5,000
3	교회를 어지럽히는 험담의 악령을 추방하라	프랜시스 프랜지팬	5,000
4	영분별〈개정판〉	프랜시스 프랜지팬	4,000
5	그리스도인의 삶의 비결〈개정판〉	진 에드워드	9,000
6	존 비비어의 친밀감〈개정판〉	존 비비어	16,000
7	내게 신선한 기름을 부으셨나이다	허 철	9,000
8	내어드림〈개정판〉	프랑소와 페늘롱	7,000
9	존 비비어의 축복의 통로〈개정판〉	존 비비어	8,000
10	부서트리고 무너트리는 기름부으심	바바라 J. 요더	8,000
11	사도적 사역	릭 조이너	12,000
12	사사기	잔느 귀용	7,000
13	상한 마음을 치유하는 기도	마크 & 패티 버클러	15,000
14	상한 영의 치유1	존 & 폴라 샌드포드	17,000
15	상한 영의 치유2	존 & 폴라 샌드포드	13,000
16	성령님을 아는 놀라운 지식	허 철	10,000
17	속사람의 변화 1	존 & 폴라 샌드포드	11,000
18	속사람의 변화 2	존 & 폴라 샌드포드	13,000
19	신부의 중보기도	게리 윈스	11,000
20	아가서	잔느 귀용	11,000
21	악의 속박으로부터의 자유	릭 조이너	9,000
22	여정의 시작	릭 조이너	13,000
23	영광스러운 교회에 보내는 메시지 1	릭 조이너	10,000
24	영적 전투의 세 영역〈개정판〉	프랜시스 프랜지팬	13,000
25	예레미야	잔느 귀용	6,000
26	예수 그리스도와의 친밀함	잔느 귀용	7,000
27	예수님을 닮은 삶의 능력〈개정판〉	프랜시스 프랜지팬	12,000
28	예수님을 향한 열정〈개정판〉	마이크 비클	12,000
29	잔느 귀용의 요한계시록〈개정판〉	잔느 귀용	13,000
30	저주에서 축복으로	데릭 프린스	6,000
31	주님, 내 마음을 열어주소서	캐티 오츠 & 로버트 폴 램	9,000
32	지구상에서 가장 강력한 기도	피터 호로빈	7,500
33	축사사역과 내적치유의 이해 가이드	존 & 마크 샌드포드	22,000
34	출애굽기	잔느 귀용	10,000
35	하나님과 동행하는 사람들〈개정판〉	샨 볼츠	9,000
36	하나님과 사람에게 더욱 사랑스러운 자	듀안 벤더 클락	10,000
37	하나님과의 연합	잔느 귀용	7,000
38	하나님을 연인으로 사랑하는 즐거움	마이크 비클	13,000
39	하나님의 아름다움을 바라보는 축복	허 철	10,000
40	하나님의 요새〈개정판〉	프랜시스 프랜지팬	9,000
41	하나님의 장군의 일기〈개정판〉	잔 G. 레이크	6,000
42	항상 배가하는 믿음〈개정판〉	스미스 위글스워스	13,000
43	항상 부족함이 없으리로다	롤랜드 & 하이디 베이커	10,000
44	혼동으로부터의 자유	릭 조이너	5,000
45	혼의 묶임을 파쇄하라	빌 & 수 뱅크스	10,000
46	존 비비어의 회개〈개정판〉	존 비비어	11,000
47	부활	벤 R 피터스	8,000
48	거절의 상처를 치유하시는 하나님	데릭 프린스	7,000
49	존 비비어의 분별력〈개정판〉	존 비비어	13,000
50	통제 불능의 상황에서도 난 즐겁기만 하다	리사 비비어	12,000
51	어린이와 십대를 위한 축사사역	빌 뱅크스	11,000
52	빛은 어둠 속에 있다	패트리샤 킹	10,000
53	목적으로 나아가는 길	드보라 조이너 존슨	8,000
54	지도자의 넘어짐과 회복	웨이드 굿데일	12,000
55	하나님의 일곱 영	키이스 밀러	13,000
56	너희 지체를 의의 병기로 하나님께 드리라	허 철	8,000
57	세계를 변화시키는 능력	릭 조이너	12,000

PURE NARD BOOKS

No.	도서명	저자	정가
58	왕의 자녀의 초자연적인 삶	빌 존슨 & 크리스 밸러턴	13,000
59	믿음으로 산 증인들	허 철	12,000
60	욥기	잔느 귀용	13,000
61	나라를 변화시킨 비전: 윌리엄 테넌트의 영적인 유산	존 한센	8,000
62	세상을 다스리는 권세의 회복	레베카 그린우드	10,000
63	창세기 주석	잔느 귀용	12,000
64	하나님의 강	더치 쉬츠	13,000
65	당신의 운명을 장악하라	알렌 키란	13,000
66	자살	로렌 타운젠드	10,000
67	그리스도인의 영적혁명	패트리샤 킹	11,000
68	초자연적 중보기도	레이첼 힉슨	13,000
69	나는 하나님의 음성을 듣는다	킴 클레멘트	11,000
70	하나님의 초자연적인 능력	바비 코너	11,000
71	사랑하는 하나님	마이크 비클	15,000
72	일곱 교회 이기는 자에게 주시는 축복	허 철	9,000
73	초자연적 경험의 신비	짐 골 & 줄리아 로렌	13,000
74	웃겨야 살아난다	피터 와그너	8,000
75	폭풍의 전사	마헤쉬 & 보니 차브다	13,000
76	천국 보좌로부터 온 전략	샌디 프리드	11,000
77	속죄	데릭 프린스	13,000
78	신의 성품에 참예하는 자	허 철	8,000
79	예언, 꿈, 그리고 전도	덕 애디슨	13,000
80	아가페, 사랑의 길	밥 멈포드	13,000
81	불타오르는 사랑	스티브 해리슨	12,000
82	능력, 성결, 그리고 전도	랜디 클락	13,000
83	종교의 영	토미 펨라이트	11,000
84	예기치 못한 사랑	스티브 J. 힐	10,000
85	모르드개의 통곡	로버트 스턴스	13,500
86	1세기 교회사	릭 조이너	12,000
87	예수님의 얼굴〈개정판〉	데이비드 E. 테일러	13,000
88	토기장이 하나님	마크 핸비	8,000
89	존중의 문화〈개정판〉	대니 실크	13,000
90	제발 좀 성장하라!	데이비드 레이븐힐	11,000
91	정치의 영	파이살 말릭	12,000
92	치유 사역 훈련 지침서	랜디 클락	12,000
93	헤븐	데이비드 E. 테일러	13,000
94	더 크라이	키스 허드슨	11,000
95	천국 여행	리타 베넷	14,000
96	파수 기도의 숨은 능력	마헤쉬 & 보니 차브다	13,000
97	지저스 컬처	배닝 립스처	12,000
98	넘치는 기름부음	허 철	10,000
99	거룩한 대면	그래함 쿡	23,000
100	믿음을 넘어선 기적	데이브 헤스	10,000
101	영적 전쟁의 일곱 영	제임스 A. 더함	13,000
102	영적 전쟁의 승리	제임스 A. 더함	13,000
103	기적의 방을 만들라	마헤쉬 & 보니 차브다	12,000
104	개인적 예언자	미키 로빈슨	13,000
105	어둠의 영을 축사하라	짐 골	13,000
106	보좌를 향하여	폴 빌하이머	10,000
107	적그리스도의 영을 정복하라	샌디 프리드	13,000
108	성령님 알기	마헤쉬 & 보니 차브다	12,000
109	십자가의 권능	마헤쉬 & 보니 차브다	13,000
110	성령이 이끄시는 성공	대니 존슨	13,000
111	축복의 능력	케리 커크우드	15,000
112	하나님의 호흡	래리 랜돌프	11,000
113	아름다운 상처	룩 홀터	11,000
114	하나님의 길	덕 애디슨	13,000

No.	도서명	저자	정가
115	천국 체험	주디 프랭클린 & 베니 존슨	12,000
116	당신의 사명을 깨우라	M. K. 코미	11,000
117	기독교의 유혹	질 섀넌	25,000
118	우리가 몰랐던 천국의 자녀양육법	대니 실크	12,000
119	임재의 능력	매트 소거	12,000
120	예수의 책	마이클 코울리아노스	13,000
121	신앙의 기초 세우기	래리 크레이더	13,000
122	내 인생을 바꿔 줄 최고의 여행	제이 스튜어트	12,000
123	시간 & 영원	조슈아 밀즈	10,000
124	거룩한 흐름 분위기	조슈아 밀즈	10,000
125	하이디 베이커의 사랑	하이디 & 롤랜드 베이커	13,000
126	하나님의 임재	빌 존슨	15,000
127	하나님의 갈망	제임스 A. 더햄	14,000
128	형통의 문을 여는 31가지 선포기도	케빈 & 캐티 바스코니	6,000
129	춤추는 하나님의 손	제임스 말로니	37,000
130	참소자를 잠잠케 하라	샌디 프리드	13,000
131	영광이란 무엇인가?	폴 맨워링	14,000
132	내일의 기름부음	R. T. 켄달	13,000
133	영적 전투를 위한 전신갑주	크리스 밸러턴	12,000
134	성령을 소멸치 않는 삶	R. T. 켄달	13,000
135	초자연적인 삶	아담 F. 톰슨	10,000
136	한계를 돌파하라	샌디 프리드	13,000
137	블러드문	마크 빌츠	11,000
138	구약에서 일어난 모든 일들	윌리엄 H. 마티	13,000
139	신약에서 일어난 모든 일들	윌리엄 H. 마티	11,000
140	드보라 군대	제인 해몬	14,000
141	거룩한 불	R. T. 켄달	13,000
142	당신의 자녀를 향한 하나님의 65가지 약속	마이크 슈리브	8,000
143	무슬림 소녀, 예수님을 만나다	사마 하비브 & 보디 타이니	13,000
144	스미스 위글스워스의 병 고침(개정판)	스미스 위글스워스	12,000
145	뇌의 스위치를 켜라	캐롤라인 리프	15,000
146	약속된 시간	제임스 A. 더햄	13,000
147	실패를 딛고 일어서는 믿음	샌디 프리드	12,000
148	스미스 위글스워스의 성령의 은사(개정판)	스미스 위글스워스	13,000
149	끝날 때까지 끝난 것이 아니다	R. T. 켄달	15,000
150	완전한 기억	마이클 A. 댄포스	10,000
151	금촛대 중보자들 1	제임스 말로니	15,000
152	금촛대 중보자들 2	제임스 말로니	13,000
153	금촛대 중보자들 3	제임스 말로니	13,000
154	질투	R. T. 켄달	14,000
155	사탄의 전략	페리 스톤	14,000
156	죽음에서 생명으로	라인하르트 본케	12,000
157	올바른 생각의 힘	케리 커크우드	12,000
158	부흥의 거장들	빌 존슨 & 제니퍼 미스코브	25,000
159	악의 삼겹줄을 파쇄하라(개정판)	샌디 프리드	12,000
160	지옥의 실체와 하나님의 열심	메리 캐서린 백스터	12,000
161	문지기들이여 일어나라	제임스 A. 더햄	15,000
162	안식년의 비밀	조나단 칸	15,000
163	교회를 깨우는 한밤의 외침	R. T. 켄달	15,000
164	하나님의 시간표	마크 빌츠	12,000
165	예루살렘의 평화를 위해 기도하라	탐 헤스	13,000
166	유대적 관점으로 본 룻기	다이앤 A. 맥닐	15,000
167	폭풍을 향해 노래하라	디모데 D. 존슨	13,000
168	영광의 세대	브루스 D. 알렌	15,000
169	영적 분위기를 바꾸라	다우나 드 실바	12,000
170	하나님을 홀로 두지 말라	행크 쿠네만	14,000
171	하나님이 디자인하신 완전한 나	캐롤라인 리프	20,000

No.	도서명	저자	정가
172	대적의 문을 취하라〈개정증보판〉	신디 제이콥스	15,000
173	R. T. 켄달의 임재	R. T. 켄달	13,000
174	영성가의 기도	찰리 샴프	10,000
175	과거로부터의 자유〈개정판〉	존 로렌 & 폴라 샌드포드	14,000
176	하나님의 불	제임스 A. 더함	15,000
177	일상에 임한 하나님의 영광	브루스 D. 알렌	14,000
178	일곱 산에 관한 예언〈개정판〉	조니 엔로우	15,000
179	마지막 시대 마지막 주자	타드 스미스	13,000
180	주의 선하신 치유 능력	크리스 고어	13,000
181	건강한 생활 핸드북	로라 해리스 스미스	15,000
182	더 높은 부르심	제임스 말로니	12,000
183	레위기, 민수기, 신명기〈개정판〉	잔느 귀용	14,000
184	당신도 예언할 수 있다〈개정판〉	스티브 탐슨	14,000
185	생각하고 배우고 성공하라	캐롤라인 리프	15,000
186	기적을 풀어내는 예언적 파노라마	제임스 말로니	13,000
187	케빈 제다이의 초자연적 재정	케빈 제다이	14,000
188	적그리스도와 마지막 때 분별하기	마크 빌츠	13,000
189	마음을 견고히 하라	빌 존슨	9,000
190	천국으로부터 받아 누리기	케빈 제다이	13,000
191	모든 것이 당신에게 유리하게 되어 있다	케빈 제다이	15,000
192	징조 II	조나단 칸	18,000
193	데릭 프린스의 교만과 겸손	데릭 프린스	10,000
194	유다의 사자	랍비 커트 A. 슈나이더	15,000
195	십자가의 왕도〈개정판〉	프랑소아 페늘롱	9,000
196	하나님의 임재 안으로 들어가기	데릭 프린스	11,000
197	원뉴맨성경 신약	윌리엄 J. 모포드	50,000
198	One Thing(원띵)	샘 스톰스	15,000
199	천사들과 동역하는 삶	케빈 제다이	15,000
200	말씀으로 꿈을 해석하는 법	아담 F. 톰슨 & 아드리안 비일	37,000
201	능력의 문	조슈아 밀즈	17,000
202	데릭 프린스의 믿음의 능력	데릭 프린스	13,000